体育赛事的组织与管理

名誉主编　孙康林

主　　编　樊智军
副 主 编　霍建新
　　　　　谢　鸣

人民体育出版社

编者名单

名誉主编　孙康林　北京市人民政府副秘书长　北京市体育局局长

顾　　问　田麦久　北京市人大副主任　中国体育科学学会副理事长

　　　　　　　　　北京体育大学教授　博士生导师

　　　　　孙汉超　武汉体育学院原副院长　教授　博士生导师

主　　编　樊智军　北京市体育局群众体育处处长　体育管理硕士

副 主 编　霍建新　北京大学生体育馆馆长

　　　　　　　　　首都体育学院场馆管理中心主任

　　　　　谢　鸣　中国体育彩票管理中心市场处处长

撰 稿 者　（按姓氏笔划排序）

　　　　　王品章　原北京棋院院长

　　　　　刘京书　北京市体育局陶然亭游泳场场长

　　　　　宋兆年　国家体育总局重竞技管理中心副主任

　　　　　　　　　柔道国际裁判

　　　　　张　涌　田径国家级裁判

　　　　　张思红　北京市第二体育运动学校信息电教部主任

　　　　　李　芾　首都体育学院场馆管理中心办公室主任助理

　　　　　李　昕　咨询公司高级经理

　　　　　李士英　原北京市西城区体委副主任

　　　　　肖光来　北京体育大学教授　体操国际裁判

　　　　　崔国伟　北京市体育局信息中心主任

　　　　　　　　　北京市体育局行政服务办公室主任

　　　　　隋树藩　排球国际级裁判

　　　　　焦国明　北京市第二体育运动学校副校长

　　　　　　　　　赛艇国家级裁判

　　　　　虞世俊　乒乓球国际裁判

　　　　　谢鸣、樊智军、霍建新（略）

序 言

体育赛事的组织与管理是现代体育管理学科的一个重要组成部分，随着经济社会及体育事业的发展和科学技术水平的提高，使得诸多科技成果与体育竞赛的结合日臻缜密，特别是信息工程技术和市场营销技术在体育赛事中的应用，更使得体育赛事在组织管理方面的科技含量大大提高。可以这样讲，当今各种大型体育赛事的成功举办既是主办者的政治、经济、文化、科技等实力的综合展示与体现，同时也真正地反映着承办者的赛事理念和赛事组织与管理水平。

我国是体育大国，体育事业是国家发展中的组成部分。尤其是2008年奥运会将在北京举办，无疑会对国家和社会多方面的发展产生强大的推动作用。而作为体育工作者如果能够抓住这样的机遇去研究乃至参与到实际组织工作中去，这对提高我们体育赛事的组织及管理水平是有极大益处的。

正是在这样的背景下，《体育赛事的组织与管理》由国内最权威的国家级专业出版单位——人民体育出版社予以出版发行。作者在紧密结合我国目前赛事管理体制和管理方法，认真总结国内外体育竞赛规律、赛事的体制机制创新等方面的情况，以及现代化管理手段运用的基础上，站在面向实际、面向科学、面向未来的新的发展高度上，提出和把握体育赛事先进的组织制度和管理理念，从而促进体育竞赛工作在更高的管理层次上健康、持续发展。

全书共五章，主要内容包括我国目前体育竞赛的管理体制、大型综合性运动会和单项竞赛的组织管理方式、方法及信息技术和赛事的经营管理、外事管理、兴奋剂检查规定、体育保险等内容，书中较科学地阐述了当今体育赛事先进的管理方法和管理体系，运用了系统科学、信息技术、网络计划等科技知识，详尽介绍了有关的竞赛形式、竞赛程序和部分常用运动项目的竞赛编排方法等，使读者可以全面系统地了解体育竞赛的原理和规律，同时更可以作为体育行业工作人员的一本很有参考和使用价值的工具书。

任何事物都是在发展变化的，体育竞赛作为一门科学同样也不例外。随着社会和体育事业的发展，人们对体育竞赛的认识也会不断深化和有所发展。愿本书的出版能够对读者有所启发和帮助，更愿从事这方面工作的广大专业工作者，共同为提高体育竞赛的组织与管理水平做出新的贡献。

北京市人民政府副秘书长

北京市体育局局长

孙康林

2007年4月

Contents 目录

第1章

我国体育竞赛管理的体制、种类及制度

体育竞赛与运动训练是竞技体育的两个方面的工作，它们的关系是对立统一、紧密联系和相辅相成的。通常运动训练管理目标的制定应该遵循运动竞赛规律，充分考虑竞赛制度、规则的要求；各单位训练项目布局和设项也应以竞赛设项为依据；运动训练管理周期的划分和训练内容、方法亦是以重大比赛的时间周期及竞赛规则为依据的。组织和管理运动员参加比赛，是实现运动训练目标的重要过程，是检验训练效果的重要手段。实践证明，通过各类竞赛活动，可以检查训练效果，交流训练经验，增强运动员的实战能力，提高训练水平，达到锻炼运动队伍的目的。同时也有助于提高竞赛管理效果，有利于运动训练管理目标的实现。

一、体育竞赛的管理体制

体育竞赛的管理体制是指体育事业中管理竞赛方面工作的政府机构、社会组织和竞赛制度的总和。由于我国体育事业的机构设置与国家行政管理体制是相适应的，基本属于“集权型”的体育管理体制，即国家体育总局→省、自治区、直辖市体育局→地方体育局。我国的竞赛管理体制基本上受该体制的制约和影响，以竞技体育和群众体育两个系列的目的、任务划分竞赛管理体制的类型。运动训练的竞赛活动管理亦称竞技体育系列的竞赛管理，在我国基本属于“集权型”的管理体制；而群众体育系列的竞赛活动管理是由政府机构与社会组织共同管理的体制，称为“结合型”的管理体制。

二、体育竞赛的种类及分类

运动竞赛的种类很多，由于分类原则不同，分类方法也各有不同。一般常用的分类方法有以下四种：

（一）按比赛项目的数量分类

1. 综合性运动会

这是一系列单项比赛集中在一次运动会进行的综合竞赛形式。其目的在于检查训练质量和体育运动全面开展的情况，推动群众性体育活动的发展，促进运动技术水平的提高，增进集体荣誉感和民族精神。其特点是项目多、规模大、竞赛组织工作复杂、注重礼仪程序。

2. 单项竞赛

这是一种专门项目的竞赛形式。其目的在于检查某一运动项目的开展情况和专项技术水平，促进该项运动技术水平的提高。其特点是项目单一、便于组织。

（二）按竞赛目的、任务分类

1. 锦标赛

集体项目按规定的名次，单项按规定报名标准组织比赛并计算单项赛团体总分。各运动队根据自己在上一年度比赛中取得的名次或成绩按规定报名参赛。

2. 冠军赛

这是按规定报名标准组织的单项比赛。此种比赛只计单项名次，不计团体总分。

3. 联　赛

这是按年度仅限于集体球类项目而组织的同一运动级别代表队间的竞赛。此类比赛按名次分甲、乙级并实行升降级制度，赛后根据成绩重新调整运动队的级别。

4. 邀请赛

这是由东道主发起，邀请外队在主办单位所在地进行的比赛。其目的在于互相学习、促进团结和友谊，一般由主办单位承担主要的竞赛经费。

5. 选拔赛

这是为挑选优秀的运动队或运动员，准备参加更高一级竞赛而专门组织的比赛。这种比赛一般是根据运动员或运动队所有成员的素质条件、运动潜质和培训价值而选择，可不受当场比赛名次的限制。

6. 表演赛

这是宣传、推广某项运动，活跃文化生活而组织的比赛。其目的在于充分发挥技术、战术，使人在欣赏体育表演后，从中得到启发和享受，一般不过分追求胜负名次。

7. 对抗赛

这是同一级别并水平相当的运动员或运动队之间进行的比赛。其目的是为检查和提高训练质量。其特点是竞争性强，注重比赛胜负，不受制度、时间的限制，对抗人或对抗队双方可根据训练阶段目标商定进行。

8. 友谊赛

这是为交流经验，增进团结和友谊而举行的双边比赛。参赛队一般不很计较胜负，但注重友谊和交流效果。此类比赛活动通常被用于国与国或省市政府之间的政治交往活动。我国在 20 世纪 70 年代曾有过最著名的“乒乓外交”，打破了中美关系长期陷入的僵局，被传为佳话，并被永久性地载入史册。

9. 通讯赛

这是指在规定的时限内，不同单位分别在不同地点进行的同一项目的比赛，把运动成绩以通讯形式填报给主办单位，然后评定名次。适用于以时间、距离、重量、命中环数、累积分数等客观标准评定运动成绩的项目。其特点是参加面广、节约经费和时间，但参加者不能直接进行相互的经验交流。

10. 达标赛

这是指在参加一项竞赛的人数过多时，先举行及格赛，达到预定成绩标准或在规定名额以内者，才能正式参加的比赛。目的是精简参赛人数、提高运动水平。

11. 冠杯名赛

这是上世纪80年代中期开始为鼓励社会办体育而新兴起的体育竞争与企业竞争融为一体的比赛。适用于正式比赛或非正式比赛以及综合性运动会中的单项比赛。由企业负担部分或全部竞赛经费，该项竞赛的名称则冠以某一赞助单位名称或产品名称为杯名。其特点是体育事业和企业的发展相互促进，其目的在于使体育得到企业的经费赞助，以弥补体育事业经费的不足，而企业及其产品的声誉又通过体育比赛广为宣传，获得最佳的广告效果。由于赞助商的介入，体育比赛的活跃程度和举办次数都大大增加，同时又因赞助商的投资占整个竞赛经费的比重较大，所以往往对竞赛主办方有提出组织建议和施加压力的权利。

12. 段位赛

这是围棋运动的专用等级制度，按照其特殊规定，根据运动员胜负场次决定段位的高低。在我国，目前分国家段位体系和地方段位体系两个层次。国家段位体系最高为九段，以下设八个段位，最低为初段，五段以上为高级棋手，相似于其他项目的运动健将等级，而四段以下（含四段）相当于其他项目的一级运动员。这类比赛的特点是等级划分严格，竞争激烈。通过段位赛的胜负场次决定运动员升级与否。全国每年只举行一次段位赛。在其他比赛中无论运动员比赛成绩如何，均不可以升级。

13. 等级赛

这是按国家体育总局颁布的各项运动等级标准而为运动员专门举行的达等级比赛。一般运动项目均设有运动健将和一、二、三级运动员四个运动等级，国际象棋和中国象棋则专设有特级大师、国家大师和一、二、三级骑士五个等级。此类比赛目的单一，参赛运动员个人达标意识强烈，没有明显的名次竞争环境。属于评分的项目，运动员只需达到某一等级的规定动作标准；集体球类项目和棋类只需达到某一等级的规定胜率；以时间、距离或环境为依据的项目的运动员只需达到某一等级的规定数据要求，便可获得相应等级称号。另外，在一定级别的竞赛中取得相应标准的运动成绩或胜率，也可作为依据获得等级称号。各运动等级称号的审批手续由各级体育局按照管理权限逐级办理。

（三）按参赛者的组织系统分类

1. 区域性竞赛

这是各层次特定行政区域内所组织的本地区各行各业都可以参加的比赛，一般包括综合性运动会和单项竞赛两种形式。其目的在于促进区域性体育运动技术水平的提高，调动本行政区域内群众参加体育锻炼的积极性。其特点是竞争性强，广受地方政府和大众关注。

2. 行业、系统性竞赛

这是本行业或本产业系统举办的、只允许本系统所属单位参加的比赛。一般包括综合性运动会和单项竞赛两种形式。其目的在于宣传行业、企业精神，激发本系统职工的工作热情，提高企业声誉，增加凝聚力。其特点是竞争性强，突出团队精神，社会效益明显。

3. 优秀运动队的比赛

这是以省、市、自治区以上的优秀运动队参加的比赛。其目的和特点同全国锦标赛、冠军赛。

4. 业余训练系统的比赛

这是以地、市、县级以上基层业余体校和运动学校的学生参加的比赛。其目的在于为国家培养选拔后备力量，使青少年运动员在正规比赛中得到锻炼，以提高竞技能力。其特点是注重运动员的全面发展，一般在赛前均进行身体素质测验或达标赛。

5. 跨行业、跨系统的比赛

这是近几年社会办体育的一种新的竞赛形式，多以经济实力较强的不同行业的大、中企业为参赛单位。其目的在于通过体育竞赛，促进企业间的沟通，提高企业声誉，宣传产品质量。其特点是场上体育竞赛激烈，场下产品交流和贸易洽谈繁忙。组织这样的比赛可以节省体育事业经费，社会效益明显。

（四）按参赛者的年龄分类

按参赛对象的年龄段分组竞赛是近几年竞技体育和群众体育竞赛中为鼓舞斗志、公平竞争、促进提高所采取的一种常用的竞赛形式，一般分为以下几个年龄段或年龄组。

- 儿童组：10 岁以下
- 少年组：10~15 岁
- 青年组：16~22 岁
- 成年组：22 岁以上
- 中老年组或老年组：45~60 岁、60 岁以上

此外，还有学前阶段的幼儿、少年甲、乙组比赛，或中年组等更细的分组。

体育竞赛除上述四种常用的分类方法外，还有按赛制划分、按比赛的经费来源划分、按季节划分、按性别划分等多种方法。根据竞赛规律，在竞赛管理工作中，任何竞赛种类都离不开综合性运动会或单项竞赛这两种基本的竞赛组织形式。为此，从实用观点出发，本章基本遵循按项目数量分类的原则，着重介绍既适用于综合性运动会，也适用于单项竞赛的组织程序及管理方法，以便于体育管理干部在工作实践中应用。

三、我国现行体育竞赛制度

（一）综合性运动会及我国现行竞赛制度

综合性运动会一般至少设四个以上运动项目的比赛。在国内均以各省、自治区、直辖市、解放军和各大行业系统体协为参赛单位，参加者通常是下一层次最优秀的运动选手代表本地区、本行业参加上一层次的比赛。此类运动会竞争激烈，牵动民心。目前设全国比赛制度的综合性运动会大约有以下十种。

1. 全国运动会

全国运动会是目前国内规模最大的综合性运动会，由国家体育总局主办，委

托省、自治区、直辖市承办，每四年举行一次。1959 年 9 月在北京举办了第 1 届全国运动会，“文革”期间曾中断。自 1975 年 9 月恢复，举办了第 3 届后，就形成了稳定的竞赛制度。前四届均在首都北京举行，后应省市地方政府和体育部门的要求，从第 5 届开始由北京以外的城市如上海、广州等地举办，后经国务院明确北京、上海、广州三地成为轮流承办全国运动会的主要城市，连续举办至第 9 届。为扩大社会影响，带动全民族体育意识的加强，使全国运动会成为推动各地区经济发展的体育盛会，2001 年上半年，国家体育总局经国务院批准，取消了全运会由北京、上海、广州三城市轮流承办的限制，允许有条件的省、自治区、直辖市申请举办全运会，并于 2001 年 6 月 19 日（第 9 届全运会前），国家体育总局在北京召开的全运会工作会议上经过不记名投票，江苏省成为第一个被成功地推选为继上述三大城市以外举办全国运动会的幸运单位，该省于 2005 年 10 月承办了第 10 届全国运动会。

全国运动会是实施奥运战略的组成部分，对发现新的人才，促进我国竞技体育总体水平的提高发挥着积极的作用。根据这一大型赛事的周期规律，各省、自治区、直辖市也相应制定了本地区的全民运动会制度。为便于选拔运动员及安排训练周期，一般在全国运动会前 1~2 年举行本省、市、自治区的全民运动会。

全国运动会举办情况

届次	举办时间	地点	规模	
			设项目数	参赛人数
第 1 届	1959.9	北京	36	10658
第 2 届	1965.9	北京	22	5922
第 3 届	1975.9	北京	成年 28　少年 8	10669
第 4 届	1979.9	北京	成年 34　少年 2	15189
第 5 届	1983.9	上海	25	8943
第 6 届	1987.11	广州	44	6766
第 7 届	1993.9 1993.8	北京 成都	43	7481
第 8 届	1997.10	上海	28	6700
第 9 届	2001.11	广州	30	8571
第 10 届	2005.10	南京	32	9922

2. 全国城市运动会

由国家体育总局主办，每四年举办一次。参加范围是各省、市、自治区所属地级大、中城市和全国计划单列城市的青少年运动员。1988年10月在山东省济南市举行了第1届，除北京、上海、天津三个直辖市外，来自全国42个城市的2300多名运动员参加了12个大项的比赛。至今已举办过五届。由于城市运动会对发现和锻炼体育后备人才有着特殊的实战意义，因此，仅次于全国运动会而成为备受各地区政府及体育行政部门重视的大型赛事活动。为选拔培养高水平体育后备人才，从第2届开始，北京、上海、天津和重庆等直辖市也派出以所属行政区域为单位的代表团参加全国城市运动会。

全国城市运动会举办情况

届次	举办时间	地点	规　模	
			设项目数	参赛人数
第1届	1988.10.23	济南淄博	12大项167小项	2332
第2届	1991.9.20	唐山，石家庄	16大项170小项	2707
第3届	1995.10.22	南京	16大项202小项	3352
第4届	1999.9	西安	16大项220小项	3861
第5届	2003.10.18	长沙	29大项289小项	3000（约）
第6届	2007.10.12	武汉		

3. 全国体育大会

由国家体育总局主办，委托各省、自治区、直辖市轮流承办。每两年举办一次，赛期10天。此运动会创建于2000年6月，在浙江省宁波市举行了第1届。来自全国各省、自治区、直辖市、行业体协和体育院校的38个代表队2000多名运动员参加了17个大项的比赛。全国体育大会的宗旨是“参与、娱乐、健身”，致力于促进体育走近群众，项目设置全部为非奥运会项目，为我国大约五十多个非奥运会项目走向社会，取得更大发展提供了表现的平台。其中蹼泳、技巧、围棋、国际象棋、航空模型、航海模型、飞机跳伞等项目的比赛具有世界水平。全国体育大会至今已举办过3届。

全国体育大会举办情况列表

届次	举办时间	地点	规 模	
			设项目数	参赛人数
第 1 届	2000.5	浙江宁波	17	4000（约）
第 2 届	2002.5	四川绵阳	22	4425
第 3 届	2006.6	苏州	28	10000（约）

4. 全国工人运动会

由中华全国总工会主办，国家体育总局协办。参加范围为各省市行政区域内除体育系统优秀运动队以外各行各业的企业在职职工。此运动会一般根据国家的政治、经济情况确定召开的时间，没有稳定的周期制度。1955 年 10 月在北京举行了第 1 届，设田径、举重、自行车、篮球、排球、足球共 6 个项目，有 1700 多名运动员参加。间隔 30 年，于 1985 年 9 月在北京举行了第 2 届，设有田径、游泳等 8 个项目，4600 多名运动员参加。1996 年 9 月在辽宁省大连市举办了第 3 届。

5. 全国农民运动会

由农业部、国家体育总局和全国农民体育协会联合举办。参加范围为各省市行政区域范围内除体育系统优秀运动队以外具有农业户口的农民运动员。每四年举行一次，在全国各省市轮流举办。1988 年 10 月在北京举行了第 1 届，设有田径、射击、足球等 9 个项目，有 1432 名运动员参加，至今已举办过 5 届。

全国农民运动会举办情况

届次	举办时间	地点	规 模	
			设项目数	参赛人数
第 1 届	1988.10	北京	7	1431
第 2 届	1992.10	湖北孝感市	9	1465
第 3 届	1996.10.12	上海	10	1871
第 4 届	2000.10	四川绵阳市	13	3300
第 5 届	2004.10	江西宜春	14	2560

6. 全军运动会

由中国人民解放军总参谋部、总政治部和总后勤部主办。以各军兵种、各大军区为参赛单位，参加范围是现役军人、军工和正式编制的军队文职人员。该运动会创建初期的宗旨是“提倡适合于军事需要的体育活动，为战斗和国防建设服务”。根据国家的政治经济情况确定其召开的时间，没有稳定的周期性制度。1952 年 8 月在北京举行了第 1 届，当时的党和国家领导人毛泽东、朱德和周恩来亲自出席了闭幕式。来自全国各大军区、各军兵种、各直属单位和抗美援朝前线的 1800 多名军人运动员参加了通过障碍、投掷手榴弹、500 米武装赛跑等 44 个比赛项目，以及航空、马术、摩托车、团体操等 42 个表演项目，盛况空前。至今已举办过 4 届。

全军运动会举办情况

届次	举办时间	地点	规模	
			设项目数	参赛人数
第 1 届	1952.8	北京	44	1823
第 2 届	1959.5	北京	43	10000（约）
第 3 届	1975.5	北京	18	5000（约）
第 4 届	1979.5	沈阳	10	3000

7. 全国少数民族运动会

由国家民族事务委员会和国家体育总局联合主办。参加范围为各省市行政区域内除汉族以外的各民族运动员。1953 年 11 月在天津举办了第一届全国少数民族传统运动会。时隔 20 年，1982 年 9 月在内蒙古呼和浩特市举行了第 2 届（更名为全国少数民族运动会），来自全国 29 个省、自治区、直辖市 55 个少数民族的 600 多名运动员参加了 60 余个项目的表演赛，至今已举办过 7 届。从第 3 届以后，形成每四年举办一次的制度，2007 年 11 月将在广州市举办第 8 届。

全国少数民族运动会举办情况

届次	举办时间	地点	规模	
			设项目数	参赛人数
第 1 届	1953.11	天　津	正式 5 项　表演 22 项	395
第 2 届	1982.9	内蒙古	正式 2 项　表演 68 项	863
第 3 届	1986.8	新　疆	正式 7 项　表演 115 项	1097
第 4 届	1991.11	广　西	正式 9 项　表演 120 项	3000（约）
第 5 届	1995.11	云　南	正式 11 项　表演 129 项	9000（约）
第 6 届	1999.9	北　京	正式 13 项	6000（约）
第 7 届	2003.9	宁　夏	正式 13 项	5237

8. 全国大学生运动会

由教育部、国家体育总局和共青团中央联合主办。每 2~4 年举办一次。参加范围为各省市行政区域所属有正式学籍的高等院校在校学生。1982 年 8 月在北京举行了第 1 届，有 2432 名运动员参加了 4 个项目比赛，至今已举办过 7 届，2007 年将在广东省举办第 8 届。

全国大学生运动会举办情况

届次	举办时间	地点	规模	
			设项目数	参赛人数
第 1 届	1982.8	北京	4	2552
第 2 届	1986.8	辽宁	2	2228
第 3 届	1988.8	江苏	5	3100
第 4 届	1992.9	湖北	5	2000（约）
第 5 届	1996.8	陕西	6	2000（约）
第 6 届	2000.9	四川	8	2841
第 7 届	2004.8	上海	9	3430

9. 全国中学生运动会

由教育部、国家体育总局、共青团中央联合主办。其宗旨是“推进素质教育，培养德、智、体全面发展的一代新人”。每三年举行一次。参加范围为各省市行政区域内所属的在校中学生。1973年7月在山东省烟台市和吉林省长春市两地举行了第1届。有3000余名运动员参加了4个项目的比赛，至今已举办过9届。

全国中学生运动会举办情况

届次	举办时间	地点	规模	
			设项目数	参赛人数
第1届	1973.7	吉林 山东	4	3200（约）
第2届	1980.8	山西	2	1300（约）
第3届	1986.8	辽宁	2	1664
第4届	1987.8	四川 河北	2	900（约）
第5届	1993.8	山东	5	2000（约）
第6届	1995.8	湖北	4	2000（约）
第7届	1999.7	广州	7	2000（约）
第8届	2002.8	江苏	8	3000（约）
第9届	2005.8	河南	7	2366

10. 全国残疾人运动会

由民政部和国家体育总局联合主办，每三年举办一次。参加范围为各省市行政区域内的盲人、肢残、聋哑人等伤残运动员。1984年10月在安徽省合肥市举行了第1届。来自全国29个省、自治区、直辖市和香港共500余名运动员参加了田径、游泳、乒乓球等3个项目的比赛和表演。从第3届以后形成每四年举办一次的制度。至今已举办过6届。

全国残疾人运动会举办情况

届次	举办时间	地点	规模	
			设项目数	参赛人数
第 1 届	1984.10	安徽 合肥	3	500（约）
第 2 届	1987.8	河北 唐山	4	1000（约）
第 3 届	1992.3	广东 广州	6	1100（约）
第 4 届	1996.5	辽宁 大连	8	1100（约）
第 5 届	2000.5	上海	11	1800（约）
第 6 届	2003.9	江苏 南京	14	2229

（二）单项比赛及我国现行竞赛制度

单项竞赛是各级体育部门缩短战线，突出重点，锻炼队伍，检验各层次训练成果，促进出人才、出成绩最有效的手段。我国单项竞赛制度的制定原则，一方面要着眼于促进运动技术水平的提高；另一方面在安排竞赛时应注意与国内外重大单项竞赛的周期相吻合。我国目前的单项竞赛种类及制度就是依据这个原则安排和划分的。

1. 单项竞赛的种类划分

根据我国各个运动项目开展的不同情况，单项竞赛一般分为两大类，即正式比赛和辅助性比赛。

正式比赛主要包括：锦标赛、冠军赛、联赛。

辅助性比赛主要包括：达标赛、分区赛、邀请赛、调赛、协作区赛、通讯赛、选拔赛、集训赛、季节性室内赛及赞助性冠杯名的比赛。

2. 我国现行单项竞赛的分级管理办法及制度

围绕突出奥运战略的前提，国家体委曾在 1989 年 6 月 11 日正式颁布了《全国体育运动单项竞赛制度》试行法案。在这一试行的竞赛制度中规定，重点项目与一般项目区别对待；竞技体育项目与群众体育项目区别对待；受条件限制和普及程度不同的项目区别对待；靠机械、智能的项目与靠体能的项目区别对待。根据这样的原则，把我国目前开展的 60 余项竞赛项目分为 4 大类，并按类别主次顺序安排竞赛次数和规模。

第一类：奥运会比赛项目中的重点项目。每年安排两次全国最高水平的比赛（即锦标赛、冠军赛），一次青年比赛，一次少年集训比赛。包括田径、游泳、跳水、体操、举重、射击、射箭、击剑、柔道、国际式摔跤、赛艇、足球、篮球、排球、乒乓球、羽毛球、速度滑冰、短跑道速度滑冰共 18 项。

第二类：奥运会一般项目。每年安排 1~2 次全国最高水平的比赛，一次青年比赛。包括花样滑冰、水球、艺术体操、自行车、皮划艇、帆船、帆板、拳击、现代五项、马术、网球、手球、曲棍球、棒球、冰球、冬季两项、高山滑雪、越野滑雪、跳台滑雪共 20 项。

第三类：非奥运会比赛项目。每年安排 1~2 次全国最高水平的比赛，一次青年比赛。包括技巧、武术、滑冰、蹼泳、中国式摔跤、垒球、国际象棋、跳伞、围棋、中国象棋、航空模型、滑翔、航海模型、摩托艇、摩托车、无线电共 16 项。

第四类：群众性或娱乐性体育项目。根据条件或项目的发展，不定期组织多种形式的竞赛，以适应广大爱好者锻炼智力、增强体质、促进国际交往的需要。这类竞赛包括高尔夫球、保龄球、地掷球、台球、藤球、桥牌、毽球、轮滑、门球、热气球、沙壶球、汽车、汽车模型、伞翼滑翔、业余电台等项。

以上四类竞赛在规定次数之外，前三类项目还可根据本项目发展的需要，组织多层次、多形式的辅助性竞赛作为补充。

另外，为保证竞赛水平，国家体育总局在规模上尽量压缩参赛人数并结合全国各省、市、自治区承办竞赛的条件，规定各赛区的参赛人数一般控制在 300~400 人。如在全运会年度，未被列入全运会比赛的项目，当年均计划单独安排全国性竞赛活动；已列入全运会比赛的项目，当年主要安排优秀运动队的青少年竞赛。

为切实做到按水平分级比赛、分级管理，保证全国性竞赛质量，达到检查训练的竞赛目的，一般在我国开展较普及的项目，运动员须先参加国家体育总局组织或认可的达标赛，形成周期规律的协作区比赛等。达到标准或规定名额的，方能参加全国最高水平的比赛。如没有条件进行选拔的项目，则由国家体育总局确定哪些省市队或运动员参加哪一级的比赛。我国目前有些体育先进省、市在体育竞赛改革中实行按水平分级管理，也取得良好的效果。他们规定有记录的项目按年龄组实行达标赛，取消了参赛名额平均分配制，对投入多、教练力量强、运动成绩好的单位增加名额；无记录的项目按水平分级比赛，实行升降级制。

此外，为适应体育运动发展的需要，进一步与国际体育赛事交流活动接轨，促进我国竞技体育和群众体育科学、规范的管理，国家体育总局于 2006 年 12 月 26 日对我国正式开展的体育运动项目进行了重新分类调整并向全国公布（见下表）：

我国正式开展的体育运动项目

<table>
<tr><th>序号</th><th colspan="2">项目</th><th>协会名称</th><th>备注</th></tr>
<tr><td rowspan="5">001</td><td rowspan="5">游　泳</td><td>游泳</td><td rowspan="5">中国游泳协会</td><td rowspan="5"></td></tr>
<tr><td>跳水</td></tr>
<tr><td>花样游泳</td></tr>
<tr><td>水球</td></tr>
<tr><td>公开水域游泳</td></tr>
<tr><td>002</td><td colspan="2">射　箭</td><td>中国射箭协会</td><td></td></tr>
<tr><td>003</td><td colspan="2">田　径</td><td>中国田径协会</td><td></td></tr>
<tr><td>004</td><td colspan="2">羽毛球</td><td>中国羽毛球协会</td><td></td></tr>
<tr><td rowspan="2">005</td><td rowspan="2">皮划艇</td><td>激流回旋</td><td rowspan="2">中国皮划艇协会</td><td rowspan="2"></td></tr>
<tr><td>静水</td></tr>
<tr><td>006</td><td colspan="2">棒　球</td><td>中国棒球协会</td><td></td></tr>
<tr><td>007</td><td colspan="2">篮　球</td><td>中国篮球协会</td><td></td></tr>
<tr><td>008</td><td colspan="2">拳　击</td><td>中国拳击协会</td><td></td></tr>
<tr><td rowspan="4">009</td><td rowspan="4">自行车</td><td>场　地</td><td rowspan="4">中国自行车协会</td><td rowspan="4"></td></tr>
<tr><td>公　路</td></tr>
<tr><td>山地车</td></tr>
<tr><td>BMX 小轮车</td></tr>
<tr><td>010</td><td colspan="2">击　剑</td><td>中国击剑协会</td><td></td></tr>
<tr><td rowspan="2">011</td><td rowspan="2">足　球</td><td>足　球</td><td rowspan="2">中国足球协会</td><td rowspan="2"></td></tr>
<tr><td>五人制足球</td></tr>
<tr><td>012</td><td colspan="2">手　球</td><td>中国手球协会</td><td></td></tr>
</table>

（续表）

序号	项目		协会名称	备注
013	马　术		中国马术协会	
014	曲棍球		中国曲棍球协会	
015	柔　道		中国柔道协会	
016	现代五项		中国现代五项冬季两项协会	正在办理更名
017	体　操	体操	中国体操协会	
		艺术体操		
		蹦床	中国蹦床与技巧协会	
018	赛　艇		中国赛艇协会	
019	帆　船		中国帆船帆板运动协会	
020	射　击		中国射击协会	
021	排　球	排　球	中国排球协会	
		沙滩排球		
022	垒　球		中国垒球协会	
023	乒乓球		中国乒乓球协会	
024	跆拳道		中国跆拳道协会	
025	网　球		中国网球协会	
026	铁人三项		中国铁人三项运动协会	
027	举　重		中国举重协会	
028	摔　跤	摔跤	中国摔跤协会	
		中国式摔跤		
029	冬季两项		中国现代五项冬季两项协会	正在办理更名
030	冰　壶		中国冰壶协会	
031	冰　球		中国冰球协会	
032	滑　冰	花样滑冰	中国滑冰协会	
		短道速滑		
		速度滑冰		
033	滑　雪	高山滑雪	中国滑雪协会	
		越野滑雪		
		自由式滑雪		
		跳台滑雪		
		单板滑雪		

（续表）

序号	项目		协会名称	备注
034	潜　水	潜水	中国潜水运动协会	
		蹼泳		
035	滑　水		中国滑水协会	
036	摩托艇		中国摩托艇运动协会	
037	救　生		中国救生协会	
038	健美操	健美操	中国健美操协会	
		街舞		
039	技　巧		中国蹦床与技巧协会	
040	高尔夫球		中国高尔夫球协会	
041	保龄球		中国保龄球协会	
042	掷　球		中国掷球协会	
043	台　球		中国台球协会	
044	藤　球		中国藤球协会	未在民政部注册
045	壁　球		中国壁球协会	正在民政部办理
046	橄榄球		中国橄榄球协会	未在民政部注册
047	软式网球		中国软式网球协会	
048	热气球	热气球	中国航空运动协会	
		热气飞艇		
		氦气球		
		氦气飞艇		
		混合式气球		
049	运动飞机	超轻型飞机		
		轻型飞机		
		特技飞机		
		旋翼类		
		模拟飞行		
050	跳　伞	特技定点		
		造型		
		踩伞		
		低空伞		
		牵引伞		
		花样跳伞		

（续表）

序号	项目		协会名称	备注
051	滑　翔	滑翔机	中国航空运动协会	
		悬挂滑翔		
		滑翔伞		
		动力滑翔伞		
052	航空模型	自由飞		
		线操纵		
		无线电遥控		
		仿真		
		电动		
		航天模型		
053	车辆模型	非遥控车	中国车辆模型运动协会	
		电动公路车		
		电动越野车		
		内燃机公路车		
		内燃机越野车		
		火车模型		
054	航海模型	仿真	中国航海模型运动协会	
		仿真航行		
		帆船		
		耐久		
		动力艇		
		建筑场景		
055	定　向	徒步定向	中国定向运动协会	
		滑雪定向		
		轮椅定向		
		山地车定向		
		GPS 定向		
056	业余无线电	业余无线电台	中国无线电运动协会	
		无线电测向		
		无线电通信		
057	围　棋	围棋	中国围棋协会	
		五子棋		

（续表）

序号	项目		协会名称	备注
058	国际象棋		中国国际象棋协会	
059	中国象棋		中国象棋协会	
060	桥　牌		中国桥牌协会	
061	武　术	套路	中国武术协会	
		散打		
062	健身气功		中国健身气功协会	
063	登　山	登山	中国登山协会	
		攀岩		
		攀冰		
		山地户外运动		
064	汽　车		中国汽车运动联合会	
065	摩托车		中国摩托运动协会	
066	轮　滑		中国轮滑协会	
067	毽　球		中国毽球协会	
068	门　球		中国门球协会	
069	舞龙舞狮		中国龙狮运动协会	
070	龙　舟		中国龙舟协会	
071	钓　鱼			
072	风　筝		中国风筝协会	
073	信　鸽		中国信鸽协会	
074	体育舞蹈		中国体育舞蹈联合会	
075	健　美		中国健美协会	
076	拔　河		中国拔河协会	
077	飞　镖		中国飞镖协会	
078	电子竞技		中国电子竞技协会	正在民政部办理

（三）各类竞赛的奖励制度

运动竞赛确定录取名次是促进运动技术水平不断提高的一个极其重要的辅助因素，主要包含决定名次的办法和录取名次数额。两大政策的制定，可直接激励运动员技术水平的发挥和教练员对专项技术的探索与创新，对某一专项运动的发展方向也具有较强的影响力，同时也成为各级地方政府和当地人民群众衡量本地区体育运动水准的一个传统的客观标准。

1. 综合性运动会的录取名次、名称的确定及奖励

①排列并公布各参赛单位奖牌总数名次。按各参赛单位所获金、银、铜牌总数排列，金牌多者，名次列前；若金牌数相等，则以银牌多者，名次列前；若再相等，则以铜牌多者，名次列前，依次类推。

②排列并公布参赛单位团体总分。按参赛单位男女合计所获各单项前八名的8、7、6、5、4、3、2、1计算总得分，总分多者，名次列前；如相等，依次按打破世界纪录、亚洲纪录、全国纪录的项次决定，多者名次列前；如仍相等，则依次按获得第一名多者，名次列前，依次类推。

③在我国竞技体育系列中的综合性运动会，凡奥运项目的单项竞赛，一般录取前八名给予奖励；非奥运项目的各单项竞赛，则录取前六名给予奖励。但从第8届全运会开始，则不再分奥运项目和非奥运项目，均采用统一的录取名次和计分标准了。在全民体育系列中的综合性运动会，则没有奥运会项目与非奥运会项目之分，均录取前六名给予奖励。

④从第7届全运会开始，实行奥运会奖牌计入全运会和创、超世界纪录加牌加分的办法。还规定把全运会前的一次世界锦标赛前三名奖牌列入全运会奖励记分范围。此外，为充分发挥解放军在竞技体育训练水平方面的优势，鼓励地方向部队输送运动员，并规定解放军参加全运会实行两次记分办法。

⑤各地在改革中也总结出不少好的奖励办法。例如，有的地区对省运会青少年竞赛实行结构记分法，即按照周期人才输送分，输送的人才在奥运会、亚运会、全运会上取得优异成绩的奖励分，比赛成绩等诸方面计算代表团总分，从而调动各地方培养高水平人才的积极性。

2. 单项竞赛的名次录取及奖励办法

在正式比赛和非正式比赛中，无论是集体或个人，均录取前六名给予奖励。设团体总分的竞赛，录取办法与综合性运动会相同。创最高纪录则按世界、亚洲、全国等层次顺序，授予带有不同层次标志的创纪录奖章、证书及其他物质奖励。

3. 其他辅助性设奖

为鼓励运动员以良好的品质参加竞争和裁判员公正执法，保持赛场良好的纪律和赛风，从20世纪80年代中后期开始，在我国各类竞赛活动中，开展了个人和集体的体育道德风尚奖评选活动。一般4天以上竞赛日程的运动会均设此类奖，并由大会授予物质奖励。评奖比例大致为个人15:1（含裁判员），集体在8队以下评一个队，9~16个队评两个队，16队以上评三个队。

我国全国运动会有时根据国家竞技体育导向的需要，还会制定相应的奖励政策。

四、当前国际体育比赛的种类及制度

国际体育比赛亦分为综合性运动会和单项竞赛两大类。

（一）综合性运动会

1. 国际奥林匹克运动会（以下简称奥运会）

（1）奥运会简介

国际奥林匹克运动会每四年举办一次，分夏季奥运会和冬季奥运会。夏季奥运会从1896年在希腊雅典举办第1届起，至今已举办了28届，第29届将于2008年在北京举办。在奥运会初期阶段，国际奥委会主席都是从主办国的候选人中产生。如第1届是雅典人，第2届是法国人顾拜旦，后来就出现连任现象。其中西班牙人萨马兰奇担任了三十年国际奥委会主席。国际奥委会副主席的任期为四年一届，定期更换，轮流担任。四位副主席中每年有一位执行人，这位执行副主席可以投票决定并请奥委会主席取消一个赛事或比赛项目。此外，国际奥委会还定于每年要视察下届奥运会举办国组委会的工作进程，并提出改善意见，国际奥委会有建议转移主办城市的权力。

冬季奥运会的运动项目是在冰上和雪上进行比赛。1924年在法国夏蒙尼举办了第 1 届冬季奥运会（当时称做奥林匹亚体育周），后作为第 8 届奥运会的一部分；由于秘书人员的疏忽，在会议记录中竟然误写为“第 1 届冬季奥运会”，于是国际奥委会也由此而予以认可和追认，并决定以后每四年可以由夏季奥运会主办国优先承办同年冬季奥运会。从 1948 年开始，为减轻主办国的负担，同一年内的冬、夏季奥运会被放到了不同国家举办；1994 年，国际奥委会又决定将冬季奥运会与夏季奥运会分开在不同年份举行，其届次与夏季奥运会的记法不同，按实际举办的次数计算。至今已举办了 20 届。2010 年第 21 届冬奥会的举办地是加拿大的温哥华。

不论是夏季奥运会还是冬季奥运会，会期均规定包括开幕式、闭幕式在内不超过 16 天。遇星期日或法定假日不安排比赛日程，如因特殊需要，经国际奥委会批准可以相应地延长。

（2）奥运会比赛项目设置

①运动大项

国际奥委会规定凡被列入奥运会比赛项目的运动大项，必须是在至少 75 个国家和四大洲的男子中以及在至少 40 个国家和三大洲的女子中广泛开展的运动项目，才可以列入夏季奥运会比赛项目；另外只有在至少 25 个国家和三大洲中广泛开展的运动项目，才可以列入冬季奥运会比赛项目，并且至少在有关的奥林匹克运动会召开前 7 年确定，确定后不允许有任何变动。

②运动小项

运动小项是奥运会运动大项中的一项比赛，产生名次，颁发奖章和奖状。

凡是要列入奥运会比赛项目的运动小项，必须在数字上和地理上具有公认的国际基础，而且至少两次被列入世界锦标赛或洲的锦标赛。列项依据为至少在 50 个国家和三大洲的男子中，以及至少在 35 个国家和三大洲的女子中开展的运动小项，才可以列入奥运会比赛项目，且必须在有关的奥运会召开前 4 年确定，确定后不允许有任何变动。

③奥林匹克运动会比赛项目的设置规定

国际奥委会规定奥林匹克夏季运动会比赛项目至少必须包括 15 个奥林匹克运动大项，而奥林匹克冬季运动会则不存在这种最低限额。在每届奥林匹克运动会后，国际奥委会对奥林匹克运动会比赛项目要给予重新审议，并决定大项、小项的设置和撤销。

④奥林匹克运动会的参赛名额

各国报名参赛人数是由国际奥委会执行委员会在与有关国际单项体育联合会磋商后确定的。一般报名参加个人小项比赛的人数不应超过世界锦标赛中规定的报名人数，即每个国家不能超过 3 人。但对某些冬季运动项目国际奥委会执委会可予例外。对于团体比赛项目，男队和女队都不得超过 12 队也不得少于 8 队。在某些个人和团体项目中，国际奥委会执行委员会在与有关国际单项联合会磋商后可以增加替补队员的人数。

2. 残疾人奥林匹克运动会（以下简称残疾人奥运会）

残疾人奥运会最早是在 1948 年于英国斯托克曼德威尔为第二次世界大战中受脊髓损伤的退役士兵首次举办的运动会。后于 1960 年在意大利罗马举办了首届残疾人奥运会。残疾人奥运会的举办是世界文明进步的体现，大大提高了残疾人的社会地位和生活质量，其周期与夏季奥运会等同，在夏季奥运会结束一个月后举行，每四年一届，一般由举办当届夏季奥运会的城市举办。其竞赛组织规格和接待服务水平等同奥运会，至今已举行了 12 届。特别是 2004 年雅典残疾人奥运会有 134 个国家和地区的 4000 余名运动员参赛，堪称历史之最（首届罗马残奥会仅 23 个国家的 400 余名残疾运动员参加了 8 个项目的比赛）。

3. 世界大学生运动会

世界大学生运动会素有“小奥运会”之称，是由国际大学生体育联合会主办，只限在校大学生和毕业不超过两年的大学生（年龄限制为 17~28 岁）参加的世界大型综合性运动会。世界大学生运动会始办于 1959 年，其前身为国际大学生运动会。

上世纪 20 年代初，当时的国际大学生组织就已开始计划举办世界大学生运动会。1923 年 5 月，在巴黎召开了世界大学生体育代表大会，会议决定次年举行第 1 届国际大学生运动会。

1924 年，首届国际大学生运动会在华沙举行，设田径、游泳、击剑 3 个比赛项目。此后，运动会不定期举办，至 1939 年共举办了 8 届。后因第二次世界大战，运动会被迫中断，1947 年恢复举行。但从 1951 年起因国际形势的变化，分裂成东西方两个运动会，西方称为“国际学生体育运动会”，东方称为“青年学生运动会”或“青年友好运动会”。两个阵营各自组织和举办自己的大学生运动会。

1957 年，为了庆祝法国全国学联成立 50 周年，在巴黎举行了国际性的大学生运动会和国际文化联欢节。经与会 30 个国家的代表一致同意，决定以后定期举办世界性的大学生体育比赛，定名为“世界大学生运动会”，原则上每两年举行一届。

1959 年，第 1 届世界大学生运动会在意大利都灵举行，来自 45 个国家的 985 名运动员参加了比赛。至 1999 年，世界大学生运动会已举办过 20 届。

世界大学生运动会举办情况

届次	举办时间	地点	参赛国家和地区	运动员人数
第 1 届	1959	都灵（意大利）	45	985
第 2 届	1961	索非亚（保加利亚）	32	1270
第 3 届	1963	阿雷格里港（巴西）	27	713
第 4 届	1965	布达佩斯（匈牙利）	32	1729
第 5 届	1967	东京（日本）	30	937
第 6 届	1970	都灵（意大利）	58	2080
第 7 届	1973	莫斯科（苏联）	64	2765
第 8 届	1975	罗马（意大利）	40	712
第 9 届	1977	索非亚（保加利亚）	85	3232
第 10 届	1979	墨西哥城（墨西哥）	85	3500
第 11 届	1981	布加勒斯特（罗马尼亚）	87	2915
第 12 届	1983	埃德蒙顿（加拿大）	69	2402
第 13 届	1985	神户（日本）	106	3949
第 14 届	1987	萨格勒布（南斯拉夫）	121	3904
第 15 届	1989	杜伊斯堡（联邦德国）	90	3000
第 16 届	1991	谢菲尔德（英国）	101	3346
第 17 届	1993	布法罗（美国）	130	6000
第 18 届	1995	福冈（日本）	163	5740
第 19 届	1997	卡塔尼亚（意大利）	160	6000
第 20 届	1999	帕尔马（西班牙）	114	5776
第 21 届	2001	北京（中国）	169	3939
第 22 届	2003	大邱（韩国）	177	4600
第 23 届	2005	伊兹米尔（土耳其）	110	

世界大学生运动会正式规定的比赛项目除特殊情况外，一般有田径、游泳、跳水、水球、体操、击剑、网球、篮球和排球共 9 项，但东道国有权再增加 1 项。例如，1977 年的东道国保加利亚增加了摔跤，1979 年墨西哥增加了足球，1985 年日本增加了柔道。

1960 年，仿奥运会赛制，又在法国夏蒙尼举办了世界大学生冬季运动会。起初，夏季运动会和冬季运动会分别在单数和双数年举行，从 1981 年起改为在同一年举行。至 1999 年，世界大学生冬季运动会已举办过 19 届，比赛项目有速度滑冰、短道速滑、花样滑冰、高山滑雪、越野滑雪、跳台滑雪、冬季两项、冰球、北欧两项和滑板滑雪。

1959 年第 1 届世界大学生运动会，中国参加了部分田径项目的比赛。从 1961 年第 2 届起至第 8 届，中国均未派团参加。1975 年，中国被接纳为国际大学生体育联合会正式会员。从 1977 年第 9 届起，中国派团参加了迄今为止的历届世界大学生运动会。由于世界大学生运动会是规模仅次于奥运会的世界大型综合性运动会，因此世界各国都非常重视，纷纷派出最优秀的运动员参加角逐。

4. 洲际运动会

洲际运动会是以世界各大自然区域所属一定范围内的多个国家参赛的大型综合性运动会，一般设项较全，赛程在 10 天以上，有礼仪性活动贯穿全过程，普遍受到主办国领导人的重视和广大公众的关注，并被国家当做进行外交和商贸活动的机遇。此外，为选拔奥运会的参赛选手，各洲运动会原则上在奥运会前 1~2 年举行。

（1）亚洲运动会（以下简称亚运会）

亚洲运动会是亚洲最大的体育盛会，每四年举行一届，与奥运会相隔两年举办。自 1951 年在印度新德里召开第 1 届以来，至今已举办了 14 届。亚运会每次总赛期（含开、闭幕式）不超过 16 天，不得少于 8 个比赛项目，其中必须包括田径和游泳项目的比赛。50 多年来，在亚洲各国人民的共同努力下，亚洲体育有了很大的发展。我国也对亚洲体育运动的发展作出了卓越的贡献。1973 年 9 月，亚洲体育联合会执委会确认中华全国体育总会为该会会员。1974 年，我国重返亚运会，先后参加了第 7 届（德黑兰）至第 14 届亚运会。在我国首都北京曾成功的举办了第 11 届亚运会，充分展示了我国改革开放以来的伟大成就。第 14 届在韩国釜山举行。亚运会参赛国目前一般为 43 个左右，所设运动项目约 36 个。

（2）非洲运动会

非洲运动会创办于 1965 年，是由非洲最高体育理事会主办的非洲地区的大型综合性运动会。1987 年以前不定期举行。1987 年后每四年举行一届，迄今已举办过 8 届。该运动会的项目设置和参赛人数是世界上较大的洲际运动会，一般为 20 个左右项目，49 个国家约 5000 余名运动员参赛。与其他国际性比赛不同，非洲运动会有其浓郁的地区与民族特色。国际媒体曾这样描述运动会：许多运动员身着民族服装，跳着各地特有的舞蹈，频频向观众致意，仿佛走上舞台而不是步入赛场。一些经济实力较强国家的运动员手持先进的数码摄像机，对着观众狂拍。接着是一场更加宏大的歌舞表演，几千名身穿奇装异服的演员布满整个运动场，他们有的头顶羽冠、身着兽皮；有的绘着各式各样的脸谱；有的打扮成各种动物，尽情地表演着，并配以节奏感极强的音乐，飘忽不定的灯光，让人有一种置身于某个部落的狂欢节的错觉。

（3）泛美运动会

泛美运动会是北美、中美和南美洲地区的大型综合性运动会。创办于 1951 年，每四年举行一届，至今已举行过 14 届。一般有来自美洲大陆的 40 多个国家和地区约 7500 余名运动员参加约 20 余个大项的比赛。属世界上较大规模的洲际运动会之一。

（4）东亚运动会

东亚运动会创办于 1993 年。在中国上海举行，每四年举办一届，至今已举办了 3 届。2005 年在中国的澳门举办第 4 届。其宗旨是加强东亚地区的体育交流与合作。是由中国、中国台北、中国香港、韩国、日本、朝鲜等 8 个国家和地区发起的，其规模虽不是很大，但举办规格较高，整套的组织模式和开、闭幕等礼仪性大型活动可与亚洲运动会相媲美。

（5）中美洲及加勒比海地区运动会

中美洲及加勒比海地区运动会原名为中美洲运动会，创办于 1926 年，是美洲仅次于泛美运动会的地区性大型综合性运动会。1935 年起改用现在的名称。除特殊原因外，每四年举行一届，迄今为止已举办过 19 届。这个地区的运动会一般 15 个左右国家参赛。古巴在所有参赛国中名列体育强国之列，自 1970 年在巴拿马城举办的第 11 届运动会以来古巴已连续 9 次金牌榜排名首位。

（6）欧洲运动会

欧洲虽然是世界体育强国较集中的地区，但目前从文献记载和国际互联网搜寻，尚未发现欧洲有综合性运动会的任何信息。但欧洲的单项锦标赛开展的十分活跃，运动水平也相当高。其中足球、高尔夫、赛车、滑冰、现代五项、田径、游泳和划船等项目最受欧洲地区各国的青睐。

（7）欧洲小国家运动会

欧洲小国家运动会每两年举办一届，至今已举办了 11 届。该赛会仅在陆地较小、人口较少的欧洲国家举行。其中有欧洲袖珍之国的圣马力诺，人口仅 27000 余人；而塞浦路斯是参赛国人口最多的国家，也仅为 762000 余人。比赛项目有田径、自行车、柔道、游泳、篮球、排球、网球、乒乓球等 10 余个项目，赛程仅为一周时间，堪称“微型运动会”。便于小型国家运动员体育天赋的充分展示。

（二）国际单项体育比赛

国际单项体育比赛是以各单项国际体育组织名义举办的世界性比赛。一般有世界锦标赛、世界杯赛（含世界杯分站赛）、世界青年锦标赛和利用假期举办的国际性夏令营训练赛等。上述名称的赛事各洲际单项体育组织同样也在洲际区域内组织比赛。两个层次的单项比赛大多数项目均为每年举办一次；只有参加世界杯或洲际杯赛的运动员是通过多次分站赛所获名次的累积得分，在年末进行的总决赛上根据各站比赛的总积分决出最后排名。

由于世界和洲际比赛的锦标赛、杯赛能吸引众多的世界优秀选手参加，竞争性强，竞技水平高而受到各国体育组织的青睐和重视。因为这两项赛事能让参赛选手及时了解各运动项目的世界发展趋势，使参赛者跟上项目发展速度，同时若能在强手如林的赛事上取胜，对运动员战胜心理压力、树立自信和增强竞争力起到不可估量的提升作用。所以，各国体育组织都会积极选派具有一定水平的运动员及后备人才参加国际或洲际的锦标赛和杯赛，以达到锻炼队伍、掌握信息、提高运动员的竞技能力和运动水平的目的。

第2章

体育竞赛活动的组织实施与管理

一、体育竞赛活动组织与管理的基本内容

体育竞赛活动是体育竞赛组织与管理的核心工作，由竞赛管理者和运动员、裁判员、观众、志愿者、新闻媒体等体育赛事参与者共同参加。体育竞赛组织管理活动的实质是对运动竞赛活动进行管理，有效地提高体育竞赛产品的质量，达到体育竞赛的目的和目标。

通过有秩序的组织和管理手段可有效地实现体育竞技训练的目的和体育竞技比赛的既定目标。各级体育竞赛的组织机构通过确定各自的工作职责、权限，协调相互关系，促使体育竞赛管理资源合理配置，达到系统功能效益和效果最佳的体育竞赛环境并完成比赛的过程。因此，体育竞赛的组织与管理实质上是通过对人、财、物、时间、信息等体育竞赛辅助资源合理配置和组织，实现最佳体育比赛环境并完成比赛最终目标的组织过程。

各层次的体育比赛都是一项复杂而细致的组织管理工作。无论在综合性运动会或单项竞赛中，管理水平的高低直接关系到竞赛任务能否顺利完成以及参赛者运动水平能否得到充分发挥。因此依据现行竞赛制度，科学地、有计划地组织好相关项目的竞赛活动，对发挥教练员和运动员的积极性，提高运动技术水平，达到预期竞赛目的，有着重要的意义。各级体育竞赛活动在其组织实施过程中，都要涉及以下四项基本内容。

（一）配备人员、设定组织方式

在一项重大的体育竞赛活动的组织之前，组织者都要对组织系统内部的人力进行统筹安排和设计，这就是配备人员建立组织管理机构的过程。配备人员、建立组织机构的总体要求是：从目标任务出发，同时考虑需要与可能，择优选用，精简机构。配备人员包括数量配备和质量配备。前者是从数量上满足既定

工作任务对人力的需要，解决配备多少人的问题，要注意以各类工作人员的工作定额为设计基础，各类工作人员的配备数量等于各自承担的工作总量与工作定额之比；掌握任务、人、财、物之间比例关系的规律；人员配备数量的多少要以不同地区具体有代表性的平均数为准；同时还要注意照顾到不同的情况，做到区别对待。后者则是要从质量上保证所配备的人员能充分胜任工作任务，解决配备什么样的人的问题。质量配备要从人员素质个体结构和群体结构两个方面进行优化配备。

（二）建立工作规范

建立工作规范是竞赛管理组织者优化运行的基本保证。在体育赛事管理的组织实施过程中，最重要的是建立各类岗位职责、工作流程、考核与奖惩制度等。制定各部门的基本职责及工作范围。基本职责就是所承担目标任务，工作范围即所管辖的界限。在将目标计划分解落实到各部门的基础上，制定出各部门的责任制，使其有所属，并收到分工合作之效。各部门要积极创造条件，尽力履行自己的职责，完成自己的使命，不推诿给上级和其他部门，在明确职责的同时，必须规范其相应的权利，使之权责相配。

各部门的任务和责任分解到各个岗位，就形成了每个岗位必须履行的责任。每个人在组织内所处的地位不同，他所负的责任大小也不同。岗位责任制是根据每人的职责范围与分工，从上到下层层建立起来的，最终落实到每个人。组织过程中每个人职责的总和就构成了组织活动的全部。

对各项工作制定衡量标准，明确规定完成的数量、质量以及完成的时间等等，有助于执行与考核。有了工作职责、岗位责任和标准，还必须有严格有效的考核与奖惩制度，才能及时全面地了解职责与规定的执行情况，实现对组织活动的有效控制。

（三）授予权利

权利是完成职责的必要手段。所谓授权是指上级给予下属一定的责任和权力的过程，以使其下属在一定的监督之下，处理问题时有相当的自主权。在实际授权过程中，应灵活运用授权的基本原则，包括：①权责对等原则，要使权力与责任两者一致；②责任绝对原则，即“授权留责”，分权而不放任；③目标原则，即授权应围绕既定目标，按预期成果进行；④边界原则，即所授之权应明确规定其实施范围和等级层次的界限；⑤控制原则，即把各种权力委任给下级的同时，上级授权者要实行统一指挥和监督控制，保证适度的干预频率。

（四）总体指挥

总体指挥是体育竞赛组织者对运行全过程的各项具体工作环节进行领导和指导。正确有效的总体指挥，对组织运行具有重要作用。实现有效的总体指挥，必须做到：建立强有力的指挥系统和信息网络控制系统；要正确合理地运用指挥者的指挥权力；要对管理环境有确切地了解；要懂得管理经验与艺术的结合并正确运用各种管理方法及手段等，同时对整个体育竞赛的组织过程进行掌控。

二、体育竞赛的组织形式

正规的体育竞赛的组织工作是以体育部门为主体，其他有关部门密切配合进行的，一般组织形式为组织委员会制。大型综合性运动会不仅要设组织委员会，一般都应下设单项竞赛委员会。在我国大型综合性运动会组织过程中，当地政府及其各有关职能部门都是非常重要的因素，各部门之间亦都具有相互联系并相互作用的工作界面。要确保大型赛事活动组织程序和环节的一体化，大会组委会必须由当地政府一级主管行政领导担任组委会主任，主办单位和承办单位的有关领导人为组委会副主任，委员中要吸收包括体育部门的各职能机构的领导、协作单位职能机构的领导、各单项竞委会的主任以及与本届运动会有关的新闻、服务、公安等单位负责人及部分有代表性的参赛单位负责人等。组委会的成员组成视运动会规模而定。组委会一般设主任委员一名，副主任委员若干名，秘书长一名及委员若干名。单项竞赛中的组委会组织形式除规格不同外，其人员构成范围，与综合性运动会的组委会大致相同，有时参赛运动队的领队也担任组委会成员。不论是大型运动会中的组委会还是单项运动竞赛中的竞委会，都是全面领导运动会或单项竞赛各项工作的最高领导机构。

（一）高层次（大型）体育竞赛的组织形式

不论哪一级体育部门承办高层次体育竞赛，即省、直辖市、自治区、全国、国际比赛，都必须由主办单位提出基础方案，包括大会经费来源、竞赛规程、竞赛规模等，再由承办者提出可行性意见，征得当地政府主管部门的同意便可正式承接比赛。接受承办任务后的单位应在政府主管行政负责人的主持下召集与本届运动会将产生直接工作关系的政府各有关部门领导参加的运动会业务协调会议（若是国际比赛，还应有外事部门的领导参加），以便比赛得到本地区各部门的支持，如在宣传、治安秩序、交通、食宿安排等方面给与配合和保证。上级主办单位对运动会的组织工作有参与、指导的义务，对专项业务实施具体的指导和监督，并根据竞赛性质和运动会规模下拨全部或部分竞赛经费。另外，在比赛开始前，上一级主办部门还须根据实际情况与承办单位协商制定、颁发有关竞赛的补充规程，承办单位负责协助执行并制发补充规程的通知。在执行过程中，规程的修改权和解释权均在上级主办单位。若是国际单项比赛，除行政事务管理外，所有技术方面的规定都必须获得国际单项体育组织的批准，包括有关技术问题的解释权均由该组织的技术代表予以解释。

（二）普通单项竞赛的组织形式

由各级体育部门或行业、系统组织主办本地区或本系统范围内为检查训练效果所举行的竞技体育年度竞赛及其他辅助性竞赛活动，均由本单位主管领导牵头统一指挥，并由本单位所属的具体职能部门负责对运动会的竞赛、宣传、保卫、后勤等各项工作进行组织与实施。这类竞赛一般仅限于本地区或本系统，参赛单位和人员均在所属范围内，业务管理及竞赛经费独立承担。组织机构由本单位或本系统的各职能机构的工作人员组成，上一级业务部门一般不派人参加组委会的工作。竞赛规程从制定到颁发及在执行中对其修改和解释都由主办赛事单位的竞赛主管部门负责。

三、体育赛事常用机构设置及职能

建立组织委员会及下设的各专门职能机构，是承接运动会组织、管理工作的关键环节。因此，机构设置合理、职能划分明确，责任落实到人，对圆满完成竞赛任务至关重要。

（一）大、中型运动会工作机构的设置

大、中型综合性运动会和单项竞赛一般设立组织委员会（竞委会），下设办公室、竞赛、宣传（新闻）、保卫、财务、后勤等主要工作机构。另可根据运动会规格和规模的需要，设大型活动、外事、工程等运动会的辅助机构，若经费不足还可专设集资部门。综合性运动会每一个单项的比赛都必须设单项竞赛委员会，直属于大会组委会的领导（图 2–1）。

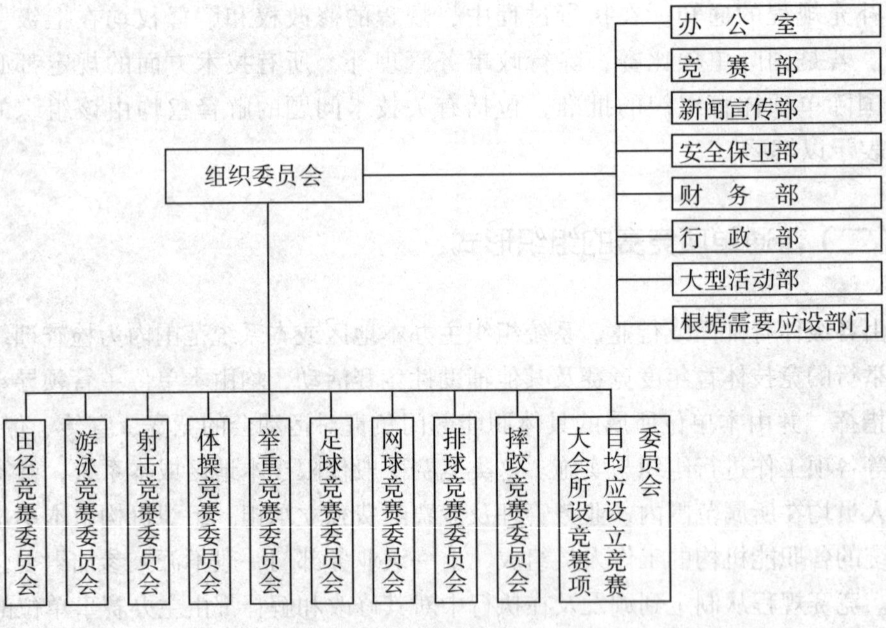

图 2–1 大型运动会（常规）组织系统图

另外，有些较大规模的综合性运动会由于特殊的需要，为提高规格，扩大其影响，可以成立大会主席团，邀请层次较高的国家党、政领导人担任大会名誉职务。

（二）一般大型运动会组委会及其主要机构职能介绍

1. 组织委员会

综合性运动会中的组织委员会或单项竞赛中的组织委员会，是整个运动会组织工作的最高领导机构。在组织全国或国际性综合运动会时，应有相当级别的政府行政官员担任这个机构的秘书长和副秘书长，以便增强这个机构的权威性。组委会的任务主要体现在五个方面（图 2–2）：

①审议通过组委会或竞委会的参加范围及人员组成。

②审议批准各职能机构的设置及主要负责人名单。

③审议批准竞赛组织的各项实施方案。

④审议批准大会经费的使用原则、范围及大会预、决算方案。

⑤裁决竞赛组织过程中的重大问题。

2. 组委会办公室

组委会的综合职能部门（图 2–2）。主要任务是拟制文件、组织会议、督促协调组委会下达的各项指令贯彻落实到各执行部门、文件档案管理等，是整个组委会组织系统的中枢，也是建制最早、工作时间最长的部门。其主要职责是：

①组委会成立前的筹备工作。

②建立信息管理程序和组织管理网络。

③组委会各类工作会议的组织及会务（包括会议通知、会议文件、会议安排等）。

④督促检查组委会决定的贯彻落实情况并向组委会领导反馈。

⑤对外联络、接洽与组委会相关的事宜。

⑥负责组委会各类文件运转、撰写以组委会名义下发的文件。

⑦负责组织竞赛期间的迎送等礼宾活动。

⑧负责各部门之间工作情况反馈，印发综合信息简报（或建立信息传送网络）。

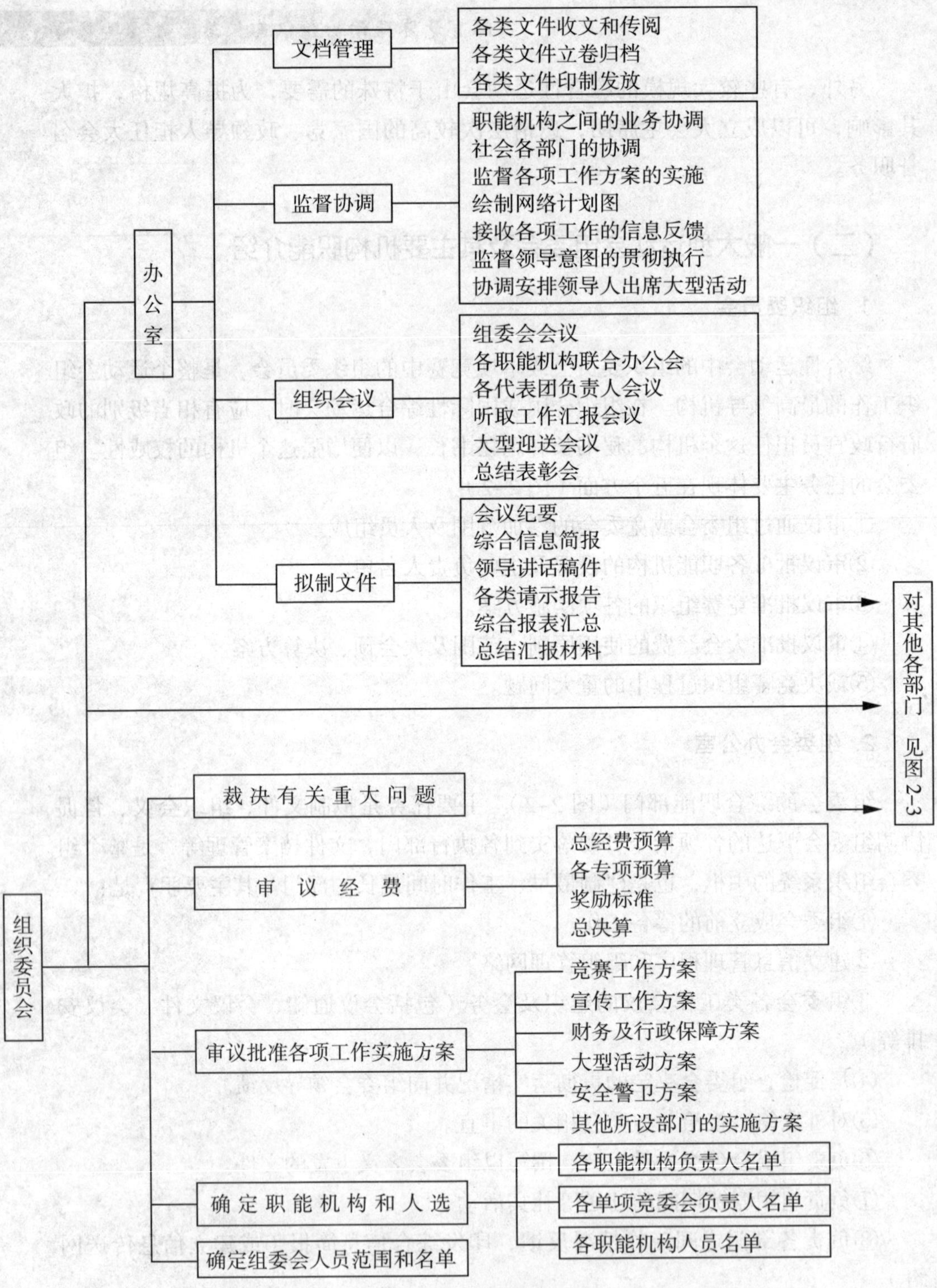

图 2-2 组织委员会及其办公室的职能

⑨负责各部门之间横向工作协调。

⑩负责运动会开（闭）幕式主席台主要领导及嘉宾的座次安排。

⑪组委会结束任务后的收尾及文件整理归档工作。

3. 组委会竞赛部

运动会竞赛方案的制定和实施部门（图 2–3）。主要任务是组织竞赛，组织裁判，组织颁奖，落实场地器材，协调配合兴奋剂检测，监督管理竞赛经费等。其主要职责是：

①对运动会的具体竞赛工作进行实施和管理，并负责制定本次运动会的竞赛工作计划。

②进行对国际、国内专项体育组织的请示和联络，并及时下达上级单项体育组织的指导及对计划的修改意见。

③制定竞赛总规程及各单项竞赛规程，制定与竞赛有关的补充规定或与竞赛有关的临时通知。

④负责各运动队报名注册及资格审查工作。

⑤编排各项竞赛秩序，制定总日程表并负责总秩序册和单项秩序册的编印。

⑥统一运动会所用各类竞赛表格的设计规格及标准。

⑦负责运动会现场成绩统计公告和总成绩汇总公告，并编印总成绩册。

⑧对各单项竞赛委员会实行业务指导与监督，反馈各赛区竞赛组织工作动态和信息。

⑨负责各项竞赛仲裁、裁判的人选和聘用工作。

⑩协助裁判长组织裁判队伍的赛前业务培训及赛后评估、推选表彰工作。

⑪负责勘察竞赛场馆设施，确定各项竞赛地点，提交大会组委会审议，并按规格要求检查验收场地器材的准备工作。

⑫负责大型国际比赛中为检验组委会各项准备工作运行系统准备情况而举办的实习性测试赛组织工作。

⑬负责颁奖工作人员的配备选调，奖牌、奖品的组织设计和准备，颁奖人员的培训，颁奖音乐的征集，以及颁奖方式方案的制定，提请大会组委会审议批准并实施。

⑭协助兴奋剂检测专门机构与参赛运动队之间的联系及指定运动员参测的协

调工作。

⑮制定竞赛经费预算方案及各项竞赛经费使用范围和政策，审批各项竞赛经费预算，监督检查竞赛费用使用情况。

4. 组委会新闻宣传部

负责运动会新闻信息的发布及传播、宣传推广工作的组织实施部门（见图2-3）。主要任务是对运动会进行社会宣传，对参赛运动员进行赛风赛纪教育，对采访运动会的媒体提供信息服务。其主要职责是：

①制定大会宣传推广及信息服务计划。

②提出参与本届运动会的工作人员和运动队行为规范及思想道德准则。

③负责落实运动会环境布置和社会宣传推广方案（包括组织大会会徽、会旗、会歌、张贴画、吉祥物等宣传品的征集、制作和发放）。

④负责采访运动会记者的组织、管理以及向相关媒体提供每日竞赛信息和大会活动信息。

⑤负责组织和实施新闻发布工作（包括宣传稿件的撰写、新闻发言人的新闻发布内容的整理及确认）。

⑥负责大会新闻中心的管理与协调工作。

⑦负责宣传经费的预算，监督管理宣传经费的使用。

5. 组委会安全保卫部

运动会安全保卫工作的实施部门（见图2-3）。主要任务是对运动会实施安全保卫，负责运动会的竞赛组织及大型活动实施安全措施和特殊警卫等。其主要职责是：

①对大会实施安全管理，制定并实施安全保卫计划。

②对大会驻地实施防火、防盗、防毒等安全措施和要求，负责赛场秩序的管理和防暴工作。

③制发各类人员在大会期间的使用证件，保证出席各类仪式或场合的各级领导人的安全。

④负责公路竞赛的沿途安全和射击比赛的枪支、弹药管理。

⑤负责大会车辆驾驶人员的安全教育工作，制发各场馆在运动会期间使用的

车辆通行证。

⑥负责开、闭幕式等大型活动通往主会场的道路交通管制、疏导和管理。

⑦制定各类交通车辆的管理法规并监督实施。

⑧负责安全工作经费预算，监督管理安保经费的使用。

6. 组委会行政部

视运动会规模大小而设立，如运动会规模较小此项职能可设在办公室范畴之内。

此部门是提供后勤保障的职能部门（图 2–3）。主要任务有参会人员的生活接待，物资供给和提供保障性服务等行政事务工作。其主要职责是：

①运动会各类生活及行政物品的筹备、提供、管理、结算。

②负责各参赛代表团、队的迎来送往，安排与会人员的食宿及各项服务性组织工作。

③负责各类人员返程车、船、机票的登记、购买和发放。

④负责办公用品、器材和奖品的购置、保管。

⑤负责大会医疗救护、饮食卫生和防疾。

⑥负责运动员往返于训练、参赛场馆的交通车辆调配、使用及驾驶人员的管理。

7. 组委会财务部

负责运动会的财务管理、资金使用、审计监督的部门。其主要职责是：

①编制大会总经费预算、资金分配方案及决算，监督各职能部门的经费使用情况。

②对运动会各工作部门的资金使用实施管理。

③编制财务管理制度、审计制度并监督执行。

④大会日常资金使用及管理。

⑤对大会使用经费进行风险控制及结束后的财务审计。

8. 组委会大型活动部

运动会（辅助活动）大型活动的组织部门（图 2–3）。主要任务是运动会开、闭幕式的组织及对本次运动会当中的（辅助活动）大型群众文化表演及展示活动的组织。其主要职责是：

①运动会大型展示活动的策划、组织和实施。如象征运动会精神的开、闭幕式方案（火炬传递仪式等大型展示及相关活动方案）的制定、报审。

②开幕式的组织。开幕式的程序一般包括：宣布开幕式开始，裁判员、运动员入场、奏乐（国歌、会歌）升旗，领导人致开幕词，运动员代表讲话（或宣誓），裁判员、运动员退场，开幕式表演开始，宣布开幕式结束。

③闭幕式的组织。在各项竞赛活动结束后，根据事先确定的闭幕式组织方案，闭幕式的各项组织工作必须提前准备完毕。闭幕式的基本程序通常包括：宣布运动会闭幕式开始，裁判员、运动员入场（也可不入场），宣布比赛成绩和获奖者名单，发奖，致闭幕词。宣布大会闭幕，闭幕式表演开始，宣布运动会全部结束并同时向有关方面致谢等。闭幕式的组织工作和指挥系统由开幕式指挥系统负责，大型综合运动会一般由大型活动部牵头。

④象征运动会精神的开、闭幕式方案（如火炬传递仪式等大型展示及相关活动方案）和大型团体操及其他文化、体育表演的设计、编排与演练的组织实施。

⑤组织参赛团队的大型团体活动等。

⑥负责大型活动经费预算并监督使用支出。

⑦征召为运动会服务的志愿者，并组织其开展各种服务和参与大型活动。

9. 组委会外事接待部（国际联络部）

此部门专为国际性单项竞赛或综合运动会的外事礼宾工作所设（图 2-3）。国内大型综合性运动会不设此部门。主要任务有对大会所涉其他各国的与会人员及相关事务的联络和接洽工作。其主要职责是：

①负责组织外国运动团队和宾客的迎来送往及食宿安排。

②负责安排外宾的活动日程及为外宾提供翻译服务。

③负责对有外宾参加的招待会、宴会等礼仪性组织工作。

④负责外国团队与大会各业务部门的联络和接洽。

⑤负责对外联络人员、翻译人员的培训、工作安排和日常管理。

⑥负责对外事接待经费的审批和支配。

四、竞赛工作的管理

竞赛管理是不断提高竞赛工作的功效所进行的计划、组织协调、控制等一系列的综合活动，即通过对竞赛进行有效的组织与管理，达到竞赛组织工作目的。竞赛管理是运动会组织工作最重要的核心部分，要进行有效的管理，就应掌握竞赛组织工作的基本规律，也就是我们将要在本书介绍的竞赛组织程序和方法。

（一）工作程序的管理

大型综合性运动会或单项竞赛的组织程序一般分为三个主要阶段和一个辅助性工作阶段，即组织准备、组织实施、综合协调和总结（图 2–4）。

1. 准备阶段

该阶段是在预测的基础上，由运动会的发起或主办单位制定全部竞赛组织工作计划，并准备实施计划的筹备过程。筹备的时间视运动会的规格和规模的大小而确定。这个阶段的工作人员不宜过多，按照一般规律，省、市级以上综合性运动会在本阶段需业务人员 8~10 名，单项竞赛组织管理中需业务人员 3~4 名（即综合事务人员、竞赛业务人员、后勤人员、宣传人员）。

2. 实施阶段

本阶段是实现运动会计划、完成竞赛任务的组织实施过程。这一过程是竞赛管理中的核心环节。首先，运动会核心领导机构要把工作内容下达到各职能机构；其次再由职能部门通过组织实施达到整体运行的目的。这个阶段，要求各职能机构的工作人员必须本着合理、精干的原则按时到岗、就位，主要领导者和业务干部则要深入第一线，指导工作，及时解决各种困难或问题，保证竞赛计划的实施。

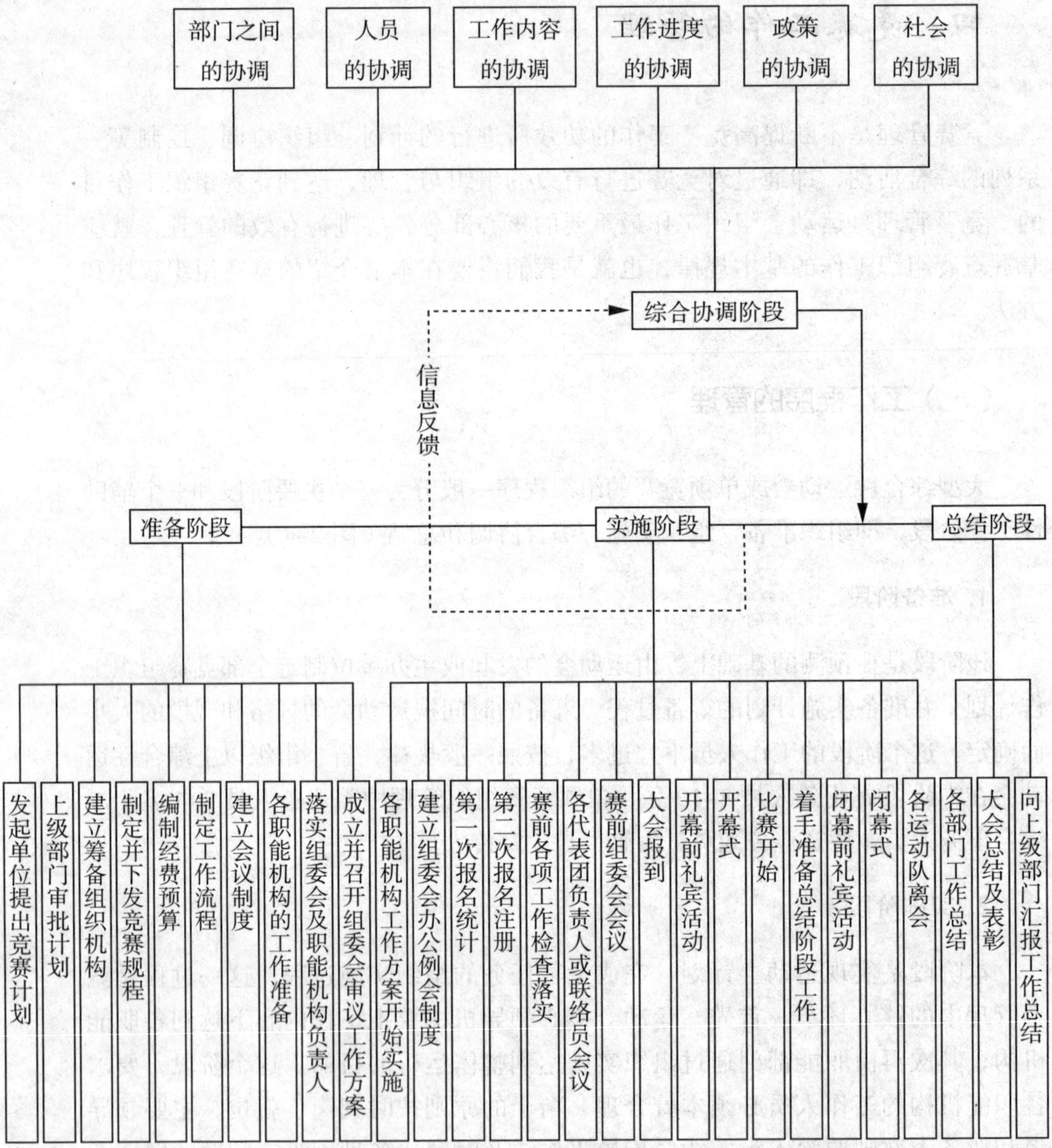

图 2–4　大型运动会组织工作流程图

3. 综合协调阶段

综合协调阶段是整个竞赛组织实施过程中的一个重要的辅助性程序。这一阶段，主要是针对组织工作中可能出现的问题，如最初制定工作计划时可能存在的考虑不周或临时出现的意外情况；可能存在的最初决策不切合实际而造成的中途梗阻等，运用信息反馈手段，找出与计划、目的有偏离的原因，确定偏差程度，提供纠正依据。然后运用会议协调方法（通常运用办公会），结合实施过程中发生的预见外情况，沟通各业务机构之间的联系，调整有关政策，使受到梗阻的环节得到疏通。这一方法即管理中的“追踪决策”。此方法可将问题解决在实施的开始阶段，避免给工作后期造成损失。

在这一过程中，组委会的主要领导应特别注意克服主观固执，采用灵活的应变方法处理矛盾。因为在运动会中，有些竞赛管理人员往往重视强调政策的权威和不变性。而忽略其实际应用效果。当然，在管理过程中，政策变化频繁，也会使执行者无所适从。所以，在竞赛管理过程中，领导者和竞赛管理人员既要善于在反馈信息中及时分析新情况，研究新问题，制定新措施，解决新矛盾，又要善于把握工作整体计划和政策的相对稳定。

4. 总结阶段

这阶段是竞赛管理过程的终结阶段。这一阶段，组织者要用科学的方法，采用书面形式对已经做过的工作进行全面的评估。首先肯定成绩，总结经验；第二要找出问题，提出改进意见；第三要做好资料的整理工作。应该强调的是：能否认真做好总结阶段的各项工作，直接关系到下一次运动会的组织和管理质量。因此，运动会组织者必须重视抓好这一阶段的工作，做到组织工作有始有终。

以上四个阶段的联系十分密切，一环扣一环。运动会的组织管理者在制定工作流程时要特别注意：最初的工作计划要着眼于宗旨中准备引导的方向；实施中要紧扣计划的层次和步骤，协调时要注意政策的相对稳定性，以保证目标的实现；总结要注重成果，为今后工作打好基础。

（二）组委会各职能机构的管理

各职能机构因工作内容、人员素质要求及工作方法不相同，在管理上也有所不同。

1. 组委会办公室的管理

办公室是在组委会直接领导下的综合性办事机构。其主要作用是在组委会各办事机构中进行承上启下，协调左右，联系内外，督促、催办各部门工作，落实组委会的各项决定，为领导收集信息、提供意见、充当参谋并协助领导推进工作。它在组委会各办事机构中处于中心地位。不管是综合性运动会还是单项运动会，也不论是大型运动会还是小型运动会，一般都要设立办公室这一职能机构，其管理人员的组成、岗位设置、工作范围是根据运动会的规模、项目设置和比赛形式而灵活设定的。该机构的组建需要掌握两条原则：一是人员优化，二是职责清晰。

（1）办公室的主要工作内容

①事务管理包括组委会各类工作会议的组织及会务（包括会议通知、会议文件、会议安排等）；督促检查组委会决定的贯彻落实情况并向组委会领导反馈；建立和管理运动会的信息网络；对外联络、接洽与组委会相关的事宜；主要领导及嘉宾出席运动会大型活动的安排及管理；与社会有关单位及个人建立联络渠道和进行必要的联络；组委会领导参加活动的事先事后的联络；对组委会召开的各类会议的地点安排；票务和请柬的发放；大会礼品定购；文件送达等具体工作等都是办公室事务管理的范围。

②办文管理。办公室办文管理包括文件撰写、文件处理、文件管理三部分；一个文件的形成是经过草拟、拟议、撰写、审核、签发、缮印、用印、分发的过程；公文处理包括：收文、拟办、批办、承办、阅读、催办、办复等过程，其中催办、查办是很重要的，只有加强催和查，才会提高办文效率。

文件管理主要通过如下手段实现：

A. 制定文件管理运行制度，撰文格式标准统一，分类设制文件编号，签批程序简单明确。

B. 专人对报送文件审核把关。要求公文撰写恰当、准确，不能用任何形容词，要提倡写短文、说短话。

C. 建立精简、便利、渠道通畅的办文程序，要求公文运转迅速、及时。

D. 严格归档工作：要求专人负责，及时完整（包括文件附带的批示、批办、各批阅部门意见等）归档。

③信息管理。办公室是一个综合信息管理部门，信息管理工作在办公室的工作任务中是一个非常重要的内容，对其地位和作用必须要有充分的认识。能够做到信息及时、准确和综合利用并使其发挥更大的作用，是衡量办公室工作水平的重要标准。提供及时、准确、全面的信息和反馈意见是办公室信息工作的基本原则。

建立信息网络是一种旨在实现最优决策和最佳管理的系统科学方法。一般较大规模的体育竞赛活动，都应该建立相应的信息网络系统，使运动会的资料全部都可以便捷查询和使用，工作的速度就可以大大加快。某位国家领导人曾对1990年北京亚运会和1991—1993年申办2000年奥运会工作应用系统及计划网络法给予了充分肯定，并在1996年初接见亚洲冬季运动会组委会成员时，号召包括体育界在内的各行各业都要学习应用系统科学。

办公室信息管理主要有如下几个方面：

A. 信息收集、报送工作。主动地收集各方面信息，并对各部门报送信息提出要求。

B. 建立信息平台，及时、准确、全面提供信息。

C. 信息的整体开发和综合利用。分不同权限向不同部门开放并尽量做到信息共享，为尽量多的部门提供服务。

D. 做好信息反馈。信息反馈是信息管理的一个非常重要的工作，准确、及时的信息反馈是落实各项工作的保障。

④文件传递、印章使用、档案存放的安全管理。规范印章使用程序、建立文件传阅制度、按要求确定密级，要有安全保密措施、防止文件丢失和机密泄漏。

（2）办公室的岗位设置及人员素质要求

根据以往大型综合性运动会或单项竞赛组织工作规律，办公室的岗位设置一般分为五个部分。

①领导岗位。一般设主任1人，副主任1~2人。其职责是全面负责（或分管）办公室的工作，包括：制定办公室工作职责、工作规范，进行岗位分工；组织召集组委会办公例会，并负责各种大型会议的会务方案设计及最后确认；负责审核批发以组委会名义下达的各类文件，进行文件格式和文字把关；对办公室人员有做思想工作的义务和使用调配权。

在此岗位工作的人员，首先要有较高的政治素质和正派的人品，同时要具备相应办公室工作经验和了解体育比赛综合筹划管理经验，有较强的协调能力和组织办事能力，能够领导办公室全体人员完成职责范围内的工作。第二要有分析和决断能力，善于抓主要矛盾，工作分轻、重、缓、急，思路开阔、敏锐，富有创造力和想象力。第三能做好办公室一班人思想政治工作，调动大家的主观能动性，能用人之长、避其之短。第四在工作中能严于律己、宽以待人，不以个人好恶评价人和事，并能够起到协调左右的作用。

办公室副主任可按以上职责根据分工协助主任做好管理工作。

②机要秘书岗。机要秘书是办公室的关键岗位，负责组委会及办公室公文的起草、撰写、修改和文字校对及承担组委会各类会议的会议记录及整理成文的工作。这个岗位工作人员计算机操作和公文处理能力的高低，代表着办公室乃至组委会计算机系统的使用以及文字处理水平。此外，文秘岗还担负以办公室名义发出的各种文件以及其他文件收发、存档、登记工作。

此岗工作人员要求有一定的政治思想觉悟和政策水平，文字能力较强，熟悉竞赛工作规律，有办公室文秘工作经验，懂得文字处理技巧和行文程序；有熟练的计算机操作技术；谦虚谨慎，工作责任心、原则性强，并能够保守秘密。

③综合管理（内勤）岗。综合管理岗近似于一般单位办公室的内勤岗，所不同的是，它的工作不仅限于内勤，而且包含着大量的信息管理工作和协调左右、了解情况、查办工作、提供信息、管理文件、管理印章等。

此岗位工作人员要有强烈的为人民服务愿望和勇于负责的精神，并掌握较全面的工作知识，有协调能力。要求原则性、纪律性强，为人正直，办事牢靠又有一定威信，有熟练操作计算机的能力，还需懂得网络及管理资料档案的一般知识。

④联络（外勤）岗。联络岗是办公室工作中的重要岗位，运动会组织工作的特殊性要求办公室与社会有关单位及个人建立许多关系和必要的联络。如负责办理对社会上各种联络事项及组委会领导参加活动的事先事后的联络，还要负责对组委会召开的各类会议的地点安排、票务和请柬的发放、大会礼品定购、文件送达等具体工作。

此岗工作人员要有踏实的作风和严谨的工作态度，办事能力强，有一定社会活动经验，有耐心，热情、主动有亲和力，工作效率高，同时还要善于领会领导意图，能积极克服困难完成交办的任务。

⑤专用人员岗（信息系统管理员）。专用人员是指大型运动会中协助办公室进行文字处理及信息网络管理运行的专门岗位，特点是任务单一，不与其他部门发生综合性工作接触。它包括有计算机操作人员、文印工人、通讯传递或交换人员，必要时还可设档案员。以上岗位的主要工作任务有文件的录入与调用，打印、复印、装订文件，处理数据、整理资料，上下行文的交换与联络。

上述专门人员的素质要求必须具备所从事岗位的专业知识和技术，有勤勤恳恳、任劳任怨的服务思想和品质，有保密意识。

（3）办公室的工作程序及主要任务

办公室的工作程序是根据运动会的不同特点和规模大小而确定的，并不十分固定，管理人员可根据实际情况在程序和内容上进行增减。本章设计的办公室工作顺序，是按照大、中型综合性运动会的组织工作一般规律设计的，单项及小型运动会也可以参照。

按照一般规律，办公室应结合运动会的筹备、实施、总结三个总体阶段制定自己的工作流程，在此基础上可进一步划分为建立机构、筹备会议、落实筹备计划、整体协调、总结收尾五个小阶段。

各阶段的主要工作内容分别是：

第一阶段：建立办公室工作机构。

这一阶段的主要工作是根据运动会规模和设计方案的需要，进行机构设置，设定岗位，确定人员，制定岗位职责和明确工作纪律与责任，设计工作方案。

第二阶段：筹备会议。

组织机构建立以后，筹备工作随之开始。办公室应根据组（筹）委会的决议，筹备召开组委会所需各项运动会筹备工作会，草拟有关文件和工作方案。一般有：与运动会有关的各相关部门参加第一次筹备工作会；由各参赛单位参加的第二次筹备工作会议；大会组织工作就绪后必须召开的第一次组委会以及大会开幕式前的第二次组委会等。

第三阶段：落实计划。

第一次组（筹）委会以后，办公室应检查各项方案的落实，协助组委会组建运动会所必需的各种特殊机构。如成立大型运动会的开闭幕式临时综合指挥系统；举办服务于各参赛代表团的联络员培训班；成立负责接待国外宾客的礼宾机构等，用以保证运动会各项活动的顺利进行。

第四阶段：整体协调。

这阶段是从各参赛单位报到直至大会闭幕，各代表团离会，是运动会组织工作的中心阶段。这阶段的主要任务是整体协调工作及对参加大会不同层次主要领导和贵宾的服务安置工作。整体协调工作包括：对组委会各部门的联络、协调和服务；各部门之间及部门与领导之间的情况沟通和信息反馈；撰写、印发大会动态情况简报等。

第五阶段：总结收尾。

从大会闭幕至收尾工作结束，主要应完成大会工作总结、文件归档、表彰会的筹备与组织、财和物的整理清退。

（4）各种会务的组织

由办公室组织召开的会议一般分为两类，一类是以时间划分而定期举行的工作会，另一类则是不定期召开的专题或大型综合性会议。工作会主要包括组织委员会、组委会常委扩大会、各部门办公例会；专题会包括现场办公会、各代表团筹备会、代表团团长会、主席团会、经验交流会等。确定各种会议的参加范围、会议内容和任务、大会主持人（表 2–1）。

表 2–1　组委会各种会议（办公室主办）一览表

名称	范围及规模	会议主要任务	会议基本内容	召开时间	主持人
组委会	与本届运动会有关的领导及组委会全体成员参加会议	确定运动会的宗旨与各项方针，解决筹备期间及会期所遇到的各种问题 确定各职能机构人选	确定本届运动会的总方针，总规程。大会总体设想方案，审批大会程序和各部门工作计划，明确任务，并解决各种问题	一般筹备初期开一次，赛前再召开一次	组委会主任委员或副主任委员
组委会常委扩大会	出席会议人员：组委会秘书长、组委会委员、各部门的主要负责人	听取工作进展情况，解决工作中的问题	审议大会方案，有关会议程序，有关会议文件和各种工作方案草案。协调各部门工作关系	一般每阶段召开一次	由组委会秘书长或常务副秘书长主持会议

（续表）

名称	范围及规模	会议主要任务	会议基本内容	召开时间	主持人
各部门工作联席会	组委会常务副秘书长、委员及各部门的主要负责人	通报各部门工作进展情况，提出工作中存在的问题，沟通情况、协调工作，解决问题	汇报各部门本阶段工作进展情况，存在问题。提出解决方案，协商确定下阶段工作	一般每月召开一次	由组委会常务副秘书长主持
运动会筹备工作会	各参赛单位的主管领导和竞赛项目主管人员参加	介绍本届运动会的规划、安排、及要求 起到号召和动员的作用	宣布本届运动会的规模、形式、总规程和参赛资格 征求有关方面意见，调整完善本届运动会方案	一般是在筹备工作初期召开	由组委会秘书长或组委会有关部门负责人主持
各代表团团长会	各参赛代表团团长、秘书长参加	向各代表团介绍运动会准备工作情况和有关要求	宣布运动会的总体方案，比赛日程，会务情况及有关要求和规定	大会正式开幕之前 10~15 天	由组委会常务副秘书长或组委会有关部门负责人主持
主席团会议	主席团主席、副主席、委员、各代表团团长及有关负责人	对运动会总方案进行最后审议	听取组委会主任汇报本届运动会的各项组织情况，及本届运动会的各项安排，并提出指导性意见	一般安排在开幕式的前一天晚上	主席团有关领导或组委会主任主持
组委会现场办公会	组委会秘书长、各有关方面负责人及工作人员	现场确定和解决筹备工作中遇到的问题	存在问题的部门汇报情况，并提出解决问题的最佳方案，由有关领导当场确定解决办法及指定责任人	根据筹备工作情况不同而定	由组委会常务副秘书长或组委会有关领导主持
组委会办公室办公例会	办公室主任及全体办公室工作人员	小结工作。提出下步安排	各岗人员汇报自己的工作及目标完成情况，工作进展情况。办公室主任小结、表扬先进，提出下阶段工作方案、设想	一般每周召开一次	办公室负责人主持

会务工作是办公室主要工作之一，会务组织质量的高低，直接影响着运动会各项工作的进展。因此，办公室在承办某一项会议时要注意做好下列各项工作。

①确定会议名称，落实开会地点及参加范围，确认会议内容、会议程序、会议规格，并报组委会审批。

②印制会议文件，准备会议证件，安排会议日程，向与会者发出邀请或通知。

③为组委会领导准备发言提纲，准备会务用品，布置会场，确定会议分组，组织好会务人员分工。

④会前要进行会场检查，凡是没有落实的要由负责人督促逐一落实。规模较大，时间较长的会议还应适时收集反映，整理会议简报，小型会议则需做好记录，整理并发放会议纪要。

（5）办公室日常工作管理的主要方式

①目标管理。目标管理又称管理中的管理，它是进行办公室工作自我控制的一种手段，亦是现代化办公管理中常用的方法之一。确定办公室工作目标，首先要注意切实可行。因为办公室的大部分工作是临时提议的，不能计量。其次是要结合组委会的总目标和办公室具体任务来确定。设定目标的内容一定要注意体现出数量和质量的规定要求及时间进度，明确责任区和人。同时还要将办公室的总目标按照不同的工作任务和工作岗位进一步划分为若干个分目标，再根据岗位目标确定每个工作人员的量化目标和责任目标，最后完善反馈和检查渠道及考评方案，以便在表彰时提供依据（图 2–5）。

②制度管理。目标管理的实现还要附之以制度管理的配合，因此，办公室要围绕自身特点制定出相应的管理制度。如岗位责任制制度；工作人员办公守则；工作人员考勤制度；会务制度；公文运转、审批、报送、落实、反馈及归档程序；办公室财物使用及安全管理制度；工作值班及待遇的规定等。

另外，在制定以上制度和纪律规定的同时，要教育全体工作人员懂得执行制度的重要性，提高自觉性，使各种制度在办公室工作中具有法规效应，如此可大大提高办公质量和办公效率。

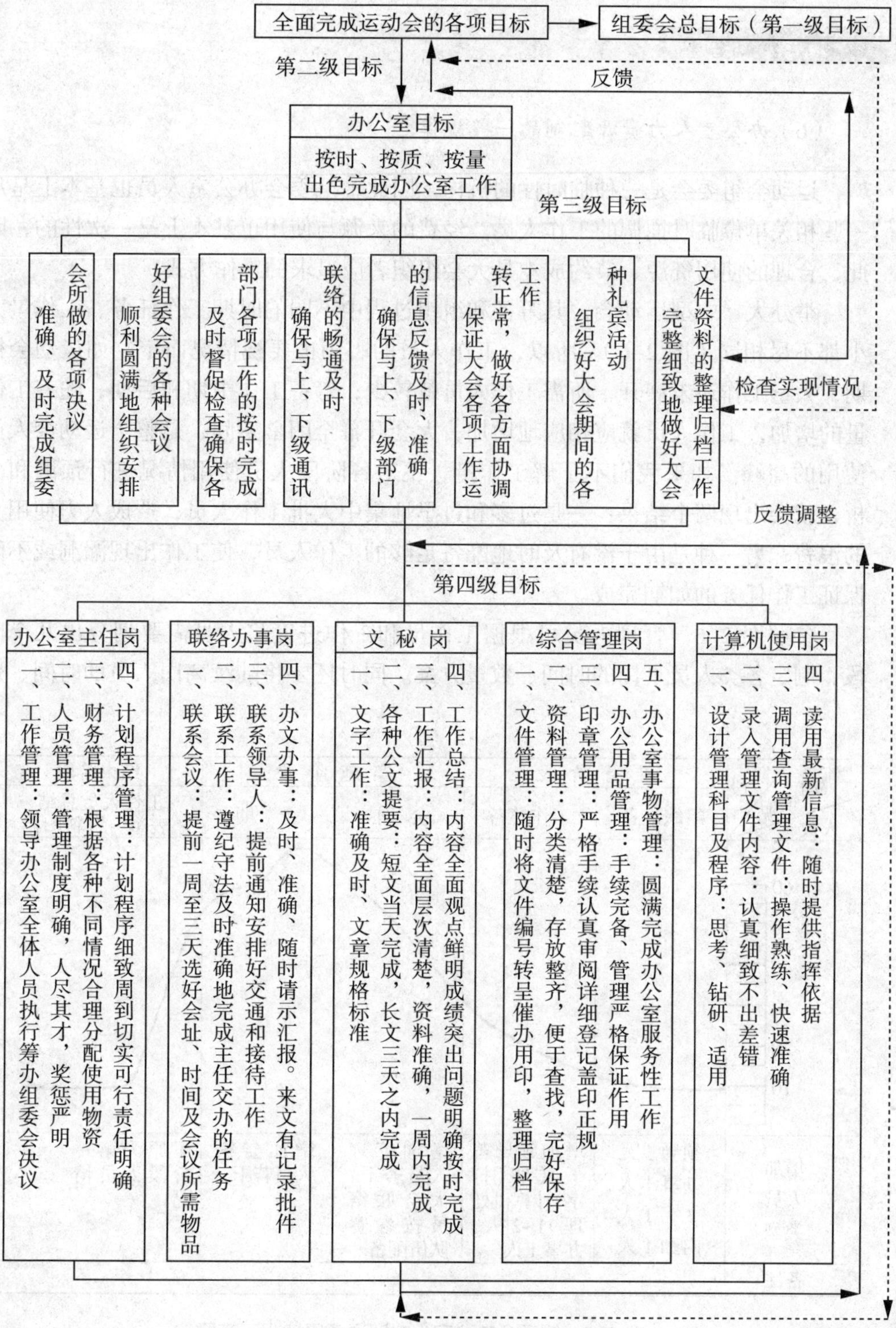

图 2–5 组委会办公室目标管理示意图

（6）办公室人力资源配制的一般规律

运动会组委会是一种临时性的机构，因此，组委会办公室人员也基本上是从一些相关单位临时抽调的工作人员。经费的来源与使用也基本上是一次性的，因此，合理的使用资源、节约成本是大会组织者应追求的工作方式。

举办大、中型运动会，其筹备和组织过程中不同的时期工作任务、工作量大小都不尽相同（图 2-6）。所以，工作人员的聘用也要视情况而定。如运动会初期，大量工作还未展开，所需工作人员就较少；筹备工作中期和后期，随着工作量的增加，工作人员就应相应地增加；大会开幕至闭幕期间，是整个运动会人员使用的高峰。如果我们不了解工作量，不对各阶段人员使用情况进行预测和分析，就会出现两个结果：一是过多和过早地集中大批工作人员，造成人力使用上的浪费；另一种是由于没有及时地配备足够的工作人员，使工作出现漏洞或不能保证工作任务的如期完成。

参照图 2-6，管理人员可根据工作量和工作进度将人员需要划分出几个阶段，制定各类人员上岗的时间、数量方案。同时还要将陆续离岗人员的时间、数

流动情况 / 阶段 / 人数	准备阶段		实施阶段		结束阶段
	组织准备	工作筹备	会　前	会　期	工作人员总结、表彰、资料归档
增加人员类型	领导 1 人 办事 1 人 文字 1 人 内勤 1 人	增加领导若干、专职（打字、计算机处理）1~2 人、办事 1 人	增加管理人员若干、大会联络员按参赛队伍配备	增加会务人员若干	还原为第一阶段人员情况
备注					

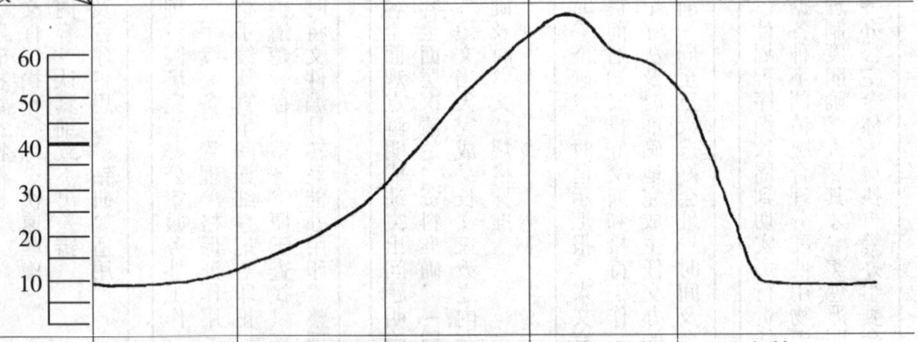

图 2-6　组委会办公室人力资源使用情况示意图

量方案制定好，因为在总结收尾阶段，大量工作任务已完成，工作人员即应陆续撤出。这样才能合理地体现出人的使用、控制和管理，以保证各项工作事得其人，人尽其才，人事相宜，提高效率。

（7）组委会办公室应注意处理好的几个问题

办公室工作人员在工作中，首先要树立为竞赛工作服务的思想。如忽视这一点，办公室工作就容易陷入事务主义，或不是急竞赛所急，造成工作上的脱节。为此，办公室应从配备人员、制定制度、服务范围等方面都要围绕这一中心开展工作，使局部工作与整体工作结合起来。其次，要重点做好各方面、各部门的协调工作。在以往大、中型运动会中由于任务重、时间紧、临时性工作多，办公室容易出现忙于事务，忽略协调，造成上、下、左、右通气不够、互助不够的情况。所以，要加强制定相应措施和办法，及时了解信息和传递信息，及时进行各方面工作的协调。第三，要使办公室成为信息反馈的中心。信息包括：各部门工作动态，来自参赛单位的意见和要求，主办单位的各种命令、决定，社会有关方面的情况反映等。反馈包括：上下级、各部门、各竞赛场地等。要把每条信息及时通报，反馈给有关部门及其主要领导人，保证信息的畅通。

2. 组委会竞赛部门的管理

竞赛部门是体育比赛组织工作中专业性很强的办事机构，在综合性运动会或单项竞赛中处于核心地位。其作用主要是按照比赛的目的和任务，贯彻主办发起者（单位）的意图，实施从筹备到比赛结束的一系列竞赛组织工作。运动会其他各部门都将围绕竞赛工作的各环节制定实施计划和工作措施，从而保证运动会的圆满成功。因此，竞赛机构的工作不仅要符合竞赛总规程和各单项竞赛规程、规则的要求，还要在组织过程中全面体现出运动会的宗旨，以达到大会预期目的。此部门工作效率和工作质量的优劣，对一个运动会的成败有直接的影响。

（1）岗位设置、工作内容及人员要求

竞赛机构的岗位设置应根据运动会的规模来确定，尽量体现出机构简练、人员精干、办事效率高的优化原则。各类运动会的竞赛部门一般都设有以下岗位：

①领导岗位。竞赛部门应设相应的正、副职领导，对运动会竞赛工作实行全面具体的组织领导。该岗位负责制定竞赛部门的工作计划、工作进度、工作规范和各种规章制度；审批本部门下发的各类发文；主持本部门职责内各种会议；计划、管理、审批竞赛经费的使用；调配、管理本部门工作人员；适时调整本部门工作进度。在此岗位的管理人员必须有相应级别的行政职务；有较丰富的专业管理知识和管理经验；有较强的管理才能，即较流畅的文字和语言表达能力；较敏捷的思维和应变能力；较周密的计划和组织能力；有高度的责任感和严于律己的模范作用，善于调动人的积极性，善于做人的思想工作；有经济管理意识，懂得竞赛经费使用的基本原则和各项管理规定。在大型运动会中，竞赛领导岗位一般设正职 1 人，副职 2~3 人。在单项竞赛中一般设正职 1 人，副职 1~2 人。

②综合文秘岗。负责运动会初期竞赛总规程的起草和修定；负责竞赛部门职责范围内各类发文的撰写、发放和督促检查工作；负责报名注册、更换等各项科目的数据、制表、报表；负责上报资格审查中的有关申诉、信访的处理情况信息；负责对组委会等领导机构的联络、上传下达和对各平行部门的综合协调工作；负责比赛期间每日比赛结果的汇总和成绩公告的编制、发放；负责本部门会务组织工作；负责本部门文件的分类、整理和归档工作。综合文秘岗位的人员应具备承担此项工作的体育专业文化知识，有较好的文字能力；有认真细致的工作态度和脚踏实地的工作作风；会操作使用电子计算机等先进办公设备；有文档管理基本知识；遵守纪律，善于协调。这个岗位的人数视大型综合性运动会中的规模确定。在单项竞赛中只需 1~2 人便可承担全部工作任务。

③竞赛管理岗。负责运动会初期各单项竞赛规程的起草和修定；负责审查所分管单项参赛运动员的参赛资格；协助拟制向大会提交审议的所分管单项竞赛的仲裁、裁判人员的名单；参加所分管单项竞委会的领导机构；负责单项竞委会与大会组委会的联络并代表大会竞赛部行使职责范围内的业务指导和监督。

这个岗位的工作人员必须具有专业文化知识，熟悉所分管专项的竞赛组织方法、技术特点和裁判队伍状况，有一定的工作经验；年富力强，有一定组织工作能力，可独立在外执行任务，能与人合作，善于应变；思想作风正派，工作认真负责；组织纪律观念强，具有良好的政治品质；身体健康，有超负荷工作的体力和牺牲精神。

上述岗位属一岗多人的岗位。其人数的多少视运动会规模而确定。规格较高、规模较大的运动会每个单项要设 1~2 人甚至更多的人专门管理；反之则可以减少人员甚至可实行一人多岗。

④行政内勤岗。负责本部门办公用品的保管、发放、回收工作；协助竞赛管理岗位人员核准单项竞赛的经费预算和报批；协助综合文秘岗办理并落实本部门召集的各类会议所需的服务性行政事务工作。这个岗位的工作人员应具备全心全意为人民服务的思想品德和任劳任怨的工作态度；有市场经济头脑并熟知竞赛财务开支的科目和标准；了解会务行政的工作要求，遵守纪律，听从指挥。此岗位在规格高、规模大的运动会中要专设职能处室，一般单项比赛也需专设一人或由其他岗位人员兼任。

⑤技术联络岗。负责联络直接为竞赛服务的电动计时、兴奋剂检测和仲裁录像等专门技术小组，并在食宿接待、提供工作地点和使部分设备的安置得到保障并给予及时的工作联络与信息沟通，以保证各技术小组的工作顺利运行。在这个岗位的工作人员应具备勤恳的工作态度和服务理念，遵守大会各项制度，有时间观念，在任何情况下要做到不误时、不误事。此岗位一般设 1~2 人，规模较大的运动会可增至 3~4 人负责联络工作。

竞赛部门的各项工作都是在本部门主管负责人的领导下实行岗位分工责任制，每个岗位都有其相对的独立性，每个工作人员都具有实质性的实施权力。因此，选择竞赛部门管理人员时必须注意干部素质，以保证竞赛部门成为一个业务能力强、作风正派的精悍的竞赛组织机构。

（2）工作程序和方法

竞赛部门各阶段的工作大多是同时开始或同步进行的。该部门内工作程序根据整个运动会的三大阶段流程，亦分为准备阶段、实施阶段和总结阶段，各单项竞赛的工作程序也大致相同（图 2–7）。

①准备阶段。

首先，组委会正式成立之前，作为大型综合性运动会筹备班子的竞赛部门，要主动与上级体育竞赛的主管机构取得联系与沟通，认真听取并了解上一级体育组织对该赛事的所有要求，国际比赛要特别注意积极地与国际单项体育组织的联络与沟通，然后要按照大会宗旨、目标和任务制定出竞赛总规程，并根据总原则制定各单项竞赛规程。这些文件向参赛单位的下达时间若国际比赛

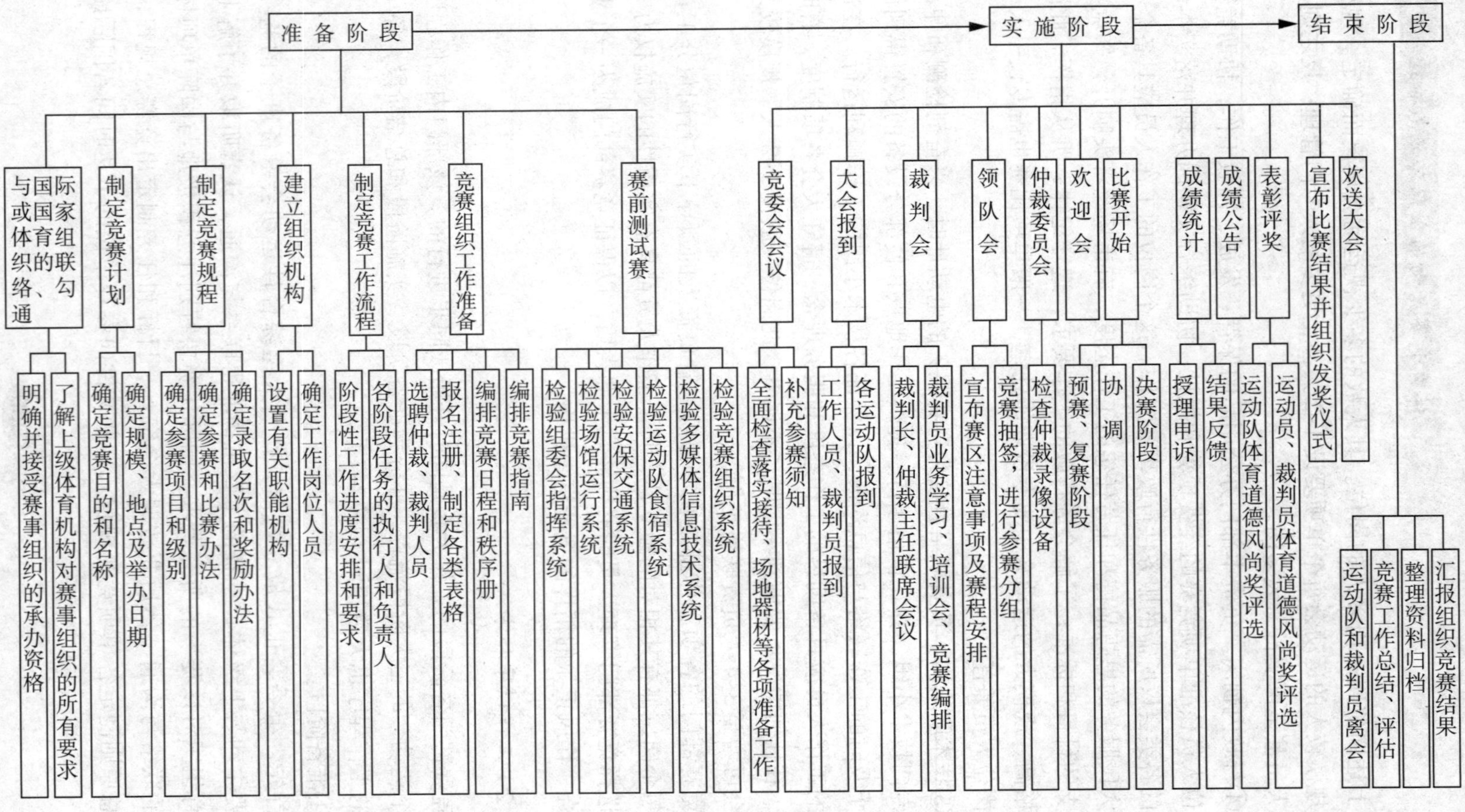

图 2–7　竞赛组织工作流程图

以国际单项体育组织批准的规定时间为依据；国内比赛则按照上级体育赛事的主办机构批准时间为依据，视总体工作进度情况而定。一般情况下，省、自治区和直辖市级以上运动会至少要在一年或一年半以前下达。这样，各参赛单位便可提前依照规程规定安排参赛、训练计划和制定参赛目标。若参赛队较多，需要在运动会召开前举行预赛的项目，亦可提前一年半到两年下发单项竞赛规程。

第二，要健全竞赛机构，确定竞赛部门的岗位和人选，并根据工作进度和工作量，遵循人尽其才的原则，适时安排人员到岗。一般综合文秘岗的人员要首先配备，其任务是建立统计和其他文档科目，储存数据，草拟补充规程和通知等各类文件。其他岗位工作人员可在准备阶段的中、后期逐步配齐。

第三，制定竞赛部门的工作流程。流程内容包括开始时间、工作内容、质量要求、进度、执行人、责任人（表2–2）。上级领导部门可根据此表的安排检查竞赛组织工作的质量、进度，出现问题也可有根据地查找责任人。

表2–2　竞赛工作组织流程表

阶 段	时 间	工作内容	质量要求	进 度	执行人	责任人	备 注

第四，勘察选择各项比赛或训练的场地，落实承办赛事单位，并将确定的比赛场馆分布及设施条件和该场馆拥有单位的承办能力等情况，以书面建议形式报大会组委会审议批准。

第五，在各单项竞委会成立之前，向大会组委会提出担任各单项竞赛仲裁委员会成员和正、副裁判长人选名单，此名单被组委会审议批准后，交由办公室负责，在组建单项竞委会时安排列入。

第六，按规程规定的时间做好接收报名的注册准备，一般正规的国际国内比赛均应采用网上报名的方法。这项工作由竞赛管理岗的工作人员具体承办。根据所分管的项目，按照单项规程的要求，对网上传回的报名单逐一进行审查、核实。审核的主要内容是：报名人数是否符合规定；报名表上各项科目的填写有无缺项；证明运动员资格身份的证件依据是否符合要求；指定邮寄的报名表邮寄时间是否符合大会规定；有无医务证明章和单位公章等。审核完毕后方可进行单项参赛人员的统计，然后交综合文秘岗汇总。

第七，根据报名注册的情况，按照大会规定时间和参赛规模编排大会竞赛总秩序，制定活动总日程表。总日程表的安排方法要遵循规程规定的原则，在编排各项竞赛日程时注意不同项目之间的前后协调，尽量营造此起彼伏的热烈气氛（表 2–3 是以第 10 届全运会日程安排为例）。

第八，根据规则要求，与兴奋剂检测专门机构共同确定兴奋剂检测的方法程序和抽检人数，组建业务协调小组，制定工作计划，进行配合检测方面的各项准备工作。

第九，组建电动计时设备和仲裁录像设备技术协调小组，配合专项技术部门进行设备、技术等各项准备工作和操作人员的培训。

②实施阶段。一般综合性运动会或单项竞赛，在召开第一次组委会审议批准各项工作方案后即为实施阶段的开始。这一阶段主要是赛前和比赛期间的组织工作。

第一，竞赛部门要将大会总秩序册和参赛指南的编制列入重要工作程序。因为大会总秩序册是调动整个组委会综合工作系统从启动、运行到结束的重要文件依据，也是整个赛事活动节奏控制的核心，该文本内容的确定程序是竞赛部门提出建议，大会组委会审议通过方可执行。其次是参赛指南的编制和审议。竞赛部门要协助组委会将大会为参赛单位安排的各项服务措施、活动内容和时间以及场馆路线、交通安排编入参赛指南，告知参赛运动队。上述两个文本均需经大会组委会批准后方可印刷发行。若国际比赛必须有英文版页，奥运会的各类竞赛文件至少有英、法或西班牙语等 3~5 种国外文版本。

第二，竞赛部门领导要亲自带领竞赛管理岗的人员深入到承担比赛任务的赛区，对单项秩序册的编制、比赛场地、场次的安排等，进行具体的业务指导。特别要对器材设施及有关竞赛的各项准备工作逐一进行审查，如发现有不合格或短缺的器材设备，要当即提出具体改善意见和要求。若赛区解决上述问题有困难，需迅速将情况反馈回大会组委会办公室，由大会统一协调解决。在检查竞赛准备落实情况时，竞赛管理干部还要负责检查宣传气氛、后勤接待和安全警卫等各项

表 2-3　中华人民共和国第 10 届全国运动会竞赛总日程安排表（开幕后）

项目/日期	5日	6日	7日	8日	9日	10日	11日	12日	13日	14日	15日	16日	17日	18日	19日	20日	21日	22日	23日
羽毛球	☆	☆	☆	☆	☆	2枚	☆	☆	☆	2枚	3枚								
网　球		☆	☆	☆	☆	☆	2枚	休	☆	☆	☆	☆	1枚	☆	☆	2枚	2枚		
体　操				☆	☆	1枚	1枚	休	1枚	1枚	5枚	5枚							
女子举重						2枚	2枚	2枚	1枚										
柔　道						4枚	4枚	4枚	4枚										
赛　艇						☆	☆	☆	8枚	8枚									
帆　船						☆	☆	☆	☆	☆	☆	☆	☆	5枚					
自行车						2枚	2枚	休	2枚	2枚	3枚	4枚	休	2枚	1枚	1枚	1枚		闭幕式
乒乓球							☆	☆	☆	2枚	☆	1枚	2枚	2枚					
男子排球							☆	☆	☆	☆	☆	休	☆	☆	☆	☆	1枚		
女子足球							☆		☆		☆		☆		☆		1枚		
男子足球								☆		☆		☆		☆		☆		1枚	
女子排球								☆	☆	☆	☆	☆	休	休	☆	☆	☆	1枚	闭幕式
棒　球								☆	☆	☆	☆	☆	休	☆	☆	☆	☆	1枚	
武术套路									2枚	5枚	5枚								
跆拳道									2枚	2枚	2枚	2枚							
射　击								开幕式	2枚	3枚	3枚	3枚	2枚	3枚	2枚				
游　泳									4枚	4枚	4枚	4枚	4枚	4枚	4枚	4枚			闭幕式
马　术									1枚	☆	1枚	☆	☆	1枚	休	1枚	休	1枚	
垒　球									☆	☆	☆	☆	☆	☆	☆	1枚			
男子手球								开幕式	☆	☆	☆	☆	☆	☆	☆	☆	☆	1枚	
男子篮球										☆	☆	☆	☆	☆	休	☆	☆	1枚	闭幕式
女子曲棍球										☆	☆	☆	☆	☆	☆	☆	☆	1枚	
男子水球											☆	☆	☆	☆	☆	☆	☆	1枚	
射　箭								开幕式				☆	☆	☆	1枚	1枚	1枚	1枚	
马拉松												2枚							
田　径													7枚	9枚	7枚	5枚	8枚	8枚	
男子举重													2枚	2枚	2枚	2枚			
现代五项								开幕式						☆	☆	1枚	1枚	1枚	
皮划艇														☆	☆	☆	☆	6枚	6枚
蹦　床														☆	2枚	2枚			
武术散打															☆	☆	☆	7枚	
速度赛马																	1枚		
每天金牌合计						11枚	11枚	6枚	27枚	29枚	26枚	21枚	18枚	28枚	19枚	20枚	16枚	31枚	6枚

准备工作的落实。

第三，开好赛前的竞委会（或单项竞赛组委会），做好各个方面的协调工作。

第四，在各运动队报到的前一周（小型单项竞赛可缩短为赛前 1~2 天），派竞赛管理干部进驻到各单项竞赛委员会，指导协助报到，接待及发放大会秩序册，参赛指南和各补充通知等项工作的落实。

第五，协助赛区开好运动队报到后的四个会。即裁判长、领队、教练员联席会；裁判员业务学习会；仲裁委员会；对全体到会人员的欢迎会。

• 裁判长、领队教练员联席会内容包括：传达组委会和单项竞委会关于竞赛方面的有关决议、规定，明确竞赛规程中的有关规定及补充规定，宣布竞赛日程安排和重大活动安排。此外，还应在这个会议上介绍筹备工作情况和提出思想教育、安全保卫、生活管理等方面的要求；布置运动队和运动员体育道德风尚奖的评选工作。

• 裁判员业务学习会的内容主要包括：进一步强调裁判员在竞赛工作中的作用，向裁判员提出具体、严格的职业要求；介绍大会日程和生活安排；介绍规程中有关各项规定及补充规定；组织裁判员业务学习，讨论裁判工作细则并进行分工和临场实习，统一裁判尺度。

• 仲裁委员会的内容主要包括：研究规则和规程，制定各参赛运动队在竞赛中提出申诉的程序和方法，统一有关技术问题的认识和解释原则，并将有些具体规定在领队或教练员会上予以阐述。该委员会一般由 5~7 人组成。

• 欢迎会的主要内容包括：组委会领导成员介绍赛区竞赛组织工作的安排；代表东道主向前来参赛的各运动队表示欢迎；向运动员提出参赛注意事项及要求等。有的赛区还可安排运动员代表、裁判员代表发言。

第六，比赛全面开始后，竞赛部要提前做好公布纪录和成绩统计的各项准备工作。一般需要将各项运动最高纪录（世界、亚洲、全国、省、市的各级各项最高纪录）录入计算机并打印出一览表。另外，还要将统计各项运动成绩和各种数据（运动员、裁判员人数及分布、前六名或前三名奖牌数及分布、破纪录情况和各单项名次、成绩及对比、获其他奖励的单位和个人、团体总分和奖牌名次排列等）用软件编辑成综合程序，设计出各种表格录入计算机，以便以较高的工作效率进行每日成绩公告和总成绩公告的资料分析，做到随时能够向领导人和媒体提供各方面所需要的数据和资料信息。如没有先进办公设备的小型运动会亦可采用手工制表和无线电联络的方法，完成此项工作。竞赛部门管理人员要负责各赛区与大会组委会之间的信息联络，随时向竞赛部门报告比赛成绩。晚间比赛成绩最迟也要在赛后半小时向竞赛部汇报。这一时期，竞赛部综合文秘岗的工作人员要昼夜值班，随时将各赛区的信息、成绩公告及时印制并通过组委会办公室发送给有关部门。竞赛部要特别注意随时掌握兴奋剂检测的结果，凡因违纪行为被取消比赛资格或被取消比赛成绩的信息情况要及时报组委会主管竞赛的领导人及大会办公室，以便及时进行录取名次的调整，有时重大的国际或国内的比赛要经过数日的兴奋剂检测程序出结果后，方能进行名次调整并公开在媒体公布。此外，竞赛部门还有向新闻宣传部门提供最快信息的义务。

最后，派驻赛区的竞赛管理人员还要协助赛区做好参赛队伍的有关工作；处理好各运动队离会的善后工作；将赛区的总结、成绩册和各类评选结果带回竞赛部交综合文秘岗汇总，并由其统一编制成总成绩册（若国际比赛，须同时印有英文版本），通过组委会办公室向各领导部门和各参赛代表团发放。

③结束阶段

竞赛部门的最后一项工作程序就是做好部门工作总结和工作人员业绩评估。综合文秘岗的工作人员必须将部门的书面工作报告及其他文件、资料整理好，在组委会办公室规定的时间内上交归档。

以下介绍几种实用竞赛组织方法的文件格式和内容。

• 竞赛规程的制定方法与格式。

竞赛规程是体育竞赛的法规，由主管体育竞赛的部门根据体育发展的方针、政策、有关规定和举办运动会的目的（宗旨）、任务和规模等进行制定。

综合性大型运动会和单项竞赛，需分别制定竞赛规程总则（或总规程）和单项竞赛规程。

综合性大型运动会因设立运动项目较多，各单项运动项目的共性问题也较多，因此，需要制定竞赛规程总则，并在总则各项原则基础上，结合各单项运动项目的特点，再具体分别制定各单项竞赛规程。若只举行单项运动竞赛，则只需单独制定该项目的竞赛规程。

第一，制定竞赛规程总则的主要内容和格式：

前言：主要阐明此次运动会的指导思想、目的（宗旨）、任务和要求。

竞赛日期和地点：××××年×月×日在×××举行。

竞赛项目：××× 共×个项目。

参加单位：以 ××× 为单位组队参加。

运动员资格：按照举办运动会的宗旨和要求，对参赛运动员资格作明确规定，主要内容有以下几点：

• 必须是中华人民共和国公民，有 ××× 省、市、区正式户口，经医务部门体检，适合参加该项运动，并符合竞赛规程规定者。

• 参赛运动员的范围及其工作关系和人事关系，特别是运动员所属单位不明确或关系交叉时，应对其代表权问题作明确规定。

• 优秀运动员与业余运动员是否一起参赛，如允许，优秀运动员是否占原输送单位名额，录取名次是否分别录取等，均应明确规定。

• 本年度参加国家体育总局计划内的全国比赛的运动员能否参赛等等。

参加办法：

• 报名人数：领队、教练员、运动员报多少人。因各单项运动项目特点不同，参加人数不一，可规定按各单项竞赛规程规定执行。

• 运动员年龄与组别：同样按照运动会的宗旨和要求，加以规定。如运动会以青少年为主体，就应明确规定各单项运动项目的年龄和组别。以田径为例：甲组 16~18 岁；乙组 13~15 岁；丙组 12 岁以下。

• 报名日期和地点：综合性大型运动会一般分两次报名。第一次报项目和人数，第二次则具体按各单项竞赛规程办理。每次报名日期、地点均应明确规定，并对报名提出具体要求。例如，逾期不报以不参加论，报名后不得更改等。

竞赛办法：

• 各单项竞赛，均按各项竞赛规程规定执行。

• 采用国家体育总局（或国际单项体育组织）审定出版的各单项最新竞赛规则和有关规定。

• 哪些项目设立团体总分。

• 决定名次和计分方法。

• 破市、全国、亚洲、世界纪录是否加分，各加多少。

• 严格贯彻执行国家体育总局下发的《体育竞赛工作手册》有关规定，违者要严格处理。

• 需分阶段、分组比赛的项目，应明确规定各阶段分组及竞赛办法。

录取名次及奖励：

• 各单项和团体分别录取前×名，给予奖励。

• 设“体育道德风尚奖”，按国家体育总局颁发的“体育道德风尚奖评选办法和要求”执行。

仲裁委员会：由组委会统一安排，按国家体育总局颁发的《仲裁委员会条例》组成仲裁委员会，并在各单项竞委会领导下进行工作。

裁判员：一般由主办单位竞赛部门选派各单项裁判长和主要裁判员，不足部分由承办单位补充或统一由主办单位安排。主办单位要对参赛裁判员条件作出具体规定和要求。

经费：由主办单位具体规定。

主旗、团旗：由主办单位具体规定尺寸、图案等。

本总则修改和解释权，属组织委员会，未尽事宜，另行通知。

第二，制定各单项竞赛规程的主要内容和格式：

在综合性大型运动会制定出竞赛规程总则的前提下，再分别制定各单项竞赛规程时，其格式基本与总则相同，其内容在总则中已有规定的，单项竞赛规程可不再重复，提示按总则规定执行即可。因单项运动项目的特点必须加以明确规定的事宜，则应在单项竞赛规程中明确规定。例如，田径竞赛项目的接力赛和全能赛得分应加倍计算等等。

至于单独举行单一项目的竞赛，制定竞赛规程的内容，除结合该项目特点明确有关规定外，其余内容和格式，基本与上述总则相似。

竞赛规程拟定后，报经有关领导部门审查同意，即可打印下发。下发竞赛规程的时间，应在竞赛日期前数月或半年以上，目的是便于参赛单位运动员有充分准备和安排好训练以达到最佳竞技状态。具体时间可根据主办单位实际情况确定。

需注意的是，制定竞赛规程是一项非常严肃慎重的工作，不仅需要有较强的文字表达能力，更重要的是要对该项目在本单位或本地区的实际开展情况有一个清楚的了解。对于通过竞赛要达到什么目的、起到什么样的导向和杠杆作用，要有明确的指导思想，譬如在项目设置、参赛资格、竞赛办法、奖励制度、计分办法以及其他有关规定上，都要进行深入地调查研究，广泛征求意见，力求使竞赛规程达到文字严谨、内容合理、用词确切、条理清晰。切忌脱离实际的照搬照抄或“闭门造车”。

在制定竞赛规程中，原则性规定不能似是而非，指令性文字不能含糊其词，表达不清的地方可以留有余地，但不能过宽过大，尽量减少漏洞。一经审定的竞赛规程，必须严格遵照执行。一般情况下不能随意修改，遇特殊情况则必须通过组委会或上级部门才能变动。避免朝令夕改，尽可能少发补充通知或修改规定。

● 制发各类竞赛补充规定或通知。

竞赛规程一般下发较早，由于情况变化或原先在竞赛规程中未能详细规定的问题，均须进行补充、修订，这就应及时制发补充规定或通知。例如，原规程规定竞赛日期为 8 月 10 日，而全国或国际比赛日期也同期举行，较多重要的运动员均要参加全国或国际比赛，为使主要运动员能参加此次比赛，就必须提前或推迟本市（省）的比赛日期；又如比赛期间或比赛后被取消资格的运动员（队）的名次，递补与否，原规程未作规定，经研究决定不递补，就必须作补充规定。如此等等，不一一列举。总之，由于下发竞赛规程较早，情况变化较多，应根据实际情况，及时下发补充规定或通知。

● 竞赛报名、注册与统计。

竞赛的报名、注册，是参赛单位取得合法参赛权的标志，必须严格按照竞赛规程有关规定办理。承办竞赛单位必须严格按照竞赛规程的有关规定详细审查，符合规定者，方能准予报名注册；否则，不予受理。

承办竞赛单位必须按规定的报名、注册时间做好接收报名的各项准备工作，严格审查下列内容：

◎ 报名、注册是否逾期；

◎ 运动员的参赛年龄及出生年月、报名表与户口卡片（或身份证）两者是否填写无误，是否符合规定；

◎ 所报运动员是否符合参赛资格；

◎ 运动员号码、服装及颜色是否按规定填报；

◎ 运动员姓名、项目及填写的成绩是否清楚，有无姓名相同或错误、漏项等情况；

◎ 领队、教练员、运动员报名人数、每项限报人数和每人限报项数是否符合规定。

经审查合格后，即可接受报名注册。

各参赛单位报名完毕后，须及时按下列表格（表 2–4、表 2–5）内容统计各项数字，以便大会整体工作顺利进行。

表2-4 ×××运动会各单位报名人数统计表（适用于综合性大型运动会）

序号	项目 / 人数 / 单位	代表团								田径							总人数						参加项目数	备注
		团长	副团长	秘书长	副秘书长	联络员	医生	管理	小计	领队	教练	医生	管理	运动员		小计		团部人数	工作人员	运动员		合计		
														男	女					男	女			
	合计																							

表 2-5　×××竞赛各单位报名人数统计表（适用于单项竞赛）

单位编号	单位	运动员起止号码	运动员人数							工作人员人数					总计	备注
			成男组	少男组	成女组	少女组	合计		小计	领队	教练	医生	管理	小计		
							男	女								
	合计															

有关田径、游泳、射击等单项竞赛，尚须按下列表格统计各项数字，以备编排工作需要（以田径为例）（表 2–6A、表 2–6B）。

表 2–6A　各项参加人数统计表

项目 / 参加人数 / 单位		径赛							田赛						全能		
		一〇〇米	二〇〇米	四〇〇米					跳高	跳远					五项	十项	
北京	男	3	3	2					2	2					2	1	
	女	3	2	2					1	1					1		
	男																
	女																
	男																
	女																
	男																
	女																
备　注																	

表 2–6B　兼项统计表

项目 / 兼项 / 项目	一百米跑	二百米跑	四百米跑	八百米跑	一千五百米跑	五千米跑	一万米跑	跳高	跳远	三级跳远	推铅球	掷铁饼
一百米跑		正正丅	丅									
二百米跑			正正	丅								
四百米跑				正正	一							
八百米跑					正一							
一千五百米跑						丅						
五千米跑							下					
一万米跑												
跳　高												
跳　远										正		
三级跳远												
推铅球												正
掷铁饼												

● 总秩序册的编排内容和方法。

总秩序册是综合性大型运动会总的竞赛组织和竞赛秩序的文字依据。由运动会组委会竞赛部负责编制，报组委会审定后赴印。

竞赛部编制总秩序册前，首先要向各单项竞委会提出要求，规定各单项竞赛秩序册编制的内容和上报日期。一般各单项秩序册在复印前，由竞委会复制一份上报，以便大会竞赛部及时汇编总秩序册。

编制总秩序册的主要内容和格式如下：

封面：应表现下列内容：

- 会徽；
- 运动会名称；
- 年月和举行地点；
- “秩序册”三个大字；
- 主办和承办单位。

封二：运动会组织系统图。

赞助广告和赞助单位。

目录。

运动会竞赛规程总则和补充规定。

组委会名单。

大会各部、室主要人员名单。

各项竞委会及仲裁委员会主任和裁判长名单。

各代表团负责人名单。

运动会竞赛总日程表（表 2–7）。

各项竞赛日程。

以排球为例：

×月×日（星期×）

×××体育场，上午

8:30	女	北京 — 上海
9:30	男	北京 — 上海

×××体育场，下午

14:30	女	天津 — 辽宁
15:30	男	天津 — 辽宁

表 2–7　北京市第 1 届青少年运动会各项竞赛日程及承办单位总表

<table>
<tr><th>日
项目
月</th><th>1</th><th>2</th><th>3</th><th>4</th><th>5</th><th>6</th><th>7</th><th>8</th><th>9</th><th>10</th><th>11</th><th>12</th><th>13</th><th>14</th><th>15</th><th>16</th><th>17</th><th>18</th><th>19</th><th>20</th><th>21</th><th>22</th><th>23</th><th>24</th><th>25</th><th>26</th><th>27</th><th>28</th><th>29</th><th>30</th><th>31</th></tr>
<tr><td rowspan="3">五月</td><td></td><td></td><td></td><td></td><td></td><td></td><td></td><td></td><td></td><td></td><td></td><td></td><td></td><td></td><td></td><td></td><td></td><td></td><td></td><td colspan="4">棒球
（海淀）</td><td colspan="4">垒球
（海淀）</td><td></td><td></td><td></td><td></td></tr>
<tr><td></td><td></td><td></td><td></td><td></td><td></td><td></td><td></td><td></td><td></td><td></td><td></td><td></td><td></td><td></td><td></td><td></td><td></td><td></td><td></td><td colspan="2">体操
（市体校）</td><td></td><td></td><td></td><td></td><td></td><td></td><td></td><td></td><td></td></tr>
<tr><td></td><td></td><td></td><td></td><td></td><td></td><td></td><td></td><td></td><td></td><td></td><td></td><td></td><td></td><td></td><td></td><td></td><td></td><td></td><td></td><td></td><td colspan="4">田径
（石景山）</td><td></td><td></td><td></td><td></td><td></td><td></td></tr>
<tr><td rowspan="6">七月</td><td></td><td></td><td></td><td></td><td></td><td></td><td></td><td></td><td></td><td></td><td></td><td></td><td></td><td></td><td></td><td rowspan="6">开幕式</td><td></td><td colspan="7">排球
（市体校）</td><td colspan="7">乒乓球
（东城）</td></tr>
<tr><td></td><td></td><td></td><td></td><td></td><td></td><td></td><td></td><td></td><td></td><td></td><td></td><td></td><td></td><td></td><td></td><td colspan="6">举重
（顺义）</td><td></td><td colspan="3">击剑
（市体校）</td><td></td><td></td><td></td><td></td></tr>
<tr><td></td><td></td><td></td><td></td><td></td><td></td><td></td><td></td><td></td><td></td><td></td><td></td><td></td><td></td><td></td><td></td><td></td><td></td><td colspan="6">篮球
（东城）</td><td></td><td></td><td colspan="4">武术
（石景山）</td></tr>
<tr><td></td><td></td><td></td><td></td><td></td><td></td><td></td><td></td><td></td><td></td><td></td><td></td><td></td><td></td><td></td><td></td><td></td><td></td><td colspan="6">网球
（先农坛）</td><td></td><td></td><td></td><td colspan="3">皮划艇
（西城）</td></tr>
<tr><td></td><td></td><td></td><td></td><td></td><td></td><td></td><td></td><td></td><td></td><td></td><td></td><td></td><td></td><td></td><td></td><td></td><td></td><td></td><td></td><td colspan="9">足球（男子）
（崇文）</td><td></td></tr>
<tr><td></td><td></td><td></td><td></td><td></td><td></td><td></td><td></td><td></td><td></td><td></td><td></td><td></td><td></td><td></td><td></td><td></td><td></td><td></td><td></td><td colspan="4">足球（女子）
（海淀）</td><td></td><td></td><td></td><td></td><td colspan="2">游泳
（崇文）</td></tr>
<tr><td rowspan="2">八月</td><td>游泳</td><td colspan="4">自行车
（密云）</td><td></td><td></td><td></td><td></td><td colspan="5">柔道
（西城）</td><td></td><td></td><td></td><td></td><td></td><td></td><td></td><td></td><td></td><td></td><td></td><td></td><td></td><td rowspan="2">闭幕式</td><td></td><td></td><td></td></tr>
<tr><td colspan="5">射击
（朝阳）</td><td></td><td></td><td></td><td></td><td></td><td></td><td></td><td></td><td></td><td></td><td></td><td></td><td></td><td></td><td colspan="6">摔跤
（门头沟）</td><td></td><td></td><td></td><td></td><td></td></tr>
</table>

依次类推，安排各项目竞赛日程。

运动会竞赛场地示意图。

总秩序册中有关竞赛日程的安排，应注意下列事项：

- 坚决遵守竞赛规程和竞赛规则有关规定；
- 各项竞赛时间要紧凑，不宜过长；
- 各项竞赛的交叉、衔接要合理；
- 充分注意气候和季节性，以最宜出成绩的气候条件为原则；
- 根据场地、器材条件作最佳安排；
- 充分考虑交通条件和运动员驻地距比赛场地的远近，合理安排时间。

- 竞赛表格的设计、内容与格式。

竞赛表格是各项竞赛效能和成果的体现。应根据各运动项目竞赛规程的有关录取名次和记分方法等规定，结合该项目的特点，分别设计制作，随时供比赛应用。

综合性大型运动会和单项竞赛所用的表格，主要有以下几种：

运动员报名表：

以田径、足球报名表为例（表 2–8、表 2–9）：

各项竞赛报名、报到、比赛、离会日期表（表 2–10）：

各项目在预赛区取得决赛权的运动队和个人情况统计表（表 2–11）：

各项竞赛总日程表：

详见总秩序册的编制内容和方法章节的附表。

报名人数统计表：

详见竞赛的报名、注册与统计章节的表一和表二。

各单项竞赛成绩表：

各单项竞赛成绩表，应根据各单项竞赛规程规定的比赛方法和录取名次制定，各单项竞赛项目的成绩表格式样，详见成绩公告、统计、编制成绩册章节的各种表格，在此不再重复。现以排球、田径、射击三项为例，按照竞赛规程规定的比赛办法和录取名次，说明竞赛成绩表的制作方法。

表 2-8　田径运动员报名表

单位：　　　　（盖章）　领队：　　　　教练员：　　　　医生：　　　　医务单位章：

编号	号码	姓名（报名成绩 / 项目）	出生年月日	一百米	二百米	四百米	八百米	一千五百米	三千米	五千米	…………	创造成绩时间、地点、运动会名称
每项参加人数												

填报日期：　　　年　　月　　日

表 2–9　田径、足球运动员报名表

服装颜色			
	上衣		
	短裤		
	球袜		

单位：　　　　　　　（盖章）　领队：　　　　　　教练员：

姓名	号码	出生年月	民族	身高	体重	文化程度	入队年月	身体测验指标				至报名日止，参加训练天数	身体检查情况	备注
								12 分钟跑	30 米	100 米+级跳	弹跳米			

注：运动员必须进行身体检查　　　医务单位：　　　　（盖章）　　填报日期：　　年　月　日
并由医务单位盖章。

表 2-10　竞赛报名、报到、比赛、离会日期表

序号	项目	报名日期			预赛			决赛					备注
		第一次	第二次	第三次	报到日期	比赛日期	比赛地点	报到日期	比赛日期	离会日期	比赛地点	承办单位	
1													
2													
3													
4													
5													
6													
7													

表 2-11　预赛区取得决赛权的运动队和个人情况统计表

预赛区	项目		团体						个人												备注
									1		2		3		4		5		6		
			1	2	3	4	5	6	姓名	单位	姓名	单位	姓名	单位	姓名	单位	姓名	单位	姓名	单位	
	田径	男																			
		女																			
	游泳	男																			
		女																			
		男																			
		女																			

A. 排球：

参赛队共十二个，比赛分两阶段进行，最后录取前六名。

第一阶段，分 A、B 两组分别进行单循环赛，排出小组 1~6 名；

第二阶段，A、B 两组的第一、二名为第一组，第三、四名为第二组，分别进行交叉赛，最后第一组决出 1~4 名，第二组决出 5~8 名。

竞赛成绩表的制作方法（表 2-12A、表 2-12B、表 2-13）：

表 2-12A　第一阶段

A 组	1	2	3	4	5	6	积分	C 值	Z 值	名次
1		—	—	—	—	—				
2	—		—	—	—	—				
3	—	—		—	—	—				
4	—	—	—		—	—				
5	—	—	—	—		—				
6	—	—	—	—	—					

表 2-12B　第一阶段

B 组	1	2	3	4	5	6	积分	C 值	Z 值	名次
1		—	—	—	—	—				
2	—		—	—	—	—				
3	—	—		—	—	—				
4	—	—	—		—	—				
5	—	—	—	—		—				
6	—	—	—	—	—					

表 2-13　第二阶段

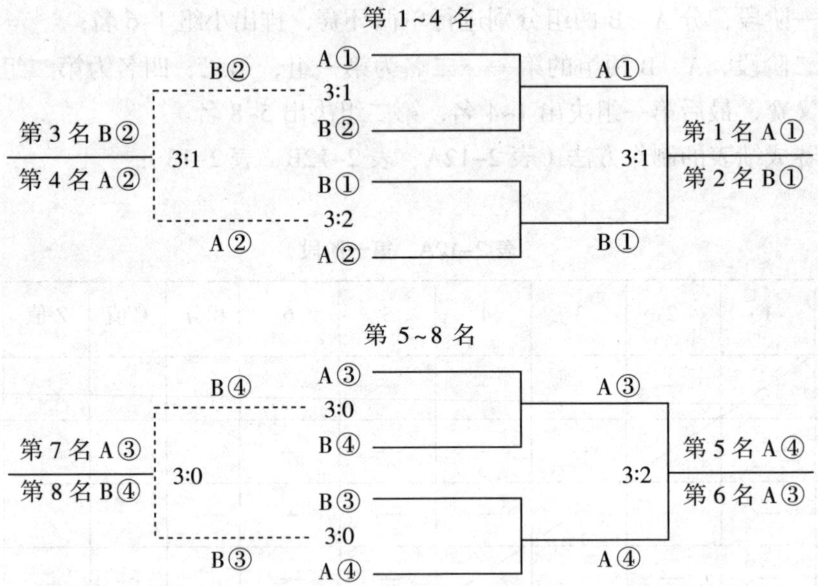

B. 田径：

设单项单位团体总分和男子团体总分、女子团体总分三个团体总分，各个团体总分和单项均录取前六名或前八名。

竞赛成绩表的制作方法（表 2-14、表 2-15）：

表 2-14　团体总分成绩表

团体总分	名次											
	1		2		3		4		5		6	
	单位	总分	单位	总分	单位	总分	单位	总分	单位	总分	单位	总分
单位团体												
男子团体												
女子团体												

表 2–15 单项成绩表

姓名 单位 成绩 项目 \ 组别 名次	男子						女子					
	1	2	3	4	5	6	1	2	3	4	5	6
100 米	李明 北京 11″10											

C. 射击：

设 60 发卧射单位团体和 30×20 发卧、立、跪单位团体，各个团体和单项均录取前六名。竞赛成绩表的制作方法（表 2–16、表 2–17）：

表 2–16 射击男子 50 米小口径步枪 3× 甲组

××××纪录： 个人：574　　比赛时间：2006-8-5

团体：1669　　比赛地点：北京市朝阳区第二业余体校

代表队	运动员	1	2	3	4	5	6	总环	个人资格赛名次	个人决赛成绩	决赛名次	备注	队成绩	队名次	备注
	高钰翔							0							
	孙　勐							0							
崇　文	张　挺							0					0		
	韩　旭							0							
	刘　刚							0							
	张　萌							0							
门头沟	曹欣宇							0					0		
	王思楠							0							
	何　磊							0							
	马新洋							0							
朝　阳	荆　頔							0					0		
	汪　森							0							
西　城	李　淼							0							
	攀　沄							0							
房　山	王　冲							0							

表 2-17　射击男子 10 米气步枪 60 发决赛成绩表

比赛时间:2006-5-27
比赛地点:长治市三体校

名次	代表队	运动员	资格赛	决赛成绩					小计	总成绩	备注
1	沈阳	孙起航	593	10.2	9.9	9	9.7	10.4	100.7	693.7	
				10.1	9.6	10.2	10.9	10.7			
2	长治	李腾飞	594	8.1	10.3	9.4	9.5	10.2	98.1	692.1	
				10.3	9.9	9.7	10.6	10.1			
3	成都	郝　睿	587	10.9	10.4	10.1	9.7	9.9	104	691	
				10.6	10.9	9.7	10.9	10.9			
4	青岛	苗大伟	588	10.3	10.4	9.8	9.6	10.1	101.5	689.5	决 9.5
				10.5	9.9	10.4	9.9	10.6			
5	成都	李　迅	589	10.3	9.2	9.8	10.4	9.8	100.5	689.5	决 9.4
				9.6	10.4	10.1	10.5	10.4			
6	长春	管彬尧	585	10.9	9.9	10.4	9.4	10.5	101.8	686.8	
				10.5	10.6	10.3	9.4	9.9			
7	长春	宋　双	584	9.2	9.4	9.8	9.9	8.9	97.6	681.6	
				10.5	9.5	10.6	9.6	10.2			
8	武汉	周　皓	589	10.2	9.9	9	9.7	10.4	0	589	
				10.1	9.6	10.2	10.9	10.7			

• 制定辅助性奖励及评选办法。

在竞赛活动中，为鼓励运动员勤学苦练、赛出风格、赛出水平、创造优异成绩，除按成绩录取团体、单项个人名次给予奖励外，还可根据举办竞赛的规模、特点、时间和主办单位的要求，另安排辅助性奖励。此外，还可对在组织竞赛工作中做出贡献的单位和个人给予适当的奖励。辅助性奖励及评选办法，应于赛前制定下发，以便激发参赛单位、运动员、教练员、裁判员以及竞赛承办单位和有关工作人员的积极性。

辅助性奖励的主要种类和内容：

最佳奖：在竞赛中取得突出成绩、作出突出贡献或专项技术卓著，均可设立最佳奖。例如，最佳运动员奖、最佳教练员奖、最佳赛区奖，专项技术中如排球的最佳扣球手奖，篮球的最佳投篮奖，足球的最佳射门员奖等等。

创最高纪录奖：凡设有各级最高纪录的项目，如田径、游泳、举重、自行车、射击等等，在各级竞赛中，凡创最新纪录者，均可根据实际情况设立创纪录奖。

体育道德风尚奖：可设立运动队集体奖和运动员、裁判员个人奖。

纪念奖：为扩大竞赛活动的影响，根据实际情况和条件，对参赛单位、代表团、运动员等，可设立纪念奖。

表演奖：为增加竞赛活动的气氛和影响，在正式项目竞赛的同时，增加非正式竞赛项目的表演，或单独举办群众喜闻乐见的表演项目，凡参加表演的项目或个人，均可设立表演奖。

除上述辅助性奖励外，根据实际情况和需要，还可另外设奖。

评选及奖励办法：

最佳奖或最佳专项技术奖：

评选条件：在竞赛中成绩卓著，为该专项技术成绩最优并深受公众爱戴和敬佩者以及平日严格遵守和执行运动员、教练员守则，起模范带头作用，为本单位所公认最佳者。除以上主要几点外，根据竞赛特点和要求，可作具体补充。

评选办法：在竞赛组委会（竞委会）领导下，结合宣传教育工作，设立评选的组织机构，并有专人负责。评选最佳运动员、教练员，可搞名额分配，由参赛队、裁判组提名，推荐公认符合条件的人选，由大会评选机构汇总并提出候选人，报大会组委会审批。

创最高纪录奖：

根据竞赛的特点和要求，对创各级最高纪录的运动员给予奖励。奖励办法：一是增加团体分，例如，创世界纪录加 50 分，创亚洲纪录加 40 分，创全国纪录加 30 分，创省市级纪录加 10 分等。二是给予有纪念意义的物质奖励或奖金，数量由竞赛组委会或主办竞赛的体育部门确定。

上述两项奖励办法，一般采用前者为多，也可两者同时采用。

体育道德风尚奖：

参照国家体育总局颁发的“体育道德风尚奖评选办法和要求”办理。

纪念奖：

根据竞赛的特点和要求，为扩大影响，对参赛的各单位或代表团以及各参赛运动队、运动员均可根据条件和可能，发给带有运动会标志的纪念奖品。

表演奖：

根据竞赛的特点和要求，对参加表演的运动队或个人颁发表演奖，奖励办法，可根据实际情况确定。按参加表演项目评出优秀团体和个人，名额可据据大会要求确定，分别给予奖励。评选条件和办法，可根据大会组委会统一要求制定。

- 成绩公告、统计、编制成绩册。

成绩公告：

各项竞赛结束，应迅速、准确地公布比赛成绩，以便各参赛队和有关部门及时了解比赛结果和进行分析研究、宣传报道。公告的形式可根据条件而定，一般在比赛现场的公众聚集之地设立公告牌。若条件允许，最好将成绩打印（或复印），及时分发。一般运动会或单项竞赛必须于比赛当日印发比赛成绩。综合性大型运动会，竞赛承办单位（竞委会）除及时公布当天比赛成绩和印发成绩公告给参赛队及竞委会有关人员外，还必须在每场或每项比赛一结束，立即将比赛成绩情况向大会竞赛部报告，由竞赛部汇总当天各赛区的比赛成绩，印发大会成绩公告给组委会成员和各代表团及有关新闻单位，成绩公告的内容和格式如下（表 2-18）。

表 2-18　×××××运动会排球竞赛成绩公报

排球竞委会办公室　第×期　×年×月×日

上　午

A 队——B 球　3:0　A 队胜

15:7　15:8　15:4

下　午

C 队——D 球　1:3　D 队胜

15:12　10:15　11:15　4:15

统计：

每天每场比赛结束，应及时将比赛成绩登记和统计，以便当日公布和汇编成绩册。各项竞赛成绩表，应在赛前准备就绪，张贴在办公室内或醒目的地方，以便及时登记和统计。以前例说明如下（表 2–19）：

表 2–19　排球竞赛成绩表

队名	A 队	B 队	C 队	D 队	积分	C 值	Z 值	名次
A 队		$\frac{3:0}{2}$	—	—				
B 队	$\frac{0:3}{1}$		—	—				
C 队	—	—		$\frac{1:3}{1}$				
D 队	—	—	$\frac{1:3}{2}$					

编制成绩册：

按照各项竞赛规程规定的录取名次和记分方法的规定汇编成绩册。如各项竞赛事前均作好成绩登记和统计工作，全部比赛结束后，再按顺序编排汇总，即为完整的成绩册，报组委会审定后即可打印或复印发放。现将成绩册的主要内容和格式列下：

破纪录：

- 金牌及破纪录情况统计表（表 2–20）。
- 各项目打破各级最高纪录统计表（表 2–21）。

各单项前六名：

- 单项团体总分名次表（表 2–22）。
- 集体球类项目名次表（表 2–23）。
- 各单项前六名统计表（表 2–24）。

表 2-20　金牌及破纪录情况统计表

单位	金牌	创亚洲纪录			创全国纪录			创本市纪录			创纪录总计			备注
		人	项	次	人	项	次	人	项	次	人	项	次	
北京	40	1	1	2	2	2	3	10	10	15	13	13	20	
合计														

表 2-21 各项目打破各级最高纪录统计表

项目		姓名	单位	累计														
				创亚洲纪录					创全国纪录					创本市纪录				
				原纪录	成绩	人	项	次	原纪录	成绩	人	项	次	原纪录	成绩	人	项	次
田径	100米	A	××	××	××	1	1	1										
	跳高	B	××						××	××	1	1	1					
	铁饼	C	××											××	××	1	1	1
合计																		

表 2-22　单项团体总分名次表

序号	项目	组别		第一名		第二名		第三名		第四名		第五名		第六名	
				单位	成绩	单位	成绩	单位	成绩	单位	成绩	单位	成绩	单位	成绩
1	田径	青年组	男												
			女												
		少年组	男												
			女												
2	游泳	青年组	男												
			女												
		少年组	男												
			女												
3			男												
			女												
			男												
			女												
合计															

表 2–23　集体球类项目名次表

序号	项目	组　别		第一名		第二名		第三名		第四名		第五名		第六名	
1	篮球	青年组	男												
			女												
		少年组	男												
			女												
2															
合　计															

表 2-24　各单项前六名统计表

<table>
<tr><td rowspan="4">序号</td><td rowspan="4">项目 组别 名次 单位</td><td colspan="18">1</td><td colspan="18">2</td><td colspan="18">3</td><td colspan="6" rowspan="3">总计</td></tr>
<tr><td colspan="18">田径</td><td colspan="18">游泳</td><td colspan="18"></td></tr>
<tr><td colspan="6">青年组</td><td colspan="6">少年组</td><td colspan="6">小计</td><td colspan="6">青年组</td><td colspan="6">少年组</td><td colspan="6">小计</td><td colspan="6">青年组</td><td colspan="6">少年组</td><td colspan="6">小计</td></tr>
<tr><td>1</td><td>2</td><td>3</td><td>4</td><td>5</td><td>6</td><td>1</td><td>2</td><td>3</td><td>4</td><td>5</td><td>6</td><td>1</td><td>2</td><td>3</td><td>4</td><td>5</td><td>6</td><td>1</td><td>2</td><td>3</td><td>4</td><td>5</td><td>6</td><td>1</td><td>2</td><td>3</td><td>4</td><td>5</td><td>6</td><td>1</td><td>2</td><td>3</td><td>4</td><td>5</td><td>6</td><td>1</td><td>2</td><td>3</td><td>4</td><td>5</td><td>6</td><td>1</td><td>2</td><td>3</td><td>4</td><td>5</td><td>6</td><td>1</td><td>2</td><td>3</td><td>4</td><td>5</td><td>6</td><td>1</td><td>2</td><td>3</td><td>4</td><td>5</td><td>6</td></tr>
<tr><td>1</td><td>北京</td><td></td><td></td><td></td><td></td><td></td><td></td><td></td><td></td><td></td><td></td><td></td><td></td><td></td><td></td><td></td><td></td><td></td><td></td><td></td><td></td><td></td><td></td><td></td><td></td><td></td><td></td><td></td><td></td><td></td><td></td><td></td><td></td><td></td><td></td><td></td><td></td><td></td><td></td><td></td><td></td><td></td><td></td><td></td><td></td><td></td><td></td><td></td><td></td><td></td><td></td><td></td><td></td><td></td><td></td><td></td><td></td><td></td><td></td><td></td><td></td></tr>
<tr><td>2</td><td>上海</td><td></td><td></td><td></td><td></td><td></td><td></td><td></td><td></td><td></td><td></td><td></td><td></td><td></td><td></td><td></td><td></td><td></td><td></td><td></td><td></td><td></td><td></td><td></td><td></td><td></td><td></td><td></td><td></td><td></td><td></td><td></td><td></td><td></td><td></td><td></td><td></td><td></td><td></td><td></td><td></td><td></td><td></td><td></td><td></td><td></td><td></td><td></td><td></td><td></td><td></td><td></td><td></td><td></td><td></td><td></td><td></td><td></td><td></td><td></td><td></td><td></td><td></td></tr>
<tr><td>3</td><td>天津</td><td></td><td></td><td></td><td></td><td></td><td></td><td></td><td></td><td></td><td></td><td></td><td></td><td></td><td></td><td></td><td></td><td></td><td></td><td></td><td></td><td></td><td></td><td></td><td></td><td></td><td></td><td></td><td></td><td></td><td></td><td></td><td></td><td></td><td></td><td></td><td></td><td></td><td></td><td></td><td></td><td></td><td></td><td></td><td></td><td></td><td></td><td></td><td></td><td></td><td></td><td></td><td></td><td></td><td></td><td></td><td></td><td></td><td></td><td></td><td></td><td></td><td></td></tr>
<tr><td>4</td><td></td><td></td><td></td><td></td><td></td><td></td><td></td><td></td><td></td><td></td><td></td><td></td><td></td><td></td><td></td><td></td><td></td><td></td><td></td><td></td><td></td><td></td><td></td><td></td><td></td><td></td><td></td><td></td><td></td><td></td><td></td><td></td><td></td><td></td><td></td><td></td><td></td><td></td><td></td><td></td><td></td><td></td><td></td><td></td><td></td><td></td><td></td><td></td><td></td><td></td><td></td><td></td><td></td><td></td><td></td><td></td><td></td><td></td><td></td><td></td><td></td><td></td><td></td></tr>
<tr><td></td><td>合计</td><td></td><td></td><td></td><td></td><td></td><td></td><td></td><td></td><td></td><td></td><td></td><td></td><td></td><td></td><td></td><td></td><td></td><td></td><td></td><td></td><td></td><td></td><td></td><td></td><td></td><td></td><td></td><td></td><td></td><td></td><td></td><td></td><td></td><td></td><td></td><td></td><td></td><td></td><td></td><td></td><td></td><td></td><td></td><td></td><td></td><td></td><td></td><td></td><td></td><td></td><td></td><td></td><td></td><td></td><td></td><td></td><td></td><td></td><td></td><td></td><td></td><td></td></tr>
</table>

荣获“体育道德风尚奖”名单：

荣获“体育道德风尚奖”的代表团

×××

×××

荣获“体育道德风尚奖”的运动队

×××

×××

荣获“体育道德风尚奖”的运动员

×××

×××

荣获“体育道德风尚奖”的裁判员

×××

×××

荣获“最佳赛区”的承办单位

×××

×××

各项目比赛成绩表：

● 田径、游泳、举重、射击、射箭、击剑、体操、自行车、跳水、花样游泳、赛艇、皮划艇、帆板等项目（表 2–25）。

表 2–25　各项目比赛成绩表 A

组别	名次 项目	1			2			3			4			5			6		
		姓名	单位	成绩															

- 足球、手球、曲棍球（表 2-26）。
- 篮球（表 2-27）。
- 排球（表 2-28）。

表 2-26 各项目比赛成绩表 B

单位	A	B	C	D	积分	净胜球	进球总数	名次
A		—	—	—				
B	—		—	—				
C	—	—		—				
D	—	—	—					

表 2-27 各项目比赛成绩表 C

单位	A	B	C	D	积分	得失分率		胜负场数		名次
						相互	全部	胜	负	
A		—	—	—						
B	—		—	—						
C	—	—		—						
D	—	—	—							

表 2-28 各项目比赛成绩表 D

单位	A	B	C	D	积分	C 值	Z 值	名次
A		—	—	—				
B	—		—	—				
C	—	—		—				
D	—	—	—					

- 网球（表 2–29）。
- 羽毛球（团体）（表 2–30）。
- 乒乓球（团体）（表 2–31）。

表 2–29 各项目比赛成绩表 E

单位	A	B	C	净胜				积分	名次
				场	盘	局	分		
A		—	—						
B	—		—						
C	—	—							

表 2–30 各项目比赛成绩表 F

单位	A	B	C	D	获胜次数	净胜			得分	名次
						场数	局数	分数		
A										
B										
C										
D										

表 2–31 各项目比赛成绩表 G

单位	A	B	C	D	胜场	胜负比赛	名次
A							
B							
C							
D							

- 摔跤、柔道、武术（表 2–32）。
- 采用单淘汰赛和附加赛的项目（表 2–33、表 2–34）。

表 2–32　各项目比赛成绩表 H

名次 / 项目	1		2		3		4		5		6	
	姓名	单位	姓名	单位	姓名	单位	姓名	单位	姓名	单位	姓名	单位

表 2–33　采用单淘汰赛的项目

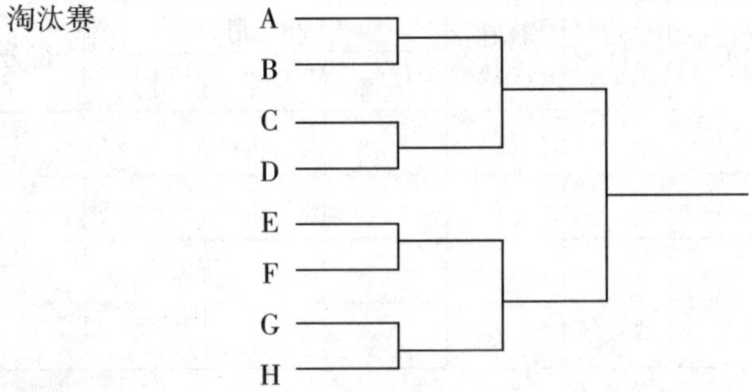

表 2–34　采用附加赛的项目

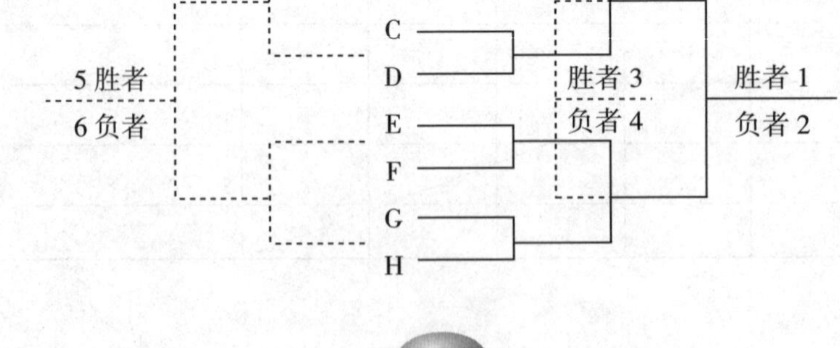

（3）对各单项竞赛委员会的业务指导和监督

竞赛部门有责任对单项竞委会所设的竞赛职能部门及其竞赛组织工作进行业务指导，并应派专项业务管理人员进驻单项竞委会参与业务监督。

①竞赛部对竞委会工作的监督内容及要求。

第一，负责组织各级竞赛业务人员对单项竞赛规程的学习与研究。竞赛干部必须做到熟知规程及规则的各项条款和竞赛办法，审议批准单项竞委会发出的规程以外特定的补充规定或通知。

第二，监督各单项竞赛的报名注册工作。对参赛运动员资格的审查必须严格按规定执行。

第三，审核各单项竞赛活动日程安排、竞赛秩序编排及单项秩序册印刷工作。要求时间安排合理，竞赛秩序编排科学、公正，保证秩序册印制质量，若是国际比赛必须有英文版本。

第四，负责监制竞赛所需各类表格。要求格式规范、统一。

第五，为单项竞委会组织选派仲裁和裁判员队伍，并指导做好裁判员的业务培训与实习。要求裁判员熟悉规则，执法准确，职业道德高尚。

第六，监督各单项竞赛成绩的统计和成绩公告，协助组织好兴奋剂抽检。要求细致、公正、准确、无误。

第七，向单项竞委会提出比赛场地、器材及各类电子计时计分和仲裁录像设备的规格和质量要求。承办单位必须按要求在赛前三天准备完毕。

第八，审核各单项竞赛所需经费。要求勤俭节约，实事求是。

第九，协助单项竞委会处理在竞赛中发生的任何突发性事故。处理工作要做到及时、公正、准确、果断。还要及时向大会组委会竞赛部门汇报结果。

②竞赛部派出人员在单项竞委会机构中的作用。

竞赛部门派驻各单项竞委会工作的专项业务代表应被安排为该竞委会的正式成员。其作用是：代表组委会竞赛部门对单项竞委会实施有效的业务指导和监督。因此，竞赛部派出人员必须做到及时向本部门通报竞赛情况，向单项竞委会及时传递组委会或竞赛部门有关竞赛问题的决策、决议、批示等，并负责监督实施。

③竞赛部派出人员怎样处理好与单项竞委会的工作关系。

竞赛部派出的项目代表虽然处于承上启下的位置，对竞赛业务具有指导监督的职能，但必须明确其工作要充分信任和依靠单项竞委会。首先，要摆正位置，明确自己既是上级部门的代表，又是竞委会中的成员。要站在共同组织竞赛的立场上，积极支持与配合单项竞委会的工作，对存在的问题和需改进的方面，既要适时提出建议和意见；又要注意方式和方法，避免造成其他竞委会成员产生“挑毛病”的错觉。第二，要了解下情。对单项竞委会提出的合理要求要及时向上级反馈，尽量帮助协调、解决竞委会在工作中遇到的实际困难。在解决问题的同时，注意对工作质量的要求。第三，处理问题要慎重。比赛中往往会突发一些预见外情况，竞赛部门派出人员要实事求是，善于应变。特别要注意倾听各方面意见，并主动向单项竞委会领导汇报，由竞委会集体研究决定处理意见，而不能轻率发表个人见解。尤其在处理运动员资格、运动队名次、运动队之间的矛盾、运动员与裁判员的矛盾等比较敏感的问题时，更要持审慎态度，注重调查研究，依据准确。第四，要善于调动积极性。单项竞委会中的竞赛组织管理人员队伍和裁判员队伍，是完成整个竞赛组织工作任务的重要技术力量。竞赛部门派出人员虽然对这两支队伍有间接的管理权，但要注意谦虚谨慎，从有利于调动大家的工作积极性出发，在进行严格管理时，注意掌握好分寸，努力为大家营造良好的工作环境。

（4）竞赛中裁判员的组织与管理

裁判员是我国体育竞赛活动中的一支活跃的业余工作队伍，各级体育部门根据职能权限的划分和裁判员技术等级的划分进行相应的分级管理。各种类型的运动竞赛均由主办或承办比赛任务的地方体育局按要求从社会各行业中协商聘请比赛所需要的有等级裁判员。承担总裁判长任务的个别高等级的裁判员也可由主办竞赛的政府体育部门直接指派。国际比赛则由国际单项体育组织直接指派国际裁判并组织培训。当竞赛活动结束后，裁判员再返回原工作单位。

①裁判员在竞赛活动中的作用。

裁判员的组织工作是体育竞赛活动的关键环节，裁判员的思想和业务水平的高低关系到比赛能否顺利进行。一般赛场上发生纠纷、争执、斗殴、罢赛、抗议等事件时，大都与裁判员在执法技术上的失误或是执法道德上的偏差有直接或间接的关系。因此，裁判员是竞赛活动中不可缺少的重要组成部分，对这支队伍的组织与管理是竞赛部门的一项重要任务。

②裁判员的组织与聘用。

裁判员的组织工作应由运动会主办单位按照竞赛规程规定和实际需要，根据就近选派的原则，制定裁判员选派方案。竞赛部门还要具体落实裁判员名单，并向各级裁判员管理部门发出聘请裁判计划的通知，然后由各级裁判员管理部门通知裁判所在单位及裁判本人。聘请裁判员通知的内容中应注明竞赛的项目、比赛的时间、地点、报到日期、离会时间及担任职务和服装要求等。

根据比赛规格和规模的不同，裁判员队伍的整体配备和对裁判职称等级的要求亦不同。一般情况下，总裁判、裁判长、副裁判长的人选应由竞赛主办单位确定。选聘原则为：

• 国际比赛必须聘用国际级裁判执场，如比赛规模较大，则根据具体情况，也可聘请部分国内较优秀的国家级裁判担任临场裁判或辅助性裁判。

• 全国比赛必须选聘国家级以上职称的裁判员担任裁判长，由国家级裁判员担任主要场次的裁判任务，另根据需要可安排部分较优秀的一级裁判员参加执场或辅助性裁判。

• 省市级比赛要安排一级以上的裁判员参加执场工作，但裁判长职务仍应由国家级裁判员担任，必要时还可选聘较优秀的二级裁判员参加辅助性执场工作。

• 基层单位的比赛可根据情况需要安排相应等级的裁判员担任裁判工作，一般不作具体规定。

③裁判员报到时间。

裁判员的报到时间应按照各个项目的不同情况和需要安排。一般省市级以上的竞赛活动，要在正式比赛前三天报到，以便进行规程的学习和赛前实习工作。总裁判、裁判长应比裁判员提前 1~2 天报到，以便提前安排好裁判员的分工、实习和比赛编排工作。

一般基层单位或小型运动会裁判员报到时间可灵活掌握。

④裁判员的管理。

裁判员的管理，要注意抓好职业道德教育，把“公正、准确、严肃、认真”的八字方针贯彻到裁判员组织工作的始终。重要场次和重要岗位的裁判员要反复培训，慎重安排人选，确保万无一失。每个技术岗位，包括辅助性裁判岗位也同样要求细致、准确、精益求精，力争减少差错。管理工作主要分以下步骤进行：

• 赛前管理。

首先，要制定出比赛前的裁判员学习计划。计划工作应在筹备期间完成。

计划内容包括：裁判长、裁判员报到；学习竞赛规则和裁判法；学习竞赛规程及有关补充规定；制定并传达裁判员行为准则；安排裁判员实习；检查场地器材等。

第二，要组织好裁判员的业务学习和职业道德意识教育。通过学习，统一认识，统一尺度，必要时可进行实地考核，以了解裁判员的思想和业务水平，便于合理地进行人员分工。

第三，要使裁判长和裁判员熟悉场地器材的全面情况，必须检查场地器材是否符合竞赛规则和规程的要求。

第四，要开好赛前准备会，重要场次比赛要认真研究，安排水平较高的裁判员担任临场执裁工作，要求裁判员在执裁工作时必须着专项职业服装，举止要得体大方。

• 比赛期间的管理。

比赛一开始，管理人员就要注意抓以下几个环节的管理。

第一，在每场比赛后要及时组织裁判员进行总结和讲评，每个裁判员都应对自己一天的工作有小结，裁判长要虚心听取运动队的反映和意见，及时改进工作，不断提高裁判工作质量。

第二，比赛过程中要随时检查场地和裁判器材设备情况，特别是电动计时、计分、大屏幕显示及录相设备，发现故障要及时向竞赛部门反映，及时维修。

第三，裁判组必须每天及时向竞赛部门报送比赛成绩表，以便及时登记和印发成绩公告。

• 比赛结束后的管理。

比赛结束以后，一般都应在很短的时间内完成结尾工作，裁判工作主要有以下几项：

第一，按照财务规定办理裁判员差旅费的报销和酬金发放。

第二，组织裁判员体育道德风尚奖的评选。

第三，做好裁判员服装、器材及其他用品的收、交工作。

第四，在裁判长主持下做好裁判员个人工作小结和技术鉴定。

第五，做好裁判工作总结。内容包括：参加竞赛的裁判人数、级别、来自单位、工作成绩、先进事迹、存在问题及对竞赛组织方面的建议等。

第六，安排好裁判员的返程车票和送站交通车辆，要有专人负责送行。

3. 组委会新闻宣传部门的管理

新闻宣传部门是组委会统一领导下的职能部门，是代表大会组委会向社会公布信息的唯一渠道。

（1）新闻宣传部门的主要工作

①对社会的推广宣传。

首先要制定运动会整体宣传推广计划。推广计划一般包括：新闻发布时间及方式，发布内容主要有：对运动会的目的、意义、规模、项目等内容向社会公布。目的宣传运动会的宗旨，提高社会对运动会的关注力度，营造运动会良好氛围和环境，得到更多体育爱好者关心和支持。具体工作包括：制定该届运动会各种宣传材料，征集或拟定大会宣传口号，确定各种宣传推广活动；组织设计运动会会旗、会徽、宣传画、纪念章、画册等宣传品；制定环境和赛场布置方案；确定阶段性主要宣传任务等，并在各项方案确定之后分步进行实施。

②对运动员、教练员、裁判员进行职业道德和规范教育。

此项工作主要是针对大会各类人员的不同任务制定宣传教育计划，并进行实施。宣传教育内容包括：赛风赛纪、职业道德、文明参赛、礼仪规范、对参加运动会的工作人员和服务人员提出切实可行的规范服务要求，如制定运动员、教练员、裁判员及各参赛单位注意事项和有关体育道德方面的要求；撰写并印发宣传材料和观赛人员须知；确定宣传形式（出会刊、发简报、组织体育道德风尚奖评选、专栏等形式）。

无论是综合性运动会还是单项竞赛，宣传部门都应制定出配合竞赛任务实施的教育计划，教育的形式可根据运动会特点而定。

③新闻信息披露并组织媒体报道。

其工作有：协助大会组委会确定大会新闻发言人；定时召开新闻发布会；收集、整理大会的各类新闻信息用快捷的方式提供给到大会采访的记者或所需的社会新闻媒体；向有关新闻媒体发出采访邀请；组建新闻中心或新闻室；制定新闻报道计划；协调由新闻单位发起的各项评选或竞猜活动；做好协助记者顺利采访的各种服务工作。

（2）机构设置及人员编制

新闻宣传部门其工作特点与其他部门不同，一般建立时间较晚，但一旦组委会开始正式运行，新闻宣传机构也应随之产生。新闻宣传部从机构组建开始，便立即进入工作状态，要求人员基本全部到岗，但相对工作时间较短。（筹备期由于工作任务不多，宣传部任务一般由办公室代行。）

所有进入该部门的人员都必须有高度的政治责任感、有宣传推广和从事新闻工作及与媒体合作的经验，同时，对体育宣传工作较为熟悉。

新闻宣传部门的组织机构设置及人员编制，要根据运动会的特点和规模大小而定。一般规模的综合性运动会或单项竞赛的宣传机构配备 3~5 名宣传干部较为合适，他们应包括：宣传推广策划，美术设计，新闻稿件撰写，文字编辑，记者管理等岗位。这些岗位可根据运动会组委会制定的宣传规模及要求而设定，在人员安排上可一岗多人和一人多岗。一般新闻宣传部的负责人可兼本次运动会的新闻发言人。

新闻宣传部的各岗位职责应十分明确，基本上是专职，分管不同的领域，工作交叉不多，只要把各自的分工做好就可以了。如策划人员专门负责运动会的宣传推广活动策划（主要在组委会组织层面）；美工负责环境布置、宣传广告设计制作；运动队管理人员专门负责思想教育及行为规范；新闻撰稿人专门负责每天以组委会名义发布的宣传稿件的撰写；记者管理及组织人员专门负责运动会种类新闻信息的收集、整理及向媒体提供和记者的组织及向社会发布信息等项工作。

（3）部门管理

新闻宣传部门的管理一般采用岗位责任制和目标管理的方法。

①岗位责任制管理

主要是对工作的“量”和“区”进行划分。主要功能是使工作人员有制度的约束和界限的区分，部门负责人要对每个人和岗位都提出明确工作任务要求和所承担的责任；

②目标管理

目标管理则是在分工的基础上进一步对工作人员提出质量、数量和时间方面的要求，以保证宣传工作的效益、效率和准确率。同时，该部门还应根据工作需要配备必要的器材，如配套的计算机操作系统、音像设备及信息提供场所和通畅的传播渠道。

③程序管理

为了保证设备物尽其用，满足工作需要，就要做好管理工作。要在财、物的使用、保管、经费开支等方面建立严格统一的报批程序和管理制度，每个岗都要规定好工作权限，并严格执行。提倡艰苦奋斗的作风，要厉行节约，反对浪费。

（4）工作阶段内容及程序

各类运动会宣传工作的展开阶段一般与全局各部门相一致，亦分为筹备计划、组织实施、总结收尾三个阶段。各阶段的主要工作内容和程序如图 2–8 所示。

（5）新闻发布会及新闻中心的组织

在大、中型运动会中，适时召开新闻发布会和组建新闻中心是宣传部门的重要实施手段，可通过新闻媒介扩大影响，引起社会各方面对运动会的支持与关注。

①新闻发布会

召开新闻发布会的时间不是固定的，应根据运动会需要而确定。一般中型以上的运动会至少要召开 1~2 次新闻发布会，时间一般安排在筹备初期和赛前的筹备结束期。

新闻发布会的内容通常是介绍本届运动会的性质、规模、地点、时间、项目设置、参赛选手的选拔及报名、运动会大型活动的设想、组织方法等。同时还可以介绍运动会的会徽、会旗、宣传画、吉祥物、宣传口号和会歌等。

召开新闻发布会要做好以下准备工作：

A. 准备好新闻发布稿，保证到会记者人手一份。

B. 确认新闻发言人、会议议程和到会领导、嘉宾。

C. 邀请组委会有关领导或有关人士出席会议。

D. 会前及时向有关新闻单位发出请柬或通知。

E. 有关业务部门对记者可能提出的问题要做充分准备，力求对答准确。

F. 报批新闻发布会预算。

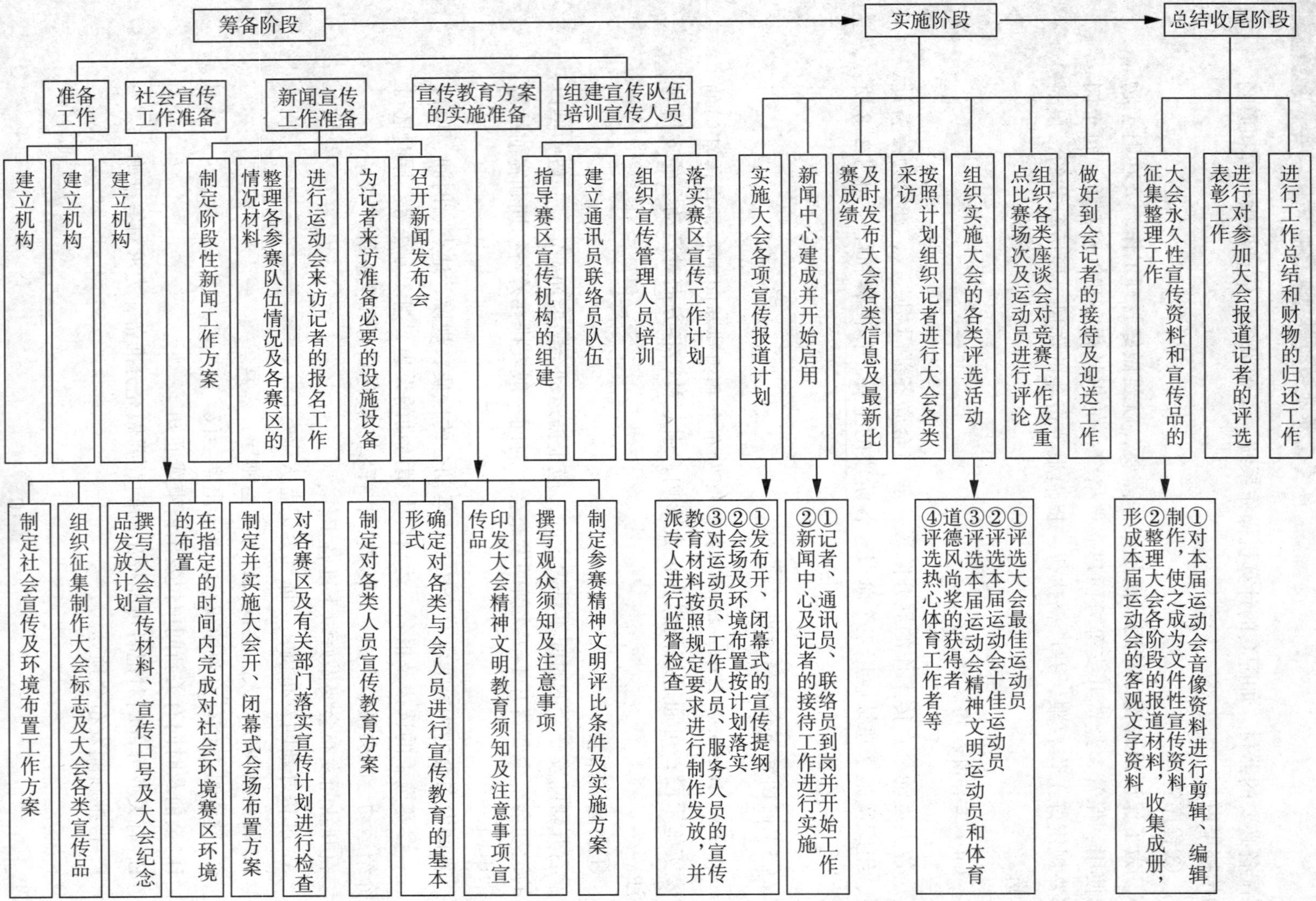

图 2–8　新闻宣传部门工作流程图的筹备阶段、实施阶段和总结收尾阶段

新闻发布会一般由组委会指定的新闻发言人发布相关信息，必要时请各有关方面负责人介绍情况，记者可以对不清楚的问题进行提问。新闻发布会的时间长短视内容多少而掌握。

②新闻中心

一般较大规模的运动会都会设有新闻中心，新闻中心是为采访记者所设立的信息获取和传递专设场地。

新闻中心的地点选择要注意把握主会场与记者驻地尽量不要远离的原则。另外，新闻中心应具备较先进的通讯联络设备（计算机网络系统、电话、传真、复印机、冲印照片等），同时还要具备提供到会记者餐饮及其他必要服务。

新闻中心要注意做好以下管理工作：

A. 进行记者报名、注册、个人信息登记，随时掌握统计情况。注册内容是，姓名、年龄、性别、民族、工作单位、职务、业务种类、住房号及特殊要求等。

B. 制定、印发记者采访、住会须知。

C. 及时向到会记者介绍新闻中心各种设施及使用规定，便于记者工作。

D. 及时公布比赛成绩和赛场信息。

E. 搞好采访班车的调配，保证交通。

F. 做好各单位记者之间的工作协调与疏通。

（6）做好新闻宣传工作应注意重点把握的几个问题

随着社会发展和技术进步，现代传媒市场竞争愈加激烈，不断创新的报道手段和高科技产品的介入，也使运动会的新闻宣传工作发挥更大作用。每四年一次的奥运盛会已成为各国媒体的盛会，场上运动员的较量带动了场下媒体的比拼，国际奥委会分配的报道奥运会的记者名额也在不断攀升。在运动会举办的每个环节中新闻宣传都起着不可或缺的作用，因此，做好运动会的宣传推广和新闻发布工作是最大程度实现运动会的预期目标的重要手段。

根据国内大型运动会组织工作经验，在运动会的新闻宣传组织管理工作中要特别注意如下问题：

①明确新闻发布会制度，主动提供新闻

新闻是新近、新鲜、新奇的见闻，新闻的性质决定媒体对新闻的敏感、不断挖掘和第一时间内的传播。运动队伍的备战情况和重点运动员的动态自然是媒体关注的内容。运动会组委会的宣传部门要有意识地向公众和媒体提供运动会组织工作的最新动态，满足媒体需求，扩大运动会在社会及公众中的影响，保持外界对运动会的组织及参赛队伍的关注与兴趣，并获得社会及公众对大会的理解和支持。因此，主动提供新闻，有助于创造对组织者有利的舆论氛围，排除对运动员创造好成绩可能形成的干扰。

②注意建立记者集体采访制度

当前国内外举办大型运动会新闻宣传的重要做法是向媒体征集采访要求，根据媒体普遍关注的问题安排专题采访。这样不但及时向媒体做出了回应，同时也减轻了新闻宣传工作的无效劳动。

③尽早确立新闻发言人

一般在运动会正式开始之前就要确立本次大会组委会的新闻发言人。这有益于规范新闻发布程序和层次，以权威的、统一的声音面对媒体，回答运动会组织工作涉及的有关问题，及时公布信息，保持与媒体的接触。对媒体的通气内容不要仅仅局限在备战、成绩方面，也不要过于突出某些运动员，要兼顾项目的发展、竞技体育的可持续发展、有关方面的分析比较等。

④建立通畅的信息发布渠道（新闻中心）

在这方面要做好两方面的工作：一是畅通信息发布的主渠道，建立健全新闻发布和新闻发言人制度，使信息能及时、准确地传达给媒体；二是加大管理力度，加强与新闻单位的沟通，强化新闻从业人员的自律管理，最大限度防止虚假新闻的产生，避免负面舆论的出现。

⑤正确处理与媒体的关系

媒体关系是公共关系工作对象中最敏感和重要的一部分。与新闻界建立良好关系是为了争取新闻界对本次运动会组织的了解、理解和支持，以便形成对本次运动会有利的舆论气氛，通过新闻界实现与大众的广泛沟通，增强运动会对整个社会的影响力。

良好的媒体关系能够为我们带来良好的舆论环境，使我们的有关信息较顺利地通过传播过程的层层关口，从而有更多的传播机会，形成于我有利的舆论环境。

⑥注意树立大会组织者的形象

如同一个组织机构有自己的宗旨和风格，一个企业有自己的企业文化和价值观念，宣传部门首先要注意宣传大会组委会要表达的主要目的和重点活动。如征集、评选运动会的宣传口号、运动会标志、吉祥物；用最简洁、最形象的表述概括运动会的宗旨、目标等。这不仅是树立对外形象的过程，也是运动队自我教育、增强集体荣誉感和归属感的过程，于人于己都有积极意义。

⑦注意对媒体沟通（培训）与公众教育

为创造良好舆论环境、树立良好形象离不开公众和媒体的支持。在有条件的情况下，由宣传部门组织举办一些与运动会相关媒体培训班或座谈会，请有关运动项目负责人和相关的专家学者作专题讲座，介绍运动项目的专业知识、奥林匹克知识、举办本次运动会的重大意义等，来提高记者对举办本次运动会意义和特点方面的认识，使之能够体现在今后的新闻报道中，并做到客观、公正、准确、专业。

4. 组委会安全保卫部门的管理

体育竞赛安全保卫是竞赛活动中的一项重要工作。安全保卫部门是完成竞赛任务不可缺少的重要机构之一，在赛会期间行使安全保卫工作职能，负责组织和实施各项安全保卫工作。

加强体育竞赛活动中的安全保卫工作的组织与管理，是保障竞赛活动安全，维护活动秩序，完成竞赛任务，实现体育竞赛根本目的的重要保证。

（1）机构设置

安全保卫工作的机构设置要坚持从实际出发的原则，做到竞赛活动与保卫工作需要相适应，与保证竞赛活动安全的任务相适应，也要与有关公安机关、安全机关的业务分工相适应。同时要根据竞赛活动的具体情况，如竞赛规格、竞赛规模、竞赛项目、竞赛特点、赛事驻地和比赛场地等情况来决定安全保卫机构设置和人员组成。

竞赛安全保卫机构的设置一般是由竞赛活动的主办单位和协办单位的内保组织、公安机关、安全机关及有关单位和部门共同组成。这是由体育竞赛活动所具有的社会公共性质和保卫工作的综合性特点决定的。安全保卫的设置必须有利于主办单位和协办单位的内保组织与公安机关及有关单位、部门之间的协作；必须有利于安全保卫间的协调；有利于竞赛中保卫工作的开展和竞赛任务的完成。

（2）安全保卫部门工作职责

安全保卫部门在竞赛活动期间直接接受赛会组织委员会的领导，它负责组织和实施各项安全保卫工作，对组织委员会负责，工作职责主要有：

①根据竞赛活动的性质、规模、特点和要求，负责建立赛会期间内部的安全保卫组织网络，加强安全保卫工作的组织和领导。

②负责制定竞赛活动的安全保卫工作计划和有关具体活动的安全工作方案及突发事件应急预案，并负责组织实施。

③负责对赛事活动的有关大型活动点、驻地、比赛场地等场所的比赛设施、生活设施、安全设施等进行安全检查，制定和落实各项安全防卫措施。

④负责竞赛期间大会所有相关部门和人员的安全保卫工作的宣传和教育。

⑤负责竞赛活动所需要的各种活动证件的制定，并对证件的使用和管理作出相应的规定。

⑥负责处理赛会期间发生的各类案件、治安事件、灾害事故及其他有关安全问题。

（3）安全保卫工作的原则和要求

“谁主办，谁负责”的原则，是竞赛安全保卫工作的一项重要指导原则。根据这项原则，安全保卫工作实行统一领导和分工负责。

①统一领导原则

竞赛组织委员会是竞赛活动的最高领导机构，安全保卫组织在组织委员会的统一领导下，要坚持和加强自身工作的统一领导，这是由安全保卫工作的性质和单位构成的特点所决定的。保卫部门一般是由竞赛活动的主办单位或承办单位和有关协作单位共同组成。各项工作任务是根据保卫工作的不同业务分工，由参加安全保卫组织的公安、交通、消防和内保等有关部门共同承担。保卫部门的这种特殊性在客观上要求正确处理和解决好工作的统一领导和具体工作分工的关系。防止因特殊而置于统一领导之外，因工作分工而忽视统一领导，从而影响竞赛活动的开展和竞赛任务的完成。竞赛活动的长期实践证明，安全保卫工作只有坚持统一领导的原则，才能得到正确的组织和实施。

②分工负责原则

分工负责是竞赛工作中安全保卫工作普遍适用的一项工作原则。这项原则强调了安全保卫工作在竞赛活动中的重要性和实行安全工作责任制的必要性，反映了竞赛组织工作的客观要求，同时要求安全保卫工作主管单位，主管领导把明确任务，明确分工和明确责任做为前提，认真实行和促进安全工作责任制的层层落实。

在体育竞赛活动中，安全保卫部门根据竞赛活动的实际需要和保卫工作的管理范围及业务分工，由有关单位、部门的内保、警卫、消防、交通、供电等专业人员共同组成。这就决定了保卫部门的工作必须遵循既要坚持统一领导，又要实行分工负责的工作原则。根据这一原则，安全保卫组织要按照不同单位、不同业务进行任务分工，部署和安排工作力量，并要求定岗、定责、各司其职，各负其责，有效发挥各参与单位和部门的职能作用。

坚持分工负责的原则，可以防止因分工不同、责任不清而影响各项安全保卫工作的组织和落实。同时，对竞赛活动中发生的问题能够及时掌握情况，解决问题，并准确地追究有关当事人的责任，保证安全保卫工作的开展。

（4）安全保卫工作的管理

竞赛安全保卫工作的管理，是安全保卫部门为保证竞赛期间竞赛任务的完成，提高安全管理效能所进行的各项活动，也是安全保卫部门的重要职能。它通过有关单位和部门之间的协作，有组织、有计划、有目标、有措施地对竞赛活动进行全方位的安全管理。保证竞赛活动安全是安全保卫工作管理根本目的。

①管理范围

赛会中安全保卫工作的管理范围，是由竞赛活动的范围、内容、特点和保卫工作的具体任务来确定的。一般包括内部安全的管理和竞赛活动安全秩序管理；竞赛活动安全秩序的管理主要是指竞赛期间与会领导、外宾、观众的安全管理。从管理对象上讲，一般可分为人的管理、物的管理和具体竞赛活动的管理。明确保卫工作的管理范围和具体管理对象，加强预防工作和重点管理，可以更好的贯彻“预防为主，确保重点”的保卫工作方针，同时有利于在安全保卫业务方面与公安机关及有关部门实行明确的界面分工管理，以促进安保工作任务和目标的落实。

②管理内容、方法和程序

根据保卫工作的管理范围、管理对象和竞赛工作实践，保卫部门的管理内容主要有三个：

A. 竞赛活动的管理

体育竞赛活动具有三个特点。一是多层次、多形式、多内容的竞赛活动开展得越来越广泛；二是国际间体育交往日益增多；三是各级政府领导人对体育事业的关注程度日益加强，高规格政府要员经常参加或出席观看体育比赛。这就要求安保工作在竞赛活动中必须认真组织、周密部署，精心安排，万无一失，确保安全。从管理方法和程序上以完成竞赛任务为中心，做好阶段性工作。

第一，组织领导。安保工作的组织领导是根据竞赛活动需要及竞委会的安排，由政府公安机关或主办单位内保组织承担。一般重大或特殊的竞赛活动均由公安机关负责组织领导并在其业务指导下，由主办单位的内保组织负责。具体工作根据保卫工作的业务分工，由安保部门各岗位工作人员负责。

第二，制定计划。竞赛活动的安保工作计划是根据竞赛任务要求进行整体设想和安排的。计划的制定要与有关单位、部门加强联系，互通情况，密切协作，相互配合，了解和掌握竞赛活动的全面情况。根据情况部署保卫力量，并提出具体工作要求和制定出切实可行的安全措施。要注意计划必须在调查研究的基础上既要周密可行，又要便于安全工作的组织和实施。

第三，组织实施。在安全保卫工作管理过程中，组织实施是具体落实计划，完成计划任务的重要环节。组织实施的内容包括：部署计划，说明任务要求，工作原则，措施和方法以及人员的分工与责任。

根据前述统一领导、分工负责的原则，在组委会领导下，安保部门负责组织召开保卫工作的协调会议，介绍竞赛安排情况，布置保卫工作任务，协调有关单位和部门之间的关系，处理和解决好计划实施过程中可能提出和出现的问题，并按保卫工作的业务规律及分工将各项保卫任务落实到有关单位、部门和人员。在具体的组织实施中还要注意重点做好四个方面的工作：一是搞好主会场、运动员驻地、比赛场地的安全管理和国家领导人主要行车路线的安全警卫工作。二是做好竞赛活动过程中各种证件的制定、使用和保管。三是对大型活动的开、闭幕式，火炬传递和特殊的竞赛项目如射击、公路自行车、马拉松、飞机跳伞等赛事要按特殊的安全管理规定向上级政府部门申报，同时向公安、交通管理部门通报情况并备案，经批准同意后，才可按程序办理安全手续，实施各项安全保卫措施。与此同时，要求各参赛单位、个人严格遵守竞赛活动的有关规定和主办单位的内部规章制度，包括安全教育、观众组织、各种设施设备状况调查、票证安排、停车场设置以及应急措施安排，重大国际比赛一般还有赛场内工作人员政审等。四是做好比赛场地、运动队驻地等竞赛活动场所的安全宣传和教育。注意饮食安全和贵重物品的保管存放，加强防火、防盗、防特殊治安灾害事故、防暴力的防范检查工作，发现不安全隐患和存在的问题要及时予以指导，并与为竞赛提供服务的单位共同研究，提出解决问题的办法和改进措施，保证检查效果。

第四，总结。总结是对安保工作的执行情况和任务完成结果，在检查的基础上实事求是地做出客观全面的评价。其目的在于总结竞赛活动中保卫工作成功的经验，吸取工作中的经验教训，改进今后的工作。通过总结使我们对竞赛活动中各项保卫工作内在的、必然的、本质的联系得出规律性的认识。并把这种认识上升为竞赛活动中保卫工作的管理知识，成为指导、推动安全保卫工作的积极因素。

B. 人员的管理

竞赛中安保工作的人员管理，是指对参与体育竞赛活动的各种人员的管理，包括大会所有工作人员、运动员和观众。人员管理是安保部门通过组织、宣传、教育、处理的方法实行管理。其管理方法是：第一要加强同各单位、各部门、各运动队行政组织和领导的联系，了解和掌握被管理人员的情况，并要求各运动队设立治保安全员，负责本队内部的安保工作。第二要利用各种宣传形式，提高和加强被管理人员的安保意识，使工作人员、运动队及观众共同的自觉维护好赛事活动的秩序。第三要对竞赛活动中发生的各类案件，治安灾害事故及时打击处理，维护正常的竞赛秩序。对涉外人员要按外事工作有关规定办理。

C. 物品的管理

竞赛活动中物品的管理主要是指对贵重物品，易燃易爆危险品，竞赛设备器材等物品和现金管理。

由于竞赛活动的需要，参赛单位或个人都携带有一定的贵重物品、贵重器材和大量现金，特别是有些竞赛项目还带有枪支、弹药等易燃易爆危险物品，因此，加强物的管理是安保部门、使用单位和管理人员的共同责任。在物的管理上做到：一是了解掌握物品的数量、特征、所属单位、保管人等情况，建立登记制度；二是协作有关行政部门做好各种物品和现金票证的保管工作；三是对物的使用，保管情况进行安全检查，监督有关单位和人员实行安全管理；四是明确保管单位和保管人员的管理职责并按有关规定和要求制定出物品的安全防范措施，防止各种物品损坏、丢失和被盗。

5. 组委会财务部门的管理

此部门是只有在大型综合性运动会组织工作中才设置的机构，一般中小型运动会，财务管理工作的职能是设在行政后勤部门，也有的是设在办公室职能中。

（1）大型综合性运动会资金投入的特点

不同类别和级别的运动会其规模和形式也不相同。对小规模运动会的资金投入相应简单，而大中规模的就相对复杂一些。对于大型运动会的组织，无论是世界性、洲际性还是全国性、地区性的，由于竞赛规模扩大和竞技水平的提高，举办经费也越来越多。历史上耗资最多的是1980年的莫斯科奥运会，高达90亿美元；1992年巴塞罗那奥运会耗资74亿多美元；1964年东京奥运会和1988年汉城奥运会，耗资在30亿美元以上；1990年由我国举办的第11届亚运会，全部耗资也在25亿元人民币左右。

运动会投入资金的来源多渠道，与经济实体的结合越来越紧密。巨额的竞赛经费，单靠政府和地方拨款是不可能的，需要多方筹集，多方投入，必须寻求企业公司和商业财团的帮助，没有他们的捐赠和赞助，大型的体育比赛就很难进行。大型运动会的组织有着参赛人员多、运动项目多、耗费资金多的特点，经济关系十分复杂，不仅固定资产投资多，运动会业务费的收支也面广而复杂，牵涉到政府机关、企事业单位、社会团体以及家庭和个人。

运动员自报到之日起，住宿、交通、副食补贴、裁判员的差旅费、大会工作人员的补贴以及医疗费等，都需要打足预算。同时，由于参赛运动员流动性大，有时会有变更，给管理工作带来一定困难，加之规模较大，筹备时间长的综合性运动会，还要根据市场物价的变动而必须不断调整预算，以完成赛会的财政需求。

（2）一般组织大型运动会的经费支出方向

①市政建设费

包括机场、港口、卫生检疫、广播通讯系统、供电供水系统、安全防卫系统等的费用。悉尼奥运会投资4.6亿美元用于电子通讯，这其中包括2000台电视摄像机和数万部手机，还有9000台电脑，它是1988年汉城奥运会在这方面投入的9倍。北京为筹办第11届亚运会时，曾新扩建四条马路，新建四座立交桥以及相配套的地下水管道，电子服务设备和电视转播系统。日本、韩国为筹办奥运会所进行的市政建设也是引人注目的。

②场地建设费

体育场地建设为运动竞赛提供良好的物质条件，也是运动员提高运动成绩的一项基础性工作。体育场地包括体育场、馆、池、射击场、自行车赛场和水上运动中心等的费用。

③大会组织费用（基本费用）

设备器材、公务费、公关费和奖品费等；宣传推广费，人员费，包括住宿费、交通费、差旅费或补助费、医疗费等；大型活动费，主要指大型文艺活动的培训表演、大型展览会所需要的费用。

（3）财务部门资金管理的内容

①预算控制与管理

在运动会组织过程中进行预算控制和管理是指运动会的组织者在运动会筹备开始时就要对所要举办的运动会进行全方位的统筹规划，进行资金投入和产出的预计核算，并且对运动会本身资金的使用进行全面的控制，使运动会组织的预算控制在一定的特定范围内并进行管理，具体包括收支与预算比较、税收、利润、债务还清、遗产处理、现金流动。

②资金的收入管理

运动会资金的收入，是由运动会的经营计划决定的。通常情况下，其内容主要有：门票收入、广告收入、出售电视转播权收入、客房收入、餐厅收入、各种服务收入等。由于运动会经营资金收入是不确定的，必须遵循责权原则，加强与计划部门联系，随时掌握资金收入情况，对已经取得所有权的收入性资金都要及时入账，统一管理。

（4）资金的支出管理

①各部门、各赛区的支出管理；各部门根据其职责范围、工作任务向大会编报经费支出预算，对大会财务部门的经费开支实行“指标控制”的办法。

②计划外的支出管理，这笔开支必须及早提出，方可追加支出预算，经财务部门审核报组委会主管领导批准后方可开支。

③资金使用风险管理，建立资金使用评估和审计监督制度，防范资金风险。

（5）运动会组织成本费用的确定

①折旧费

市场经济条件下，运动会所需场馆及器材设备都需要经营运作，体育场馆及时得到组委会的设备折旧补偿，实物或配件上得到替换，使原有资产能够保值增值，同时有利于保持设备完好，使之达到竞赛及会务组织工作的需要。

②人员接待费

它包括住宿、伙食及伙食管理费，交通车辆费、差旅费、医药费等。

③活动组织费

它包括裁判培训费、宣传、公杂、奖品、安全保卫、通讯、药检、大型活动等费用。

④器材设备及场地布置费。

⑤比赛经营管理费

它指比赛管理中不易直接计入的一切开销，包括工作人员工资或补贴、福利费、贷款利息、水电费、交通养路费、罚款等费用。

（6）财务部岗位设置及主要职责

①总会计师岗

运动会的经费及财务管理工作，是一项具有自身特点和规律的工作，不应看成是一般事务性工作，其政策性和专业性很强。因此，要选配熟悉体育财务业务特点、有较丰富实际工作经验并具备相应职称的专职财会人员担任此项工作。

其主要职责是：依据国家财政部门对举办运动会的有关规定，本着勤俭节约的方针，结合本届运动会的实际情况，编制各项经费预算，协助组委会制定大会开支标准及财务运行管理办法（编制预算方案，应在组委会确定经费使用总方针的基础上，先由各个部门分别提出预算草案，然后财务部门进行汇总审议，再进行综合调整后，报经组委会批准实施）。对于大会的使用经费进行监督并实行风险控制管理。

②财务监督岗

A. 审核重要的财务报表和报告，对财务报表和报告的质量负责。

B. 参与审定财务管理规定及其他经济管理制度，监督检查各部门财务运作和资金收支情况。

C. 审核各部门在规定限额范围内的资金使用情况。

D. 参与审定大会重大财务决策，包括审定大会财务预、决算方案，审定重大经营性、投资性、融资性计划和合同以及实施方案。

E. 对大会批准的重大经营计划、方案的执行情况进行监督。

F. 依法检查组委会各部门相关业务活动、资金使用的合法性、真实性和有效性，及时发现和制止违反国家财经法律法规的行为和可能造成出资者重大损失的经营行为，并向大会组委会报告。

③会计岗位及职责

A. 正确设置账户、使用会计科目，负责大会各项开支的原始凭证、记账凭证和业务内容的审核工作。

B. 负责登记总账、明细账和各种辅助账，在保证账账相符、账实相符的基础上，正确、及时编报有关会计报表。做到日清月结，账目、报表清楚、准确、真实。

C. 按照规定将电脑会计软件内的会计资料及时备份，刻录光盘，打印记账凭证和会计账本。同时负责大会组委会会计档案、资料的整理、装订和保管工作。

D. 负责大会固定资产的建账、核算、登记工作，并配合办公室进行财产清查。

E. 负责及时清理应收、预付款等往来账目，发现问题及时处理，防止呆账、坏账的发生。

F. 为组委会财务监督机构提供有关财务会计资料和信息。

④出纳岗位职责

A. 按照组委会确定的有关规定和执行国家财会制度，负责办理现金和银行存款的收、付等业务。

B. 负责日常报销工作。严格审核报销单据、发票等原始凭证，按照报销的有关规定，办理现金收、支付业务，做到每笔业务合法准确、单证齐全、手续完备。

C. 现金管理要做到日清月结，不得白条抵库和公款私借，因公借款须经领导签字批准。发生现金收入业务，必须开具收据并及时送存银行，不能坐支。

D. 负责办理有关的银行业务。根据审核无误的凭据，办理银行存款、付款业务并及时入账，定期与银行对账，做到账单相符，每月末编制银行存款余额调节表。

E. 根据原始凭证编制记账凭证（采用电脑记账时负责录入原始凭证），登记现金和银行存款日记账，确保账款、账单、账证相符。

F. 负责大会所规定的相关人员及运动员的福利、奖金、劳务费用的核算、发放工作，负责个人所得税的代扣代缴。

（7）财务管理中应注意的几个原则

①责权原则：运动会资金收支，既有时限要求，也有货币关系问题。在资金管理中，力求以“责权”为标准区分哪些资金是收入性的或带有收入性的，哪些资金是支出性的或带有支出性的，以及哪些资金是考核计算运动会经营成果的依据，为保证运动会顺利进行具有重要作用。

②物价兑等原则：所谓物价兑等，是指把运动会经营过程中组织进来的物品按照限制等价折成货币兑等的方法。

③保证原则：运动会中的物价兑等的支出与使用，要保证运动会本身的需要，但也要贯彻精打细算、勤俭节约的精神，把钱花在刀刃上。

④分账连类原则：指在实际工作中对竞赛经费的收支设立账户，并在此基础上按收支项目归类的一种核算方法。遵循这一原则，一方面，分账可以提供竞赛内容考核计算资料，另一方面，可提供经营收支项目的考核计算资料，从而为资金管理创造有利条件。

⑤财务约束原则：财务约束，也叫财务管理责任和制度执行。

6. 组委会行政后勤部门的管理

行政后勤工作机构是大型运动会组织工作中的重要组成部分。其主要任务是：做好运动会的后勤保障工作，为运动会掌管好赛会各项使用物资；做好生活接待，在食宿、交通、通讯、医疗卫生等方面为全体与会人员提供良好的生活环境和工作条件。此项工作，是运动员充分发挥技术和才能、创造优良成绩的重要条件，也是开好运动会的保证。

（1）岗位设置和人员要求

行政后勤工作是一项接触面很广的工作，它既具体、细致，又政策性较强，在岗位设置和人员要求方面，必须注意并根据这一特点进行科学、周密的安排和明确的分工。行政后勤工作人员不仅要有一定的体育业务知识和大型运动会行政后勤管理的经验及工作能力，而且还要有良好的政治素质和思想品德。要明确地树立一切为保证竞赛任务顺利完成的服务思想，同时要有高度的责任感和吃苦耐劳、公正廉洁、亲切热情、全心全意为人民服务的奉献精神。

行政后勤部门，应设部长1人，副部长1~2人，其他工作人员一般主要有六个工作岗位，其人员数额，可根据不同的工作量，采取一岗多人或一人多岗原则配备。

①财务管理岗：若中小型赛会，组委会一般不专设财务部，运行经费的管理大多设在行政后勤部门的职能中。故此岗位人员要负责统筹和掌管运动会的各项经费，编制预、决算、监督、检查、审核各部门的经费使用情况。在财会人员配备上要注意会计和出纳必须由两人分担，不得由一人兼任。

②行政管理岗：负责运动会后勤保障方面各项物品的购置、分配及制定使用、保管制度。

③生活管理岗：负责按照大会统一标准为与会全体人员提供食、宿的安排和管理。

④交通管理岗：负责配备、提供各种所需车辆，并负责车辆的管理、调配和对司机的管理教育。

⑤接待服务岗：包括参赛队（团）的接送，票务（返程）及生活服务工作。

⑥医务：负责赛场和住地医疗救护和卫生、保健工作。

（2）工作程序和方法

在行政后勤机构确立之后，全体工作人员特别是担任领导职务的人员，必须全面了解和掌握运动会总体计划和要求，及时掌握各项工作的进程和变化，这是做好行政后勤各项工作的主要依据。其工作程序是：

①设立行政管理部门各职能处（组）

根据行政管理部门的主要任务设置职能处（组），明确责任分工后，对组委会各部门在筹备和组织实施阶段所需的各类办公用品用具、通讯设备、服装、器材、交通工具、奖品、纪念品、生活用品等，及时按计划购置、租赁和储备，以保证各部门的使用。对各类物品的管理和使用，要建立出入库手续和领取、发放、归还等使用制度。

②进行生活接待的准备

• 住宿的接待准备

负责接待工作的人员首先应了解和掌握被接待人员的情况。包括运动会在编和编外各类人员的人数、性别、职务、身体情况，并根据大会规定的等级标准，联系确定适宜的驻地，在不超过住宿标准的前提下，要力争选择与赛场、练习场较近、环境幽静、交通方便、通讯设备条件完善、有沐浴设备、能就近医疗的宾馆、会所提出接待方案并报大会组委会审定。住宿分配方案要按照先编内后编外，先教练员、运动员、裁判员后工作人员，先领导、来宾后其他人员的原则和各类人员相对集中的原则制定出大会住宿计划表。安排住宿时，要注意根据运动会规格标准，每间住房人数不宜过多，条件差别不宜过大。如安排有困难时，可优先照顾少数民族和边远地区团队。同时要注意了解掌握住宿时间和人数的变化情况，及时做出住房的调整。国际比赛各团队的住宿及其他服务内容必须做到对所有国家一视同仁，条件相等。

• 饮食的安排

饮食的配备安排，要充分考虑运动项目的特点，注意营养配餐原则，并要特别注意尊重少数民族，应设立专灶伙食。根据国家的卫生防疫要求和规定，在伙食管理上做到“六个分开”，即灶具、餐具、餐厅、食品、炊事人员和服务人员与普通灶分开。同时要注意做好伤、病人员和需要控体重项目的运动员特殊需要的饮食供应。

• 就餐办法及方式

就餐办法：一般宜采用凭券或凭证就餐办法。即按每日伙食标准，划分早、中、晚三餐的具体标准，印发不同颜色的早、中、晚餐券，标明日期，凭券就餐。国际比赛应采用凭证件就餐的方法。

就餐方式：一般根据标准采用半自助餐或全自助餐方式为好。即主要副食菜肴按份分配，非主要副食菜肴和主食、汤料等实行个人自取的办法。伙食标准合适并具备一定就餐条件的，亦可实行全自助餐方式。这种方式，既符合卫生要求，又可按需选择品种和数量，避免浪费，同时也便于对临时就餐者的供应和结算。就餐的时间可根据大会安排和竞赛的需要规定，尽量为参赛人员提供便利。

• 严格把好饮食卫生关。

做好运动会的食品卫生防疫工作是直接关系运动员能否顺利参加比赛的大事。因此，为运动会提供就餐和住宿服务的单位应在卫生防疫部门直接参与指导下，制定餐厅饮食卫生的规章，并严格执行，切实保证餐厅、制作间环境卫生。生、熟食品必须符合卫生要求，严格防止各种疾病的传染和食物中毒事件的发生。与会人员若发生传染性疫病，要及时进行隔离处理。

③交通车辆的管理和调配

交通管理是专业技术性较强的岗位，要选配熟悉此项业务和懂交通法规的人员出任该岗工作。交通管理岗位的主要任务有：

• 根据运动会的规模情况，制定大会各部门车辆配备原则、标准、管理和使用办法等。原则上全部车辆应统一管理和调配，但为便于工作，对用车率较高的业务部门，可调拨一定数量车辆，交其自行管理使用。对有驾驶执照的各部门管理人员要定期进行交通安全教育和监督。

• 负责做好车辆的安全检验，并按法律规定办理车辆保险。运动会所有车辆在大会期间均应悬挂大会安保部门统一发放的运动会专用标志车证。在车辆少、比赛项目多、赛区分散、路途远的情况下，可根据情况安排适量的大会定时班车。为了保证行车畅通和便于与会人员乘车，还要选好停车场，做到车辆进得去，停得下，出得来，就近方便、安全可靠。

• 办好司驾人员岗前培训班。

对来自不同单位的司机及车辆管理人员，在上岗前，应集中进行培训。要结合运动会的特点，进行职业道德、交通法规、确保安全和以竞赛服务为中心的职业教育，同时要熟悉赛会的常用线路和所服务的对象。以及相应的奖罚条例等管理制度。

④大会期间的接送站和票务工作

接待工作人员要体现出热情好客、礼貌待人的人性化服务意识，使长途跋涉、旅途辛劳的参赛人员一到赛区，便感到亲切、温暖。

• 做好接站、送站工作。

国际比赛和全国性大型运动会，对与会人员的接送站工作非常重要，也非常繁重，是大会的首要服务工作，要认真做好。接、送的日期一般应由参赛人员在大会规定报到日期的前三天通知接待单位。行政后勤部门应掌握需要接站或送站人员抵、离车站、机场或港口的准确日期、车次、班次及人数等。可成立接、送站服务小组，配备专人，制定接、送站计划，分别负责车站、机场或港口的接送任务。尤其要准备好醒目的接站标志和足够的车辆。

接站工作要有应变措施，预防晚点和人员数额的变化。要配备值班车辆，并适当准备一些食物和饮料，供误时、误餐人员食用。在送往住地途中，接站人员应主动热情地向外地人员介绍运动会的筹备情况，并积极引导和协助办理食、宿手续。

• 办理代购返程票务。

印制“返程票务登记报表”，要求预订返程车、机、船票者按提前5~10天填报。报表栏目中包括：车、机、船票类别（软、硬卧、硬席、舱位等级等）、日期、车次或班次、数量、是否中转等项。购票方法有两种：第一，购票者预交全部票款，由大会统一购买后发放。如遇临时改变计划，要求退、换票者，应尽量予以解决。确有困难时，应按规定扣除退票罚款。第二，邀请车站和航运部门，按预计计划，登门办理售票。

⑤医务卫生工作

根据运动会的规模大小，配备专为大会服务的医务人员和治疗一般性外伤及一般性疾病的药品。同时联系确定为赛区服务的定点医院，便于参赛人员若遇重大伤病，能及时送医院治疗。医疗费用按国家公费医疗和医疗保险制度执行。无公费医疗和医疗保险关系者，由参赛单位解决，国际比赛，则由各国代表团自行解决。另外，赛场一般应配备救护车辆，以备急需。

（3）应注意的有关问题

①注意加强工作人员队伍的培养和建设

大型运动会的行政后勤人员往往来自社会不同的单位，尤其需要进行必要的岗位培训，同时还应制定一系列的规章制度，加强管理和教育，并在工作中实行岗位责任制。各项工作要求做到“责任清、任务明、运转快、指挥灵”，遇事“不推不拖、团结协作、完全彻底、有始有终”。在服务方面要做到“热情主动、文明礼貌、细致耐心、不急不躁”。

②处理好与各部门的关系

行政后勤与其他部门，在工作上应是团结协作、相互支持、积极服务的关系。为此，行政部门应通过多种渠道和方法，主动了解各部门在各个不同工作阶段的后勤保障需要，以积极的态度，调整和改进自身工作内容和进度。另外，行政后勤工作凡涉及各参赛单位的一些新规定或变化，都要及时以补充通知的形式告知各参赛单位，使其做好相应的调整。

③善于争取有关单位和部门的支持

圆满完成大型运动会的行政后勤工作，需要各有关单位的配合。如果得不到粮油、副食、水电、交通、通讯、医疗卫生等单位和部门的大力支持、协助，是很难完成任务的。因此，要善于做好与有关单位的互助协作，以得到各方面、各部门的理解和支持。

7. 组委会大型活动部（也称文化活动部）的组织与管理

大型活动部，一般是为规格较高、规模较大的综合性运动会而专门设立的部门。

其主要工作任务是：开、闭幕式的组织，大型群众文体活动表演，其他大型文化及商务活动的展示和推介等。主要目的是通过各种大型活动组织，特别是通过开、闭幕式的组织，全面体现运动会的宗旨和精神，从不同的角度反映运动会主办单位或地区的文化素养、精神风貌及提高主办方的社会知名度，同时还有通过组织各种不同形式的活动达到鼓舞斗志、增强信心、振奋精神和扩大运动会声势和影响的目的。

（1）大型活动部门的主要工作特点

①工作任务明确

每当运动会结束以后，在人们头脑中留下较深印象的往往是开幕式的盛况。因此，大型活动部门的中心工作就极为明确地体现在开幕式和闭幕式的组织上。

②工作责任重大

运动会大型活动组织的好坏，特别是开幕式组织的好坏，直接关系到运动会的社会效果及运动会宗旨能否实现。如果大型活动组织得不好，将会使整个运动会达不到应有的气氛，使赛会的档次和社会宣传效果大打折扣。

③工作条件相对艰苦

由于大型活动，特别是开、闭幕式或火炬接力等活动是极为繁重、复杂而又非常细致的工作，这就决定了大型活动部门的工作人员要在不同的环境中工作。特别是在组织富有特色的开幕式时，就要到社会各方面去发现演员、挑选演员和组织节目，进行排练，需要做大量的联络组织和训练工作。因此，这个部门的工作人员大都要在基层开展活动，条件比较艰苦。

（2）大型活动部门的岗位设置及人员编制

①大型活动部门岗位设置

A. 办公室（属内勤岗)，可设一人或多人处理日常联络协调及后勤保障工作。

B. 服装、器材、财物 (属管理岗)，可设一人或多人，负责大型活动部门的财务管理，开、闭幕式或火炬接力等活动所需的服装、器材的调配及购置工作。

C. 编排设计 (属艺术专业岗)，按组委会规格要求进行文化艺术结构和画面的总体设计，并进行节目排练方式方法的分解设计以及排练人员的培训。一般根据需要选调多名专业编导人员组成专家编导组，负责文化和体育表演的组织设计以及导演工作。

D. 表演排练 (属业务岗)，可按表演要求设若干领导小组或设若干工作人员。负责开、闭幕式表演的排练工作。如背景台表演的组织、大型团体操的组织、入场式仪仗队的组织、大会乐队的组织、各种特邀表演的组织。

②大型活动部门人员素质要求

根据大型活动部门的特点，要求其工作人员有较高的思想素质和业务专长。

A. 熟悉大型活动的组织工作，并具有较强的组织、指挥能力。

B. 编排业务岗的人员要有一定的艺术素质。要配备具有文艺、美术、体操等不同艺术特长和编排设计、导演能力的各方面人才。

C. 从事大型活动部门工作的人员要有艰苦奋斗、不怕辛苦、勇于拼搏、准确无误完成任务的思想和作风。

（3）大型活动部门的工作内容和程序

大型综合性运动会组织工作有三个基本阶段即准备阶段、实施阶段、总结阶段（图 2–9）。

①策划及准备阶段

准备阶段主要是组织筹备工作。这一阶段的工作特点是以筹划、设计为主。首先要成立机构，进行分工，然后对开、闭幕式进行筹划，提出设想，制定工作方案，报请组委会批准后，按工作范围对工作人员进行分工，作好实施计划的准备。这是本阶段的主要内容，所需的时间不长。

②实施阶段

根据工作需要，一般在实施阶段要分为会前准备和大会期间两段工作。

A. 会前工作

这阶段的工作特点是，工作量大，时间长，工作条件艰苦，基本上是大量的联络和组织工作。

这步工作主要是根据开幕式节目的设计、编排方案进行操作和准备，并据此去选拔演员或演出团体。因为一般开幕式表演需要的人很多，因此，大量的组织

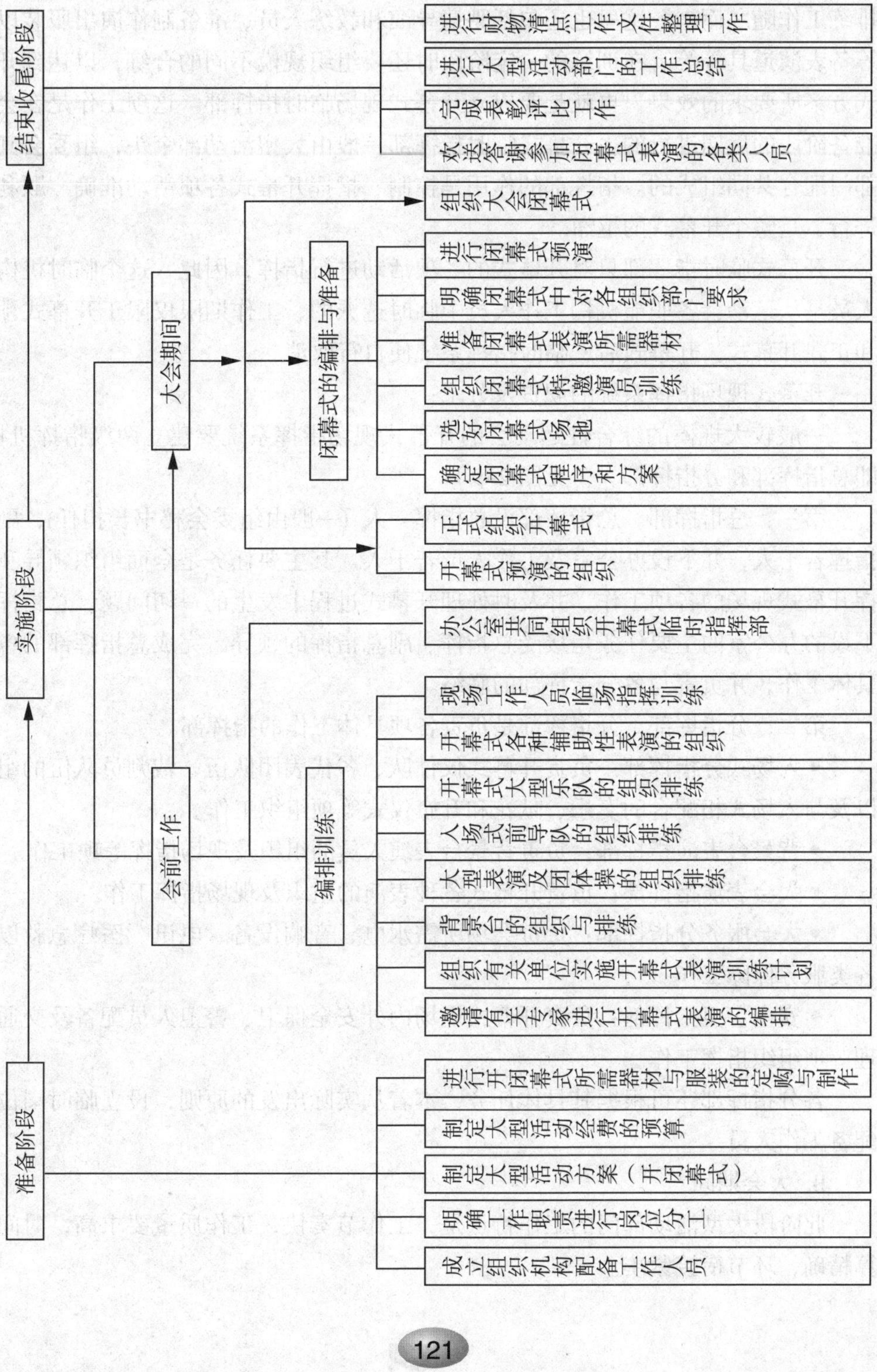

图 2–9　大型活动部门工作流程图

排练工作随之而来。这里也还包括聘请导演和教练人员、准备制作演出服装以及筹备表演道具等等。在训练的一定阶段时还要组织规模不同的合练，以达到开幕式方案所要求的效果。再就是要成立开幕式现场临时指挥部。这项工作是在会前准备阶段的后期进行的。开幕式临时指挥部一般由大型活动部牵头，组委会其他部门配合共同组成的。指挥部的作用是控制、指挥开幕式各项活动准确、顺利地进行，是整个开幕式的枢纽。

开幕式临时指挥部只对开幕式的各项活动进行指挥，因此，这个临时机构的人员是从运动会各职能机构工作人员中临时选派的，工作期限仅限于开幕式预演和正式开幕式，开幕式后，临时指挥系统便自行取消。

开幕式现场指挥系统的职责及分工：

一般较大规模的综合性运动会的开幕式现场指挥系统要建立两级指挥机构，即总指挥部和分指挥部。（见图 2–9）

第一，总指挥部。总指挥部设总指挥一人 (一般由组委会秘书长担任)，副总指挥若干人，并下设办公室及工作人员若干人。其主要任务是全面组织领导和指挥开幕式现场的各项工作，并及时处理开幕式过程中发生的一切问题。总指挥部下设的办公室的主要任务是接受总指挥、副总指挥的领导，完成总指挥部的各项具体工作，并负责与各分指挥部的联络。

第二，分指挥部。分指挥部是负责各项具体工作的指挥部。

• 入场式分指挥部：负责开幕式仪仗队、各代表团队伍、裁判员队伍的组织以及与入场式相配合的奏乐、献花和升旗仪式等项组织工作。

• 背景台表演指挥部：负责背景台表演人员的组织及现场指挥等项工作。

• 大会表演指挥部：负责开幕式各种表演的组织及现场指挥工作。

• 大会服务分指挥部：负责会场所需水电、音响设备、电讯、医疗急救以及各类服务保障工作。

• 安全警卫指挥部：负责开幕式现场内外安全保卫、警卫人员配备及交通管理等项组织指挥工作。

各分指挥部还可根据其具体任务，本着从实际出发的原则，设立临时岗位并配备工作人员。

B. 大会期间

此阶段大型活动部门的工作特点是，工作节奏快，工作质量要求高，时间计算精确，环节衔接紧凑。

第一，开幕式的组织。

开幕式一般程序：

- 宣布 ××× 运动会开始
- 入场式开始——裁判员、运动员入场
- 奏乐（国歌、会歌）
- 领导人致词
- 裁判员代表宣誓
- 运动员代表讲话
- 裁判员、运动员退场
- 开幕式表演开始
- 宣布开幕式结束

入场式队伍的组织：

裁判员和运动员队伍是入场式队伍的主体。对这支队伍人数、队型和着装以及行进速度和间距等事先要有明确的规定和要求。一般应在鼓乐声中，列队绕场一周，经过主席台，接受检阅。在通过主席台时既可以庄严、整齐的步伐行进，显示运动员良好的组织纪律性和英勇顽强的优良作风，也可以在行进间采取具有特色的多种表演形式，体现不同地区、不同民族和不同项目运动员的特点和活泼、热情的精神风貌。但原则上不得在主席台前停留，以免影响入场式队伍的行进速度。

运动队入场排列顺序，有多种办法。按国务院公布的各省、自治区、直辖市序列，按拼音字头或按报名顺序等均可。一般主办单位队伍排在最后。

有些运动会为节约时间或因场地条件限制，入场式队伍也可以不采用绕场行进方式，而采用在场内主席台对面的远端集合，按单位排成纵队，在运动员进行曲的伴奏下，集体齐步面向主席台行进。这种形式效果也是非常壮观的。

礼仪性队伍的组织：

如果在入场式队伍中增加礼仪性队伍，将使开幕式的场面和气氛表现得更加庄严、隆重、热烈、欢快和丰富多彩。

礼仪性队伍一般包括：乐队或鼓号队、国旗先导队、鲜花方队、红旗方队、标语方队以及专项模型方队等，视运动会的规模和不同要求，可以有所增减。

入场式序列一般为：

国旗先导队：通常由八人组成，国旗规格为 6 尺 ×9 尺；

乐队或鼓号队：可随队行进，亦可在固定地点演奏；

鲜花方队：在绕场一周，到达主席台前时，即左右分成两排，站在各运动队前，待入场式队伍全部到达指定地点时，迅速分成两路绕撤至各队队尾，形成红旗屏障；

标语牌方队；

裁判员队伍；

各运动队；

尾队。

开幕式的时间安排：

一般不宜过长，大体掌握在40~90分钟之间较合适。

第二，闭幕式的准备。开幕式结束后，大型活动部的工作人员应立即投入运动会闭幕式的组织准备工作。这阶段工作特点是时间短，任务重。

首先应迅速修改、确定闭幕式的形式、规模(室内、室外)，然后积极准备。内容包括：进行闭幕式节目的组织，会场的安排布置、表演道具的准备，会场工作人员的训练等。在90%的竞赛项目结束后，闭幕式工作必须组织准备完毕。

运动会闭幕式基本程序：

- 宣布运动会闭幕式开始
- 裁判员、运动员入场（也可不入场）
- 宣布比赛成绩和获奖人名单
- 发奖
- 致闭幕词
- 宣布大会闭幕
- 闭幕式表演开始
- 闭幕式全部结束

运动会闭幕式的组织形式：

闭幕式没有固定的形式和限制，可根据运动会的具体情况确定，可场内也可场外，可室内也可室外，可以体育表演也可文艺表演，可有表演也可无表演。但应注意的是一定要与开幕式的编排相呼应，形成整体效果。

③结束阶段

本阶段的工作重点是进行总结表彰工作。大型运动会开、闭幕式的进行，几乎是在全社会的共同努力下完成的，为了使工作协调顺利地进行，在排练过程中还要同时开展工作竞赛、达标创优等项工作。因此，在会后需要进行评比和表彰。通常运动会的表彰分三种类型：

第一类是对参与开、闭幕式表演工作的单位和个人的表彰。

第二类是对支持、协作的单位与个人的表彰。

第三类是对工作出色的各级组织者、指挥者及工作人员的表彰。另外还要对大型活动工作给予支持协作的社会各界表示感谢。

结束阶段的最后一项工作是进行工作总结和财物的清点工作。

以上大型活动部门工作程序和主要内容适用于规模较大、规格较高的运动会。一般中小型运动会可参照使用，但不必完全照搬，也可不成立专门机构。若开、闭幕式仪式较为简单，可由竞赛部门、办公室和宣传部门代理。

8. 组委会外事接待部门的组织与管理

外事接待部门是运动会的一个重要组成部分。此部门系专为国际性单项竞赛或综合运动会的外事联络、接待工作所设。视运动会规模大小，该部门可设部长1人，副部长1~2人，接待人员若干。一般凡是须通过国际体育组织认可或申办程序而举行的大型国际赛事，为适应赛事的需要，原则上分为对外联络处和礼宾接待处。若属于国内举办的一般性国际赛事，则可将联络、礼宾、接待三项工作统一在外事部（内部可细化分为几个业务组）。其主要任务是对大会所涉及的（国）境外与会人员及相关事务的联络、礼宾、接待等涉外工作。

如果举办须通过国际体育组织认可或经严格申办程序方可举行的大型国际赛事，则需要按照国际体育组织的要求进行申报、申办等一系列规定程序，此时的对外联络工作则属于整个组委会筹办阶段的主要工作。

（1）职责内容

①负责与国际性单项协会（或综合运动会的管理组织）的联络工作；按照该协会（或综合运动会的管理组织）的要求，报告筹备工作进展情况，报送各种文件。

②负责国际性单项协会官员，各国（地区）运动员、教练员、官员、裁判员和技术官员及境外记者等各类人员的来华邀请及签证手续事宜。

③负责办理各参赛团队及记者、赞助商等来华的竞赛器材、技术设备、摄影摄像器材等各类物资器材入出境手续事宜。

④负责来华观摩团、代表团及组委会临时交办的外宾接待工作。

⑤负责开幕式、闭幕式、欢迎招待会等大型涉外活动礼宾方案的审定，并会同有关部门排定大型活动主席台的礼宾顺序。

⑥负责中方领导会见重要外宾的礼宾工作。

⑦负责对翻译、陪同人员的培训和日常管理。

⑧负责外国团队与大会组委会内各业务部门的联络和接洽。

⑨负责本部门工作中的文秘、司库（会计、礼品等）督办、后勤工作。

（2）业务分解

根据工作职责，为使工作条理化，可分为办公室、秘书处（组）、签证海关处（组）、礼宾接待处（组）、大型活动处（组）、礼宾协调处（组）等若干业务组，以便于工作的责任落实。

业务处（组）主要工作：

①办公室

具有综合协调职责，同时应承担总值班室任务。负责传达组委会的指示，向组委会反映有关国际组织和外宾的情况及要求。协调本部门内部及其他部门的工作关系。主要任务有：

A. 联络中枢

对收集到的信息（文件、传真、资料、电话记录等）及时进行分类，根据任务性质提请有关业务处（组）处理的意见，并将有关情况及时反馈相应部门。

B. 司库

- 负责外事接待部门的工作经费。
- 负责办公用品的发放。
- 收取来华参赛外国体育团队需交纳的费用。
- 对外宾的礼品进行登记。

C. 负责本部门工作中的文秘、督办、后勤工作。

②秘书处（组）

主要任务有：

A. 起草、报送各种文件（含请柬、票证的印制、领取、发放）

B. 制定外宾在赛事期间的整体活动日程，如安排外宾参观、游览、看文艺演出等内容，在准备阶段与相关单位取得联系并落实。

C. 确定赠送外宾纪念品的标准，定制或购买纪念品。

D. 领取运动会发给来华外国团队的材料、票证、纪念品等，并由接待人员落实到团队。

E. 负责外国团队与大会各业务部门的联络和接洽。

③签证、海关处（组）

主要任务有：

A. 负责境外官员，各国（地区）运动员、教练员、官员、裁判员和技术官员及境外记者等各类人员的来京邀请及签证手续事宜（办理外国团队临时需要“落地签”有关事宜）；如遇团体签证来华而需要分批出境时，办理有关分批出境手续事宜。

B. 负责各参赛团及记者、赞助商等抵华的竞赛器材、技术设备、摄影摄像器材等各类物资器材入出境手续事宜（此项工作与新闻、场地管理部门有衔接）。

④礼宾、接待处（组）

A. 负责本项赛事活动中的礼宾工作

B. 负责对翻译、陪同人员的培训和日常管理并确定负责接待外国团队的具体陪同人员。

C. 负责对外国团队在华期间的全部活动内容的陪同、翻译。一般包括交通、住宿、活动（比赛、礼宾活动、参观、采访等）三个方面的内容。领取并发放运动会发给外宾的材料、票证等。

D. 负责随时向组委会反映外宾动态。

具体细化为如下工作程序：

• 制订礼宾工作方案：针对来访外宾的级别做出在迎送（海关）、车辆、交通（是否配备开道车）、警卫、住房等方面的不同级别的待遇规格，根据上级部门批准的接待待遇规格，安排并落实礼宾、接待工作。

• 参与审定大型活动中礼宾排序的工作。

• 制订中方领导会见外宾的工作方案，并出席现场，安排礼宾活动。

落实场地：会见地点（国旗、音响、座次、翻译位置等）、停车场、参加人员（中外双方高级领导、翻译、新闻媒体、记者）等。

• 对陪同、翻译人员进行遴选和培训（培训内容主要有三个方面：礼仪要求、纪律要求、业务工作要求），统筹安排接待各个外国团队的陪同、翻译人员。

应要求接待人员落实如下工作：

第一，根据组委会安排和外宾的级别、人数、活动内容（含礼宾）等情况，制定详细的接待计划。计划中要注明该团团长或领队的姓名、身份、全团人数、抵离时间、参加活动内容，是否享受迎送、免检、免验等待遇，住房、车辆的安排、新闻报道的规格等及其他在华期间的一切公务内容。接待计划中还应附有代表团名单（含中外文）、日程表和其他应附的材料。

第二，领取并发放组委会发给接待人员的资料、票证、用品等。

第三，领取并发放外宾在活动中需要的材料（运动会统一制发的）、票证（请柬、胸卡、车证、入场券）、纪念品等。

第四，核实住房、交通、活动的接洽人和衔接方式。

第五，核实外宾下榻的饭店、房间、车辆后，携带接待工作的全部材料后（除上述第二、第三项外，还应带上工作用胸卡或组委会发的统一标识、接机牌、联络电话表、代表团活动日程、支票、适量现金、记事本等）便开始全程陪同，并随时与接待组保持联系畅通。

翻译在陪同工作中除负责照料所陪同的外宾在赛区期间的食宿、交通等日常生活和各项活动外，还有责任将外宾的要求、想法、意见及时反馈给组委会有关部门领导，并将上级领导做出的决定及时转达给有关外宾。

第六，翻译在送行前夕，需与外宾结账的，要与办公室司库人员共同当面与外宾讲清，结清账目，并出具账单和发票等凭证，还须提醒外宾整理好行李，不要遗忘自己的物品，如需要办理物品的出关手续，须作好准备；如遇有外宾不与团体集体出境，则需要与签证、海关组提前联系，并办理分团出境手续。

如送行时，需要礼宾待遇，则通知礼宾接待组领导并核实送行的时间和接头方式。

第七，翻译陪同人员在送走外宾后，应以文字方式向礼宾接待组全面汇报接待工作。

其他：

接待处（组）还有对接待交通工具的协调管理职责，车组驾驶员的责任是安全、准时地把外宾送到活动地点。为此，须教育司驾人员在整个接待期间随时保持车况处于良好状态。

⑤大型活动处（组）

负责开幕式、闭幕式、欢迎招待会等大型涉外活动礼宾方案的审定，并会同有关部门排定大型活动主席台的礼宾顺序。

具体细化为如下工作程序：

A. 制定并审定各场活动的详细计划。

B. 审定各场活动中礼宾安排的方案。

C. 落实场地：一般主要是主席台、休息室、贵宾停车场、宴会厅（横幅、国旗、音响、座次、翻译位置等）；落实参加人员（中外双方高级领导、新闻媒体、记者等）；落实入场方式（证件、请柬、车证）的确定。

负责外宾出席开、闭幕式及发奖仪式的具体安排及现场实施；负责本方领导人会见外宾的具体安排及现场实施（含公安、警卫）。

由组委会统一安排的专题论坛、文艺演出、重要参观活动以及赛事的颁奖仪式等，也属于大型活动组的工作内容。

以上五个业务组可视为五个岗位，其人员的设置要根据运动会规模和外宾人数而定。可一岗多人，也可一人多岗或一人一岗。

（3）工作要求

外事接待部门工作的圆满完成，是有涉外任务的各类运动会圆满成功的重要保障，接待工作如有失误，将直接造成不良的国际影响。因此，接待部门的工作人员，要具备较高的政治素质和较强的外事业务能力。具体要求如下：

①政治素质

A. 拥护中国共产党的领导，热爱社会主义祖国，坚决维护国家主权和民族的尊严；热爱社会主义体育事业，熟悉我国体育外事接待工作规律和特点，并能熟练地运用一门或一门以上的外语。

B. 在一切外事活动中能够严格执行党的方针政策。

C. 严格遵守保密规定，严守国家机密。

D. 热情友好，谦虚谨慎，不卑不亢，礼貌待人，并做到仪表整洁，落落大方，讲究文明用语。

E. 严格遵守外事纪律，做到事前请示，事后汇报，并如实反映外宾的情况和要求。不得利用职权和工作之便与外国人私相授受，自觉抵制不良思想的侵蚀。

F. 坚持勤俭办事，不搞铺张浪费和大吃大喝，严禁酗酒，抵制各种不良倾向和不正之风。

②业务素质

A. 陪同翻译除要通晓所学的专业外语外，还要熟悉外宾参加体育项目的竞赛规则和体育术语，并熟悉游览参观点的历史、现状和特色，以便适时向外宾介绍。

B. 陪同翻译要十分清楚整个活动日程。一般是在接受组委会的短期培训时，通览运动会全部材料（中外文），并突击查阅自己尚不熟悉的专业单词。通过竞赛部门了解清楚外国体育团队参赛的项目、时间、地点和场次、衔接方式，与其他各项活动联系人的联络方式以及应急措施等，与陪团司机结成配合默契的工作伙伴。

C. 陪同翻译要了解自己的工作性质和工作位置。因此，在服饰、举止、形象上要符合自己的身份。在工作中既要抓紧、盯住主要工作对象，又要在会见、大型活动等有新闻报道的场合注意回避媒体镜头。

（4）接待程序（供参考）

①迎接

根据外宾抵达赛区的确切时间，准时派人到机场（车站）迎接，并严格按照外交礼仪接待客人，必须及时、顺利地将外宾送至赛区或事先安排好的住地。从机场（车站、码头）到住地的路上，陪同应向客人简略介绍运动会的情况和本地天气、气温等情况，略述对客人当天的活动安排，以便客人有所准备。外宾抵达住地以后，除简要介绍住所各种附属设施、作息时间外，一般不要马上安排活动，应使外宾稍事休息，减轻旅途疲劳。如时间紧，最起码也要给对方留下更衣时间。

如有高身份外宾（一般指副部级）来访，应安排贵宾休息室并准备饮料。外宾抵达机场（车站）时，外事接待部门负责人要主动上前作自我介绍，然后引导外宾和前来迎接的相等接待身份的中方官员见面并给双方做介绍。在外宾和我方官员开始交谈后，接待部门的工作人员要抓紧时间调配车辆，协助外宾领取行李。如需新闻报道，则需事先通知并落实新闻部门提前到场，参加迎接活动。

②商谈日程

一般体育团队无须商谈日程，可把大会统一印制的外文秩序册交给该团队的负责人即可，外宾如无异议，即可按照秩序册日程和时间执行。如来宾身份较高，又无比赛任务，只是来参观比赛，接待部门需做出另行安排。在外宾抵达住地稍事休息后，我方主要负责人要与外宾约定时间，就事先安排好的日程和外宾会谈一次，向外宾介绍我方的详细安排，如外宾提出新要求，可在请示有关方面同意后做出适当调整。在商谈日程后，可将我方举办的大型活动（欢迎宴会、招待会、开幕式等）的请柬送交外宾。同时，将我方领导人会见外宾的具体时间、地点等告知外宾。

③会见

会见就其内容来说，有礼节性的、政治性的和事务性的或兼而有之的。大型综合性运动会期间，我方领导人会见外宾，一般是礼节性的。

会见前，接待部门的工作人员应提前到达会见地点，熟悉会见场所，向我方主要参加会见的领导人简要汇报外宾的情况。如需合影留念，要提前按礼宾次序排列好合影位置及约请好拍摄人员。

会见通常在会客厅内。会见时，客人应坐在主人的右边，翻译、记录人员坐在主人和主宾的后面，其他人员按礼宾顺序，客人坐在主宾一侧，我方陪见人坐在主人一侧，座位安排通常有下列几种形式：

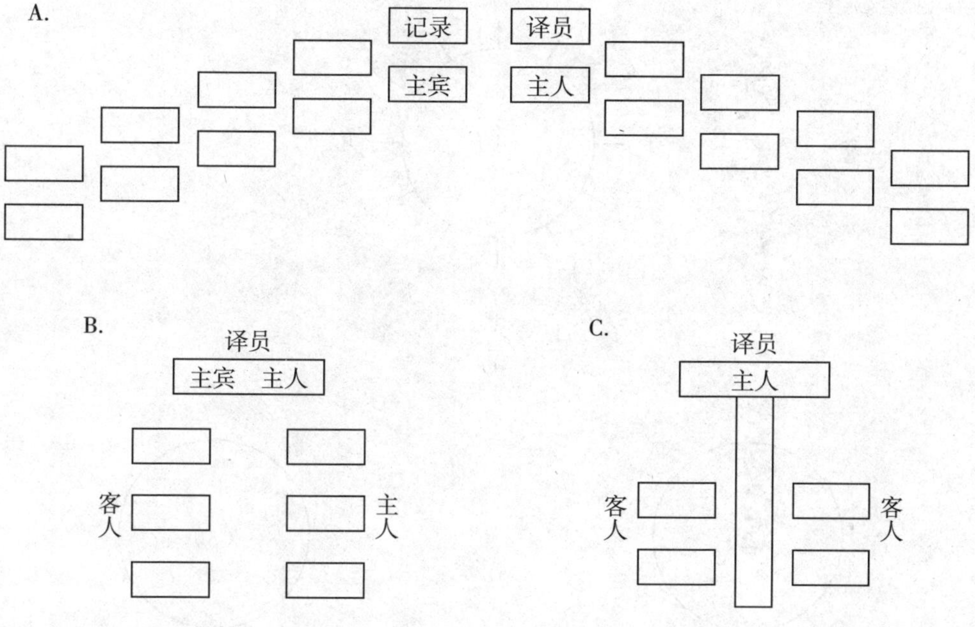

注：左方为其他客人，右方为其他陪见主人。

礼节性会见一般不要逗留过久，半小时左右为宜。

④宴会

A. 宴会形式：

宴会一般有正式宴会和冷餐会（招待会）两种形式。接待部门要根据组委会的决定，根据外宾的人数、身份确定宴会的规格、形式及具体安排方案。

B. 地点选择及安排方法：

选择宴请地点时，既要考虑代表我民族特色、地方特点的传统名店，又要了解外宾的民族、宗教、饮食习惯。一般安排在宾馆、名餐馆。在可能的条件下，宴会厅外另设休息厅（又称等候厅），供宴会前简短交谈用，待主宾到达后一起进入宴会厅入宴。宴会或冷餐会的桌次，一般有下列几种安排。

第一种宴会形式：

A. 圆桌

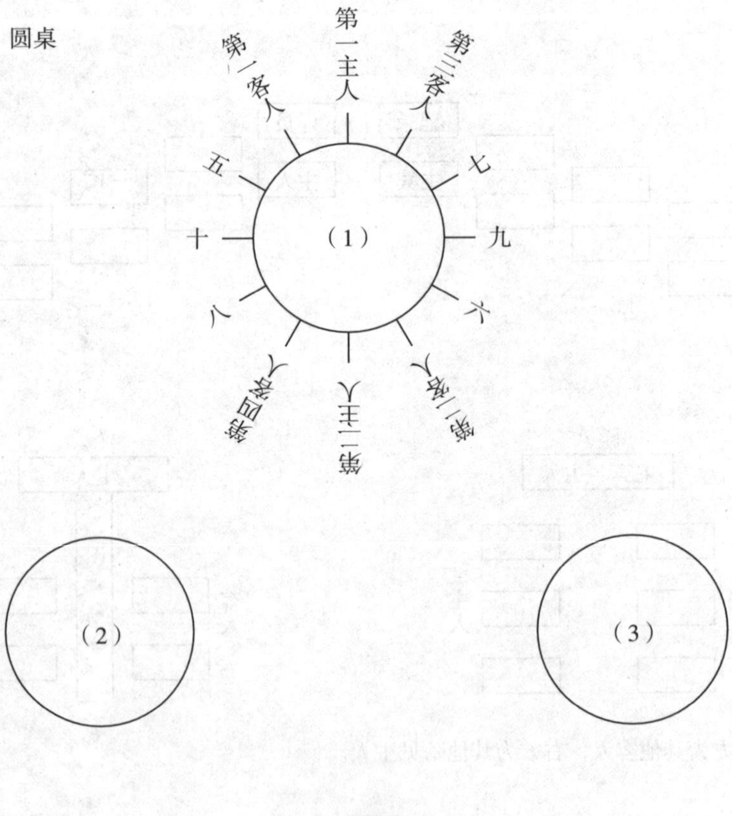

B. 长条桌（1）

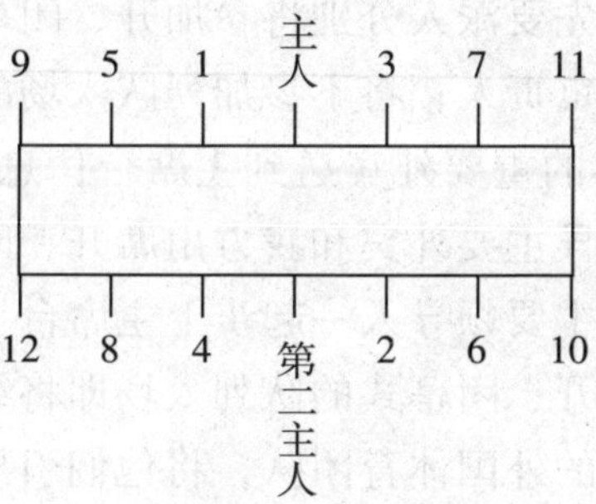

长条桌（2）

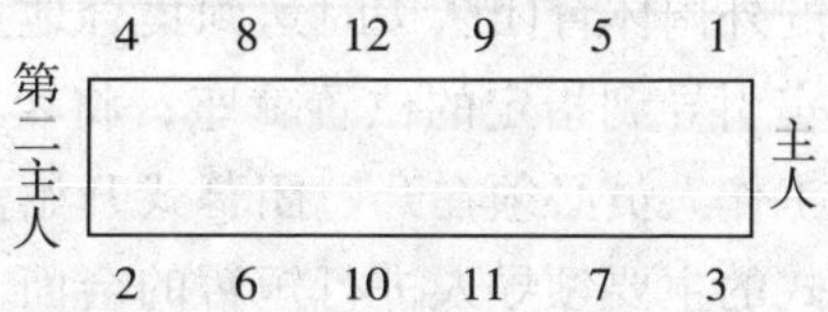

第二种冷餐招待会形式：

如出席冷餐会的主人和主宾身份较高，可设置主宾席，由服务员上菜，其他人员均到菜台自取，然后到预置的方桌或圆桌入座就餐。一般有下列两种排列：

A.

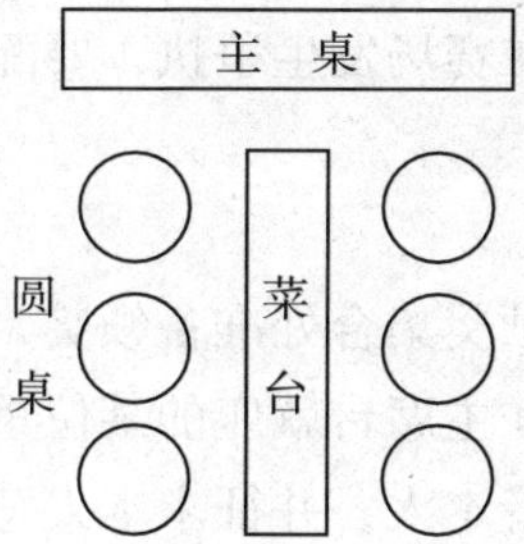

B.

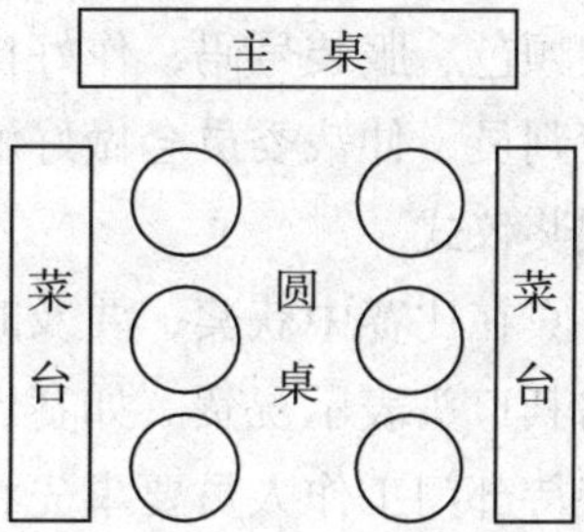

正式宴会一般均排座次，也可只排主桌的座次，其他人只排桌次或自由入座。无论哪种做法，都要在入席前通知到每一个出席者，使大家心中有数，接待部门工作人员必要时还要到现场引导，避免引起混乱。桌数较多时，要摆桌次，桌上要放上桌签，并在请柬上注明客人的桌次，以便使客人自动按座次就座。宴会程序和要求，应严格按外事接待有关礼宾惯例程序去做。

如大型欢迎宴会有主宾双方讲话，应事先检查现场的横幅（国旗）和音响设备等。

⑤开幕式、闭幕式

开幕式、闭幕式举行之前，接待部门工作人员要向出席开幕式的外宾简述开幕式、闭幕式的程序和内容，使外宾对开幕式、闭幕式有所了解，作好出席准备。开、闭幕式当天，接待部门工作人员首先要派人分别将参加开、闭幕式的外国体育团队按时送到集合地点，交给队列负责人；将不参加列队入场的外宾引导到指定的位置就座；将要在主席台就座的重要外宾送到主席台休息室。工作人员必须在开、闭幕式开始前十分钟，引导主要外宾和我方出席开、闭幕式的主要领导人进行短暂的会面。然后，中外主要领导人一起步上主席台。按礼宾要求就座后，开、闭幕式方能正式开始。开、闭幕式的队列入场即将结束前，陪同或外事工作人员应在退场口迎接退场的外国体育团队，将他们引导到指定的看台就座，观看后续的表演。开、闭幕式结束后，尽快把外宾接回住所或下一个活动场所。

⑥比赛

开幕式活动后便进入了正式比赛日程。此时，接待部门的工作人员应配合竞赛部门的工作，按时把参赛的外国体育团队准确、无误地送到赛场，同时要把参观比赛的外宾按要求送到该项比赛场地。参赛前，要注意提醒外宾检查比赛用具、服装颜色、服装号码，作好比赛准备工作。如在赛场发生争执，要配合竞赛部门和裁判员、仲裁委员会做好解释工作。

⑦颁奖仪式

如外宾在比赛中获奖，要及时把受奖外宾领到领奖集合处准备领奖，并可出于礼貌向其口头表示祝贺。如赛区竞赛部门决定由在主席台就座的某位重要外宾颁奖，接待部门工作人员要事先将此决定通知颁奖者本人，并征求本人意见。当本人非常高兴地接受颁奖时，工作人员就在大会主持人宣布颁奖者名单后，引导颁奖者到授奖台向运动员颁奖。如遇到外宾有为难情绪或不愿出面颁奖时，要及时向赛区负责人汇报，以便及时调换颁奖人。

⑧游览参观

来华外宾除参加比赛、观摩比赛外，外事部门要适当安排外宾的游览参观活动。一旦日程确定，工作人员须事先向被参观单位及时取得联系并简略介绍外宾的情况。介绍内容包括主要外宾的身份、对华态度、参观时需要注意的情况和外宾想要了解的情况等。

外宾到达参观单位时，参观单位应派专人负责接待。向外宾介绍本单位情况，应突出本单位特点，力求简明扼要，实事求是，既要内容丰富，又要生动活泼。在外宾参观时，陪同人员不宜过多，要做好保卫、安全工作。指定陪同参观的人员应注意礼节，不要半途离去或不辞而别。如遇接电话、上厕所等临时要离去的情况时，应事前向外宾表示歉意，待事完后再迅速赶回。在参观游览中对外宾提出的问题，接待人员要视情况、按政策给以答复，但要注意保密和内外有别的规定。另外，组织各种参观游览活动，要强调集体前往。

⑨对外宾的日常服务管理

如购物、庆祝生日、伤病处理等，都要按外事接待标准和工作要求努力做好，应做到既热情大方，彬彬有礼，又有礼有节，掌握政策。

A. 购物：外宾离开赛区前，一般要购买一些具有所在地民族特色的物品当做礼物带回国去。在外宾购物时，接待部门的陪同人员应当好向导和参谋。一般外宾购物要到指定的商店，原则上少去农贸市场或自由贸易市场，避免外宾不慎买到假货或残品，出境后造成不良影响。另外，在普通商店购物时，要提醒外宾应有防偷、防盗意识，陪同人员有照顾外宾的人身安全的责任。

B. 庆祝生日：来华外宾可能有在运动会期间度过自己生日的。根据外宾护照上的出生日期，由接待部门负责人出面，可在外宾生日的当天晚餐时，特订一个生日蛋糕摆在客人的餐桌上，或购买鲜花在当晚送到外宾的房间去，以示重视和亲切问候。

C. 伤病处理：外宾在运动会期间出现伤病或旧伤病复发时，一般由大会医务部门负责医治，需要到医院就诊的，接待部门应派专人陪同前往，如需住院治疗，所需费用，应按竞赛规程的规定或国际惯例办理。

D. 死亡处理：体育竞赛是运动员脑力、体力和精神的剧烈竞争，尤其是对抗性强、危险性大的比赛项目，难免会发生死亡事件。一旦死亡事件发生后，应按国际奥委会的有关文件规定办理。首先，要由大会医务监督部门会同赛区县级或县级以上的医院出具“死亡证明”，司法机关出具“死亡鉴定书”，与此同时应尽快通知死者家属及其所属国家在华使、领馆。若死者家属或其在华使、领馆要求进行解剖的，我方在收到有死者家属或使、领馆有关官员签字的书面请求后方可同意。第二，对亡者遗体要做出迅速处理，可请家属或代理人签字后在当地火化，也可按照亡者所在国的风俗习惯及其家属或代理人的要求，将遗体运回国内。一切回运事项均由外方自行办理。第三，在死亡外宾尸体火化或运送回国之前，大会组委会可举行简单的追悼仪式，并送花圈表示悼念。第四，要对亡者的遗物予以清点，并列出物品清单。清点时应有其所属体育团体的负责人和领、使馆有关官员与我方接待部门人员同时在场。如果死亡者不属于任何团队，对方使、领馆人员又不能到场的话，则必须由我方公证处公证人员到场；清点人员要在清点物品上一一签字。接收遗物者要出具遗物接收证明，注明接收时间、地点、在场证明人，而后办理公证手续。死亡者如有遗嘱，应将遗嘱复制后将原件交其团队负责人或家属。

⑩送行

对外国体育团队的送行是接待工作能否圆满完成任务的最后一个环节，十分重要，不可忽视。

A. 确认返程机（车、船）票

这项工作要提前开始，一般在客人抵达住所后，接待部门人员就应适时询问外宾离开赛区的日期和车、船、航班次。如外宾来华时购买的是双程票，接待人员事先确认好，以免出现临时无座位使外宾不能按时离去的不愉快情况。

B. 办理托运

接待部门工作人员要在外宾登机（车、船）之前到达送行地点，按规定程序帮助客人办理行李托运及其他出关手续。如临时遇到麻烦要主动协调或与有关方面联络解决。

C. 欢送

在外宾离华或离开赛区启程之前，接待部门要像迎接时一样，安排好符合规格要求的送行活动。我方出席欢送人员的规格应与欢迎时相同。到达送行地点后，要安排好等候的环境，给外宾留下最后的好印象。当听到登机（车、船）的通知后，引导客人至登机（车、船）的入口，我方送行人员与客人握别后，请客人登机（车、船）。要注意必须在飞机（车、船）启航后，直至外宾看不到我方送行人员时方可离去。

（5）工作总结

当外事接待部门送走最后一位（批）来华外宾，所有接待任务宣告结束后，应马上进入总结阶段。总结阶段的工作主要有：

①写出书面工作总结

总结内容要简明、扼要，重点突出，既要肯定成绩，又要指出缺点和不足，以便今后工作注意。一般应包括：

A. 参赛外宾总人数，重要外宾的身份及人数，外宾体育团队都参加了哪些项目的比赛，取得了什么成绩。如有可能，应协助竞赛部门总结外宾的技术特点，先进的技术、战术和经验。

B. 外宾出席的礼宾性质的活动；会见我方领导人情况；参观游览的单位、名胜古迹和其他场所；外宾的感想，重点是其对华态度及重要的事件，最好引用外宾的原话。

C. 对接待外宾的支出作出估价，从勤俭办外事的原则出发，总结全部支出情况。

D. 接待部门工作人员的工作情况及好人好事。

②清理办公用具、用品

接待部门工作人员离会前，要把运动会期间所用的办公用品逐一清点、造册，上交大会行政部门。

③清理接待账目

司库人员在接待部门工作结束后，要把全部支出、票据、账目清理造册后交大会行政部门。

（三）综合性运动会中的各单项竞赛委员会

综合性运动会中的各单项竞赛委员会，是运动会组织委员会领导下的执行机构，单项竞赛委员会及其下设的职能部门都必须接受组织委员会各职能部门的业务指导。单项竞委会既要认真贯彻执行组织委员会的各项决议、决定，严格执行竞赛规程和有关竞赛规定，又要根据本项目特点，充分发挥自己的作用，创造性地工作，办好本项竞赛。各单项竞赛委员会，处于组织本项竞赛的第一线，负有全面组织竞赛、宣传教育、生活接待、安全保卫等工作责任。

1. 单项竞赛委员会的人员构成

单项竞赛委员会由主任、副主任、委员组成。

主任：由承办单位的主要领导或承办单位的上级政府部门的主管领导担任为宜，以便协调各方面的工作。

副主任：由承办单位主要领导和包括仲裁主任、公安等部门领导担任为宜。

委员：由承办比赛的食宿、交通、训练场馆和新闻单位等方面的负责人担任为宜。

2. 机构设置

单项竞赛委员会的机构设置，一般应与组委会所设各职能部门相对应（大型活动部门除外）。另外，单项竞赛委员会，还要设仲裁委员会，并为各参赛队配备联络员。各职能部门的职责与上级组织委员会的各职能部门的职责相对应，接受上级组委会各职能部门的统一领导，故不再重复阐述。本章仅将仲裁委员会和联络员的工作职责介绍如下。

（1）仲裁委员会

仲裁委员会是单项竞赛委员会领导下的竞赛仲裁机构，其主要职责是复审比赛期间执行竞赛规则、规程中发生的纠纷，保证竞赛规则、规程的正确执行。仲裁委员会不受理根据规则和规程规定应由执行裁判、裁判长职权范围内处理的判决事宜。与竞赛无直接关系的寻衅闹事、打架斗殴等违纪行为，亦不属仲裁范围，应由竞赛委员会会同有关部门进行处理。

仲裁委员会主任由大会组委会确定，应参加竞赛委员会并担任副主任。仲裁委员会成员应由体育竞赛部门、该项目的全国或省、自治区、直辖市运动协会成员、该运动协会裁判委员会委员等5~7人组成，并由单项竞委会提名，报大会组委会批准。仲裁委员会的工作，参照国家体育总局制订的《仲裁委员会条例》执行。

（2）联络员

规格较高、规模较大的比赛，为了做好服务工作，单项竞委会可为每个参赛队配一名联络员。国际比赛为运动队配备的联络员必须能熟练应用所联络团队的国家语种。联络员的主要任务是：联络、陪同、服务。联络员由单项竞委会办公室直接领导，其职责是：

①协助行政后勤部门做好接站、送站工作；

②协助办理报到、食宿登记手续，做好生活管理工作；

③传达竞委会和有关部门的决议、决定，协助反映各运动队的意见和要求；

④督促运动队按时参加训练、比赛和大会安排的各项集体活动；

⑤了解运动队的好人好事，并通过宣传部门给予及时的宣传报道；

⑥协助安全保卫部门，督促提醒运动队注意交通安全，保管好自带物品、遵

守大会各方面的规章制度。

3. 各单项竞委会的主要工作内容

各单项竞委会须对应组委会的工作内容予以全面落实，主要应有以下几个方面：

（1）竞赛工作

竞委会主要组织者要认真学习总规程和单项竞赛规程，全面理解各项规定和组委会竞赛部门的具体要求，制定好工作计划。

首先，要做好竞赛抽签、秩序册编排、竞赛表格、成绩证书、成绩公报和单项成绩册印制等准备。

第二，要做好训练、比赛场地和器材的准备以及维修。

场地器材设备大多还要在以后举办的比赛中继续使用，所以要做好保管工作，也有的设备是一次性使用的，因此，在施工前就要做好将来使用的定向安排，甚至事先就联系好赛会后的使用单位，根据要求做好设计安排，以免造成浪费。

凡属于场馆赛会后继续使用的器材设备，要做好保管，遗失或损坏的要照价赔偿。外借的要归还，丢失要赔偿。

第三，要根据大会统一规定的报名、报到、比赛、离会日期对赛区进行控制管理，并按要求在比赛期间及时上报当日比赛结果，处理竞赛过程中发生的一切重大问题。

第四，要组织接待好裁判，并为裁判组提供一切必要的工作条件。

第五，组织颁奖。颁奖工作是竞赛管理全过程中既严肃又隆重的一项重要工作。

奖励种类：

- 奖励前 3 名，即金、银、铜牌（也称冠军、亚军、季军）。
- 若参赛选手多，也可奖励前 6 名或前 8 名。
- 组织中老年人比赛，提倡淡化名次，重在参与。一般设优胜、优秀和参赛奖。
- 设团体奖，一般奖励前 6 名。

颁奖的准备工作：

• 根据参赛队和运动员人数，确定奖励名次后，首先要设计和定做奖杯、奖牌或奖状，准备数量要略多于规定数以便解决并列名次。奖品的设计须提前一个半月，报组委会批准后于赛前一个月定做，并于赛前一周内所有奖品到位。

• 制作金、银牌需要金、银贵重金属也称硬通货，要由组委会统一向国家财政、金融部门申请批准。

• 制订颁奖程序，一般由主办单位的领导或组委会其他领导主持颁奖仪式，并由主办单位领导或赛会当日来宾以及竞委会领导担任颁奖嘉宾和陪同嘉宾。

• 由总裁判或裁判长宣布比赛成绩。

• 需提前两周挑选、培训礼仪小姐和升旗手，并于赛前两天至现场实习。

• 由竞赛部提前 1~2 周提出颁奖歌曲的建议，并报组委会确定批准。

• 若国际比赛，必须提前准备参赛国家的国旗和国歌，一般每队要准备三面国旗。

• 制作个人和团体两种颁奖台，于赛前一周到位。

颁奖程序：

• 首先请主持人宣布 ×× 比赛颁奖仪式现在开始。

• 请大会总裁判或裁判长宣布比赛成绩。

• 请获奖运动员入场（由礼仪小姐引领同时奏颁奖乐曲）。

• 请颁奖嘉宾 ××× 和陪同嘉宾 ××× 入场（由礼仪小姐引领）并颁奖和发纪念品（一般由颁奖嘉宾发奖杯或奖牌，由陪同嘉宾发纪念品，奖品颁发完后音乐停止）。

• 请全体起立，升××国旗，奏××国歌。

• 请坐。

• 请颁奖嘉宾和运动员退场。

第六，要在比赛结束后，由单项竞委会办公室及时整理上报各项竞赛资料和竞赛组织工作总结。

（2）宣传教育工作

各单项赛区要注意做好对参赛运动队、裁判员、工作人员和观众的思想教育工作，大力进行遵纪守法的宣传教育，同时鼓励运动员（队）赛出风格、赛出水平。在业余时间，还应适量组织各种有意义的文艺联欢或参观活动。此外，要根据组委会宣传部门的统一要求和本地区实际，搞好驻地和赛场环境布置，并指定专职或兼职人员负责接待新闻记者的采访工作，为记者提供必要服务。赛事宣传工作的最后一个内容还有组织开展体育道德风尚奖的评选。

（3）生活接待工作

单项竞委会要根据项目特点制定细致周密的接待工作计划，妥善安排好食宿、交通、医疗、票务等后勤保障工作。

首先，要切实安排好参赛人员的用餐，要特别注意食品卫生，严防食物中毒。

第二，要在选择和确定驻地时，注意有利于运动员、裁判员的休息，同时还要将运动员和裁判员驻地尽量分开。运动队之间住房条件的差距不宜过大，若在安排上确有困难时，应优先照顾少数民族。

第三，要根据比赛的需要认真做好交通车辆的安排和管理。各种车辆在投入使用前要进行车辆检查，确保行车安全，同时要对司驾人员进行交通安全和职业道德教育，要求驾驶员“文明待客、正点行车”“宁要车等人，不能人等车”。

第四，要在驻地和赛场配备专职医疗急救人员并于赛前联系好定点医院。对抗性强、容易发生伤害事故的项目要在比赛现场安排有救护车。公路比赛的马拉松赛跑和自行车赛还需在沿途设急救站。

第五，要在赛场和驻地解决好运动员和裁判员的洗浴条件。

第六，要做到运动队和外地裁判员返程车、船、机票的登记、订购工作。要设有专人统一登记、收款、取票、发票、结算票款工作。同时派专人负责车站、机场、港口的迎送工作。

（4）安全保卫工作

单项竞委会还要按照组委会安保部门的要求配备安保人员，做好赛场、驻地、交通及财物的保卫工作。对竞争激烈的比赛场次绝对不得超过场馆容量，并做好进、退场的疏导工作，防止“一拥而入（退）”。另外还要注意维持赛场秩序，对出现的观众哄场、围哄运动队和裁判员等扰乱社会治安的行为，要积极配合主管部门妥善处理。一般比赛场馆内都必须有明确的区域划分，各区域的票证要按上级部门要求专人管理，严格检验。

4. 单项竞委会的工作进度

科学地安排工作进度，是保证各项工作如期完成、避免忙乱现象的一项重要措施。一般单项竞委会工作进度与上级组委会一致，即为准备、实施和总结三个阶段。

（1）准备阶段

主要是报名结束前的工作，人员以 3~5 人为宜。这期间首先是制定工作方案，工作进度和职能机构职责任务以及各项规章制度。二是提出竞委会成员名单，报组委会审议批准后召开第一次竞委会，确定各部门负责人和工作人员控制数。三是按大会统一标准和预算科目制定经费预算及经费开支办法。四是落实食宿、交通、返程及训练场地的安排。五是做好报名、资格审查、抽签、编排等准备，同时印制好各类竞赛表格、秩序册等。

（2）实施阶段

实施阶段一般又分为赛前准备和比赛期间两个部分。此阶段工作人员可根据需要分期分批上岗，有些人员可采取兼职办法解决。这阶段的主要工作首先是接受报名进行资格审查，组织抽签、进行编排、印制秩序册，做好裁判学习的准备。并按报名队数、人数调整赛程。各部门工作要在运动队报到前 3~4 天就绪。竞委会要对全面工作进行最后的检查落实。发现问题及时解决。同时做好各运动队到来的接待工作。行政后勤部门要从运动队一报到就抓紧做好返程安排。单项竞委会还要注意开好几种会议。

①第二次竞委会。由主要负责人主持汇报筹备工作情况，提出问题，请竞委会主任出面协调各方面的工作。

②领队会。向各参赛队传达组委会和竞委会有关决议和规定；明确规程中有关技术问题，宣布竞赛日程和重大活动安排，介绍赛区工作准备情况，布置评选等工作。

③领队、教练员、裁判长联席会。进一步明确规则和规程中的有关规定；强调运动员资格审查和体育道德，解释编排原则和竞赛安排，提出有关技术要求，讲明比赛期间的申诉程序和方法。

④裁判员会。进一步强调裁判员在竞赛工作中的作用，向裁判员提出具体要

求，介绍大会日程和生活安排，组织裁判员学习、实习和做好分工。

（3）总结阶段

比赛结束后要按照组委会的统一要求进行收尾工作。竞委会要写出书面总结，打印后上报组委会及各有关部门，并发送至竞委会成员，还要整理文字资料归档。后勤部门应同时做好办公物品的收缴工作，外借的要归还，丢失损坏的要赔偿，还要做好报销、结账及经费结算的报告。竞委会的最后一项工作是向裁判员、工作人员的所在单位发信表示感谢，另外对支持比赛的有关协作单位做好答谢工作。

（4）单项竞委会组织工作中意外情况（计划外情况）的处理方法

①组委会有关工作方面出现的协调问题

首先要做好组委会下属各部门的分工，明确职责任务。但在实施过程中也难免发生意外，而造成不协调的事宜。遇有工作不协调或合作障碍，首先要由有关部门负责人主动相互沟通，交换意见，提出解决办法，必要时请组委会主管领导出面召开会议协商解决。

②运动队发生突然事件

如运动员发生兴奋剂事件。一般要先按规定按当场已取得的名次发奖，赛后经检查证实确有服用违禁药物的运动员，根据有关规定再做处理，并收回已发的奖牌、证书，下一名次递补。

又如主办单位虽然事先做好了医疗保障安排，能够及时解决并现场处理运动创伤和及时送往医院治疗。但万一发生裁判员、教练员、运动员突然死亡事件，则必须要做好现场诊断，查出突然死亡原因，以便向其家属及所在单位交待有关事宜。

（四）运动会的总结收尾工作

收尾工作是运动会组织工作的一部分。它包括四个方面的内容：

1. 运动会全面总结、评价

运动会的工作总结、评价，是对运动会全过程及各个重要阶段进行的细致分析、研究，从理论上加以论证，并系统整理的过程，对指导以后运动会组织工作具有重要意义。总结的形式应是自下而上，大体分为两个步骤进行：第一步，要首先进行个人工作总结和各部门的工作总结；第二步是由组委会办公室牵头进行运动会综合性工作总结和组织不同形式的座谈会、研讨会、论证会，对运动会的各项组织工作进行综合评价。

（1）个人总结和各部门工作总结（含单项竞委会工作总结）

一般在运动会正式结束后（单项竞委会在比赛结束后），各部门应立即召开工作总结会。首先由每个工作人员进行个人小结，并要形成书面文字。其次在个人总结的基础上，大家对本部门的工作情况提出意见后，由各部门负责人进行归纳、文秘人员撰写成文字材料，便形成本部门的工作总结。

（2）组委会综合工作总结

在各部门进行总结的基础上，由组委会办公室牵头，召开组委会成员及各部主要负责人联席会，对整个运动会的组织工作进行评价和总结。会议可邀请地方政府相关领导及社会有关人士参加。在这个总结会上要将总结内容的思路，对运动会的基本评价，组织工作中的主要成绩、经验和存在问题进行综合评估，然后由办公室负责归纳整理并撰写成组委会工作总结。

工作总结撰写一般包括四部分：

①基本情况。即本届运动会的时间、地点、规模、比赛项目、主办及承办单位、竞赛成绩。

②主要经验。在组织工作中有哪些突出特点、工作成绩，要举例说明。

③存在问题。指在本届运动会组织工作中的欠缺方面，并找出原因。

④提出建议。根据本次运动会的经验教训，对下次再组织类似运动会提出建议性的意见。

（3）对整个运动会组织工作进行评价

总结工作的最后一个工作是由运动会的竞赛部门牵头对整个运动会的组织工作进行评价。对运动会组织工作进行总结评价的重要意义在于它可以提供运动会的基本轮廓和重要的统计结果，提供组织工作经验及好的方法，还可以为运动会的参与者提供比赛成绩和比赛过程中出现问题和解决问题的反馈。运动会的组织工作评价结果还可以为新闻媒体服务，通过新闻媒体的报道宣传对运动会所取得的成效，推广体育赛事，为未来的重复运动会的组织在计划和寻求赞助上打下良好的基础。

对整个运动会组织工作进行评价方法是：通过数据收集、信息反馈、专家座谈、专题研究等方式对运动会的组织工作进行综合评价。根据运动会组织管理活动过程，评价可以分为：运动会的策划及组织准备期工作评价（可行性研究）；运动会组织实施过程评价（人力资源管理的评价、风险评价等）；运动会组织工作完成后评价（经营绩效评价、财务评价等等）。并在此基础上完成整个运动会组织工作的报告（总结）。运动会后评价的主要目的在于发现问题、总结得失、积累经验，为以后运动会的组织工作提供参考。

2. 表彰工作

运动会结束后对先进个人和先进集体进行表彰是鼓舞人们更好工作的一种激励形式。组委会一方面要对工作人员、服务人员及其他志愿服务人员进行表彰，另一方面还要向所有支持运动会并协调配合工作的有关单位表示感谢。

3. 办公用品及财物的归还和清点工作

清点财产、归还物品是大型运动会的一项重要收尾工作，关系到国家财产的保护和去向再安排的大事。这项工作一般由办公室和财务部门统一部署、提出要求后进行。各部门在撤离大会时要留行政内勤岗位的人员将本部门在大会期间购置的各种物品清单进行逐一清点，剩余消耗性办公用品上缴行政部门统一提出处理办法，固定资产要全部如数上缴，由财务部门核报。

4. 运动会各类资料的收集、整理、归档工作

对运动会文件、资料的收集、整理、归档工作，是总结收尾工作的重要部分。它是运动会全貌的一个综合反映，是为今后同类运动会组织工作提供情况的重要依据。办公室要将整个运动会具有参考价值和保存价值的公文、材料、实物按照其内在的联系进行组卷、归档和保存。

（1）资料的汇集范围及内容

一般运动会资料整理分三大部分。一是文件类。即运动会发起单位的原始文

件；上级单位批复的函件；组织工作程序及各组织系统文件（包括组委会的名单及职务、各部门负责人名单、各部门工作人员名单及各部门工作职责等）。此外，还有重大会议的全部文件（包括通知、日程、参加会议人员、领导讲话、工作方案、决议、简报、纪要等）；日常工作文件和工作总结等。二是实物类。即宣传画、纪念章、奖章、奖杯、吉祥物和各种宣传品以及与本届运动会有关的实物均可收集。三是音像类。即与本届运动会有关的录像带、录音带、各种照片等音像资料。

（2）资料收集的具体要求

运动会各类文件必须一式两份，尽量上交原始文件。在文件处理过程中分原始件和复制稿两种。实物和音像资料全部要原制品或作品，同时可另交一套复制品以备份。

关于资料整理归档、立卷的步骤要求如图 2-10 所示。

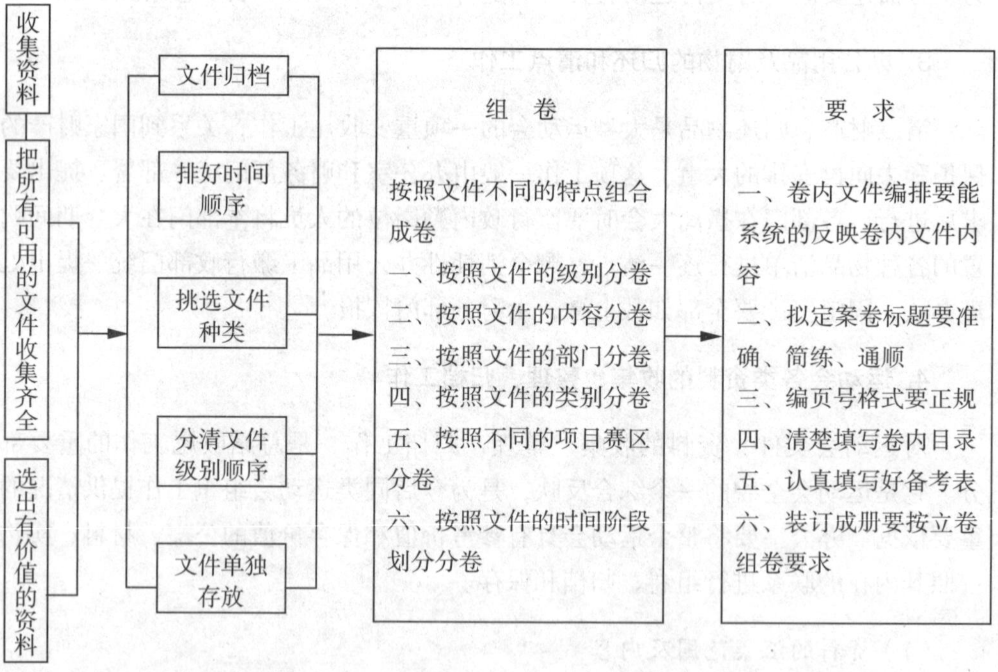

图 2-10　资料整理、归档、立卷步骤及要求

5. 大型运动会组织过程中突发事件的风险控制

体育风险是客观存在，只要有体育竞赛存在，就必然有风险的存在。由于风险的产生会对运动会组织产生直接影响，因此运动会的组织者为取得最高效率和最好的效果，为减少对竞赛组织工作的干扰，就必须随时准备对可能存在的风险进行控制和管理，对潜在危险进行评估并采取防范行动。应该认识到运动会组织工作在运作的每一个部分都可能存在着风险。

（1）可能遇到的突发情况

①比赛中的突发事件：比赛因天气、水电、器材、事故、裁判、人员等突发原因突然停止；

②重要管理人员突然流失，使比赛的辅助性工作无法进行，造成比赛中断；

③交通原因运动员不能按时到达比赛地点；

④比赛环境遭到破坏、球迷闹事、社会政治事件的发生、极端恐怖分子的袭击等动荡因素，致使运动会迫不得已中断等。

（2）预防风险管理的主要措施

①制定好运动会组织与管理的防风险应急预案

尽管自已制定好的计划已经相当谨慎细致，但仍然避免不了不可抗力或其他意外事情的发生。如果运动会的计划已经做得相当标准，而且也很专业，则会大大降低风险和突发事件的发生，把可能的负面影响降至到最低点。因此，在实施运动会计划之前，尽量细致地做好对付各种意外发生的方法、方案是运动会实施方案的重要组成部分，它对比赛风险的防范是非常必要的。

②召开相关人员论证会，对运动会的组织过程进行细致研究

在对大型运动会的组织与管理过程中，应对其中的每个细节的计划、决策、人员之间的沟通、获得专家的建议等，都要予以十分重视，并召开专题会议进行论证和研究，这样才会尽可能的防范风险，增加体育比赛组织者的成功机会。

（3）减少风险的几种基本控制方法

①预先控制。是指在决策实施前，便做好充分的各方面准备工作，做好包括对人力、物力、财力的投入实施有效的控制。其目的在于使未来的运行结果能达

到预定的目标以保证决策及计划的顺利进行。

②现场控制。对运动会组织过程中的观察。现场控制是通过管理人员亲临现场指挥下级工作来实现的。这种直接指挥包括两方面的工作：指导下级按照正确的方法和程序开展工作；监督下级的工作过程以保证工作取得预期的成果。

③结果控制。结果控制是通过将预先确定的标准与实际工作成效比较后，找出偏差，采取措施进行纠正。如何在计划中事先考虑到这些潜在的危机，以及做出对应的措施非常重要。

④预算控制。即控制运动会中的资金运转，用货币的形式制定出系统内的预算，把管理系统的活动纳入预算的范围，在预算规定的范围内运转。

⑤政策及规章制度控制。根据各项政策及规章制度进行控制也是一种基本的控制方法。

⑥聘用经验丰富的专业管理人员来控制。一名经验丰富的运动会组织者和高级管理者，具备谨慎、细心、经验和有应变能力的特质，可以通过对运动会组织的优势、弱势、机会和威胁的分析设计整个的组织和管理工作，可以通过组织工作的运行，发现组织内部和与运动会有关的外部情况。

掌握上述方法控制比赛，可大大减少比赛事故，提高运动会组织工作的成功率。

第3章

体育赛事实施过程中的相关重要工作

一、信息技术在体育赛事管理中的应用

现代科学技术的飞跃发展，特别是信息技术的迅猛发展，推动了世界经济的快速发展，也促进了体育赛事的现代化管理水平的提高。

信息技术在体育赛事管理中的应用是多方面的，但最重要、最典型的应用案例当属直接服务体育赛事的电子信息服务系统，它被称为“体育赛事的神经”，是本节阐述的重点。

（一）奥运会与国内赛事信息技术应用概览

1984 年第 23 届洛杉矶奥运会，以光纤通信网、信息系统集成等先进技术为支撑的赛事电子信息系统首次问世。当十几个国家突然宣布抵制洛杉矶奥运会时，该系统在短短几天时间内就对已安排就绪的住房分配、参观计划、比赛日程、器材预算和交通组织等进行了全面调整，保证了赛会的顺利进行。此后，通信系统和信息系统被国际奥委会列为申奥国家的必备条件。

1988 年第 24 届汉城奥运会，在成功吸取了洛杉矶奥运会经验的基础上，又体现了自己的特点。其中在通信系统方面主要选用本国技术和生产商，这极大地促进了民族信息通信业的发展。汉城奥运会直接盈利 4.7 亿美元，间接经济效益则高达 70 亿美元。

1992 年第 25 届巴塞罗那奥运会，首次使用高清晰电视系统；建立了功能强大的信息网络系统 AMIC，为 75000 人提供了广泛的信息服务查询；实现了奥运空间的计算机控制；建立了体育评论员系统，实现了现场即时报道，通过触摸屏可跟踪所有比赛进展情况；还首次推出“全能运动操作系统”，通过网络将原来分散在赛场上的电子计时、光电测距和自动记分等装置有机地连接在一起协同工作。

1996年第26届亚特兰大奥运会的信息技术运用有两大特点：一是首次使用了以网络计算机为支撑的比赛组织管理系统。二是建立了三个主要网站：奥委会官方网站，本届奥委会与IBM公司为发布奥运信息而共同设立的网站，NBC奥运会网站。这是现代奥运会第一次与因特网“联姻”。

2000年第27届悉尼奥运会可称得上是最“e”化的奥运会：信息系统主要包括三套核心系统，即奥运管理系统、奥运成绩系统和奥运信息服务系统，再加上互联网的广泛应用，堪称历年来最“e”化的奥运会。

2004年第28届雅典奥运会可称为有史以来高科技含金量最高的一届奥运会。其一，它使用了美国科学应用国际公司（SAIC）联手德国西门子共同研发的、规模空前奢华的监控系统“C4I”。该系统是一个高度数字化的神经中枢，借助宽带网络，覆盖了雅典和希腊的主要港口、飞机场以及其他赛事协办城市，它包括12艘巡逻船、4000部车辆、9架直升机、1架空中飞艇、4个移动指挥中心，数千台电脑终端、1577个监视摄像机、报警器、传感器等，总价值超过3000万美元，技术水平达到美英情报部门的顶尖水平，能在1秒钟内向奥运会116个紧急行动中心提供赛场内外的信息。C4I设在各地的传感器将采集的大量多媒体数据传给专业服务器，经处理后只将可疑数据提供安保人员分析，提醒安保人员酌情处置。C4I系统体现了高度智能化、自动化的网络科技发展趋势。其二，宽带固网、高端无线网络技术也在雅典奥运会得以普及或崭露头角，这种专用于奥运会的无线宽带系统被称为“无线奥林匹克工程”（WOW）。无线网络涵盖了移动电话、智能电话、车载系统、PDA终端等。使用者可以从公共WAP网站获得信息，发送E-mail，或者交换文件，强大的功能和移动通讯的便利使得移动装置成为一些奥运会赛场工作人员的理想工具。短信、视频点播、移动上网等新型通信服务也给雅典奥运会带来更多看点。其三，雅典奥运会是第一次启用多个3G网络的奥运会，在奥林匹克主赛区，3G网络覆盖率达100%。现代信息技术的综合运用，保证了雅典奥运会从安全检查、信息通讯到其他各环节的顺利进行，也把现代奥运装点得熠熠生辉。

我国赛事信息化的应用与国际同步。1987年，广州第6届全运会在赛事管理信息化方面进行了有益的尝试。

1990年，北京第11届亚运会，由我国自行设计、研制并保驾运行的“第11届亚运会电子信息服务系统”为大会组委会提供了快速、准确、全方位的信息管理与服务，满足了赛事管理、指挥调度、赛事组织、赛程编排、裁判仲裁、成绩处理、成绩发布、新闻宣传、安全保卫、交通运输、团队接待、人员注册、食宿安排、参观游览等工作的需求，获得了极大的成功。

此后，该系统的实现技术在国内举办的亚运会、全国运动会、全国冬运会、全国城运会、全国体育大会、第43届世乒赛、远南残运会、东亚运动会、亚洲冬运会、世界大学生运动会及世界妇女代表大会等都得到了广泛应用，并根据需求不断地拓展。随着信息技术发展而不断地完善与优化，逐渐形成了一套行之有效的管理模式和体系结构。据了解，近几年我国赛事信息化服务的范围已拓展到香港、澳门和越南，相信在以后国内举办的各级赛事及2008年北京奥运会和残奥会上将有更精彩的应用展现。

（二）技术部门的机构设置及工作职能

大型综合性运动会组委会一般设技术部门。该部门设部长1人，副部长1~2人。机构设置有办公室、网络处、设备处、软件处、计时记分处、成绩综合处理处等。各业务处的岗位视需要由若干专业人员组成。

技术部由部长主持全面工作，副部长协助部长开展工作并分管某项工作。办公室主要协助部领导协调处理日常政务工作，拟定部门工作计划、总结及制度建设，负责有关会议及活动的组织协调工作，负责文电处理、秘书事务、档案管理等工作。网络处负责赛事网络工程的组织、协调、实施、联调、运行和保驾。设备处主要负责赛事电子信息服务系统所需设备与通用软件的采购、验收、入库、分发及回收等。软件处主要负责赛事电子信息服务系统实现方案的调研、设计、论证、编程、调试及保驾等。计时记分处主要负责赛事现场成绩的采集、校对、确认及数据上传等。成绩综合处理处主要负责各赛事成绩的综合处理、积分排名及信息发布等。

（三）赛事信息化的构成及建设主旨

赛事信息化主要包括场馆智能化系统、通讯系统、广播电视系统、赛事办公系统、应急处理系统、指挥调度系统及电子信息服务系统（EISS，Electronic Information Service System）等，EISS又由网络系统、注册系统、成绩处理系统、综合信息服务系统及电子商务平台等组成，上述六个系统是EISS的支撑平台。

主旨是：

有利于组委会决策部门的宏观管理和指挥调度；

有利于新闻宣传及各类规格礼仪性活动的安排；

有利于安保部门赛事人、车证件制发和治安秩序管理；

有利于行政服务部门制订来宾接待计划及食、宿、行安排；

有利于竞赛部及各单项竞委会的竞赛秩序编排；

有利于成绩获取、成绩处理、成绩发布与颁奖；

有利于各类人员以最迅速的方式了解比赛信息；

有利于举办城市风貌、风情、旅游的对外宣传等。

（四）EISS支撑平台概述

1. 体育场馆智能化设施

体育场馆弱电系统是实现赛事数字化管理的基础设施，它不隶属于EISS。但没有它的底层支持，EISS就难以运行，故加以简述。体育场馆智能化系统一般包括安全监控、门禁泊车、消防联动、语音通讯、广播电视、信息网络、成绩采集、终点录像、大屏显示、机房设施等。统一规划场馆内的综合布线系统，设立可视化的统一安全监管平台，是保障赛事顺利进行和赛后多功能利用的前提保证。目前，国际上无统一建设标准，需业主方、使用方、设计方、承建方及有关各方多次沟通协商来确定工程建设方案。

2. 通信系统

通信系统对体育赛事的组织管理起着至关重要的支撑作用，且赛事级别越高，规模越大，其重要性就越突显。没有良好稳定的通信系统的支持，赛事将无法进行。EISS利用电信部门提供的专用通讯资源来组建赛事专用城域网及广域网。通信系统可分为有线通讯和无线通讯两类。

有线通信包括固网语音通信和固网数据传输等。它为赛事组委会、各单项竞委会、各竞赛场地、数据中心、指挥中心及新闻中心等固定点位提供语音通讯和宽带数据传输支持。因而它是EISS的信息传输的主要载体。

无线通信包括移动通讯、卫星通信和无线数据传输等。它为赛事组委会移动工作人员提供语音支持，还为因赛场范围过大、赛程过长、场地条件复杂而使有线通信难以发挥作用的那些地方提供无线网接入和无线信息传输支持。显然，从EISS的视角看，它是有线通信手段的外延和补充。目前，在马拉松、铁人三项、公路自行车、帆船、帆板、皮划艇等比赛项目上，车载电话、移动电话、多频对讲、卫星定位、无线网络传输等无线通信设备已成为赛事指挥、赛段检录、赛段计时、赛段巡查、事故处置、沿途医护、裁判仲裁、成绩传输等环节得力的通讯手段，为这类赛事的组织管理带来极大便利。

由于通讯系统在体育赛事中的重要基础作用，在筹划赛事及筹建EISS时，要重点考察承办城市的固定电话网与固定数据网、移动电话网与无线数据网等通信基础设施的技术水平与能力，以便为赛事举办和EISS运行提供一个高可靠、高灵活度、高可扩展性的运行环境和宽带多链路主干支持。

3. 广播电视系统

广播电视是体育赛事的大众欣赏窗口。它将赛事信息及比赛精彩画面传送到四面八方，将运动员奋力拼搏的精神与风采展现在世人面前，将赛事举办城市的风情风貌、人文景观等展现在亿万观众面前，它还为体育赛事多媒体资料的获取与研究提供了有力手段，故广播电视系统是体育赛事必不可少的支持系统之一。EISS的成绩处理子系统要与赛事组委会广播电视部进行技术协调与对接，以将比赛成绩数据实时地传送给电视直播系统。

由于广播电视系统在赛事新闻传播中的重要作用，在筹划赛事时，要考察承办城市的广播电视系统是否完成数字化技术转变，是否建有城市数字广播系统、数字有线电视系统、数字地面电视系统、数字卫星直播电视系统等，以便为赛事提供丰富的数字广播电视及其增值服务。

4. 赛事办公系统

赛事办公系统主要为赛事组委会各部门提供公文运转、通知公告、信息检索等服务，也就是面向组委会内部的、常规的电子政务系统。该系统主要由公文管理（收、发、签）、办公信息管理（领导日程、领导讲话、通知公告、工作简报、工作计划、工作要情及内部论坛等）、后勤管理、体育信息服务（政策法规、视频点播、电子图书、常用信息及体育百科）、个人小秘书、档案管理及系统管理等。该系统除使用对象不同外，与其他电子政务系统并无特殊之处。

5. 应急处理系统

应急处理系统的技术实现，是通过网络动态采集各相关数据，由专用软件进行数据接收、数据处理、数据显示和数据判读，当某数据超过其正常阈值时发出报警信号，以便提醒管理者及时甄别、加强监控，必要时采取的应急处理措施。为保证赛事顺利进行，大型综合性运动会组委会要为赛事的供电、供水、供气、供热、通信、交通、住宿、餐饮、食品、卫生、医疗等建立一套应急处理系统，以加强赛事各环节的统一协同监管，使赛事紧急事件的处理更科学化、规范化。

目前我国重点部门及行业大多建立了各自的应急处理系统，故建立赛事应急处理系统的难点是诸多系统如何协同的问题。从当前技术发展和应用水平看，实现赛事应急处理协同并无技术难点。需权衡的主要问题是：各级政府和组委会的具体要求及投入能力等，特别是赛后的再利用问题值得探讨。

6. 指挥调度系统

凡是需要正规信息系统介入的综合性赛事的规模都很大，要保证赛事筹备、组织实施和运行管理各项工作有条不紊的顺利进行，就必须建立赛事指挥调度系统。这是保持政府及组委会各部门工作的整体性、协同性和高效性的必备系统。我国自举办1990年第11届亚运会以来，此类系统在国内各大赛事中都得到广泛应用，在保持赛事组织管理的渠道畅通、上传下达、反应灵敏、一呼百应等方面发挥了良好作用。

指挥调度系统集有线通信、有线调度电话、无线通信、无线步话、安全监控、消防监控、场馆自控、信息网络及EISS等系统之大成，并将其会聚在一个技术平台上，以实现对赛事全范围、全过程的指挥调度。在建设指挥调度系统时，大多和应急处理系统整合在一个平台上。这种建设方式除了有利于维护赛事应急处理和赛事指挥调度的高度一致外，还提高了设备复用率，降低了经费投入。

关于应急处理及指挥调度两系统的建设由组委会哪个部门来组织实施问题，历届赛事组委会的做法不大一致，如办公室、行政部、场馆部或技术部等都曾主管过该系统的建设工作。但不管划归何部门管理，技术部都要参与设计、论证、建设并提供不可或缺的技术支持。

（五）EISS 功能概述

EISS 自身的五个子系统与它的六个支撑系统间保持相对独立，但运行中相互协同，数据相互依存。EISS 的主要子系统概述如下：

1. 网络系统

体育赛事的网络系统是赛事组委会及下属各部门日常办公和赛事组织、接待礼仪、交通食宿、广播电视、人员注册、赛事编排、队员检录、成绩处理、屏幕显示、成绩发布、网络直播及网站综合信息服务诸环节的信息传输中枢，是体育赛事信息化管理的“神经”，因而是 EISS 的重要组成部分。

赛事网络系统按其覆盖区域不同可分为局域网、城域网和广域网三类，按服务对象类别的不同又大多划分为赛事内网和赛事外网。赛事内网主要为赛事组委会的内部办公、赛事管理提供信息传输支撑。赛事外网主要为新闻传媒、参赛团队、特邀嘉宾及社会大众的赛事综合信息查询提供信息传输支持。赛事内网和赛事外网一般通过逻辑隔离来实现。网络结构示意如下：

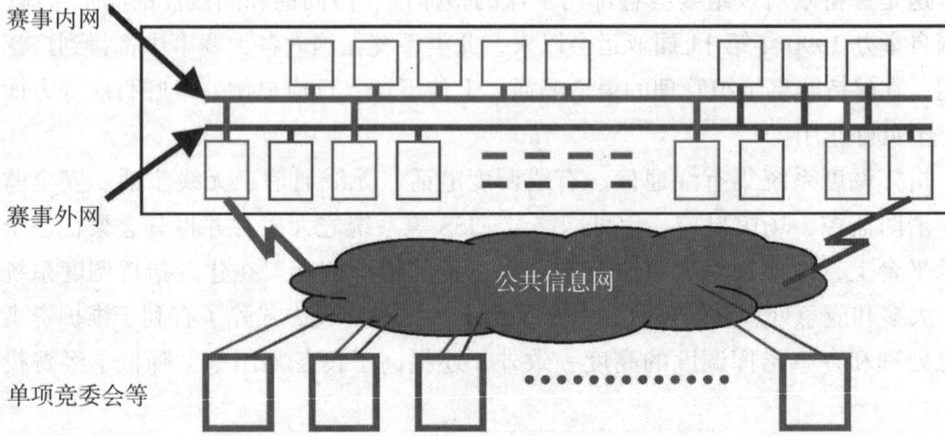

赛事网络系统应根据赛事需要及体育场馆分布情况，利用场馆已有网络基础设施和电信部门提供的公网电信资源，于赛前搭建临时性赛事专用网络，赛后复

原。对无网络基础设施的场所可搭建临时性局域网，对受场地条件限制使固网难于发挥作用的地方可采用无线网络技术予以解决。目前，为满足新闻记者和体育爱好者的高端需求，一般都提供宽带无线接入服务。

赛事网络系统的主带宽应支持多媒体信息传输并留有充分余量，上联公网数据专线及场馆间数据专线的带宽应视信息流量酌定，以满足赛事多媒体信息的双向传输。对向新闻记者和社会公众提供赛事综合信息、赛事网上直播及视频点播等服务的关键节点的带宽应留有足够的带宽余量，必要时还应采取异地多点镜像分流等技术措施，以防止因突发赛事热点致使信息流量陡升，最终因“网络瓶颈”而阻塞网络或导致其瘫痪。为保证赛事期间整个网络系统的不间断运行，其网络核心交换设备应双工热备，其余交换机应按局域网规模及维护时限酌情预留备份，各网络交换机应配备不间断电源，上联公网数据专线及场馆间数据专线配置应冗余，关键数据链路应多路由，必要时要采取网络负载均衡措施，以防止因流量骤升或网络设备单点失效而导致赛事网络的阻塞或断网，这是体育赛事组织管理中绝不能出现的技术失误，必须采取一切措施予以保证。

由于赛事网络系统一般都跨行政区划地域、规模庞大、节点繁多，因而对网络的管理、诊断和维护应给予特别重视，应具备近远程网络配置、监控、维护、管理和诊断功能，还应具备 VLAN、VPN 及宽带无线接入等功能。其中赛事网络系统的安全问题是网络建设的首要问题之一，也是赛事成功进行的关键，所以必须采取一切可能的技术措施，努力为赛事网络构筑起一道网络安全与信息安全的有效屏障，以保证 EISS 的正常运转和赛事的正常进行，避免因网络安全漏洞给赛事的组织管理造成无法弥补的损失。网络安全主要措施有：防毒、防火、防黑、漏洞扫描及入侵检测等。信息安全主要措施有：主机审计、数据库审计、身份认证、防篡改及反垃圾邮件等。

赛事网络系统的建设由组委会技术部门负责组织实施。技术部一般约在赛前 6 个月了解赛事承办城市的电信资源情况，了解组委会及下属各部的赛事业务需求，据此提出网络需求方案，论证后依此进行工程招标。开标后，技术部将组织网络承建商等再对组委会各部门的业务需求进行多次磨合，经方案优化并论证后，网络工程方案报组委会审批。方案批复后，技术部会尽快洽商电信部门，以便电信部门有充足时间对公网资源进行调集、配置和前期筹备。网络搭建一般在赛前 3 个月完成，经测试、联调、验收后，移交组委会使用。网络运行后的运行维护工作由技术部委托专业技术队伍承担。流程示意如下：

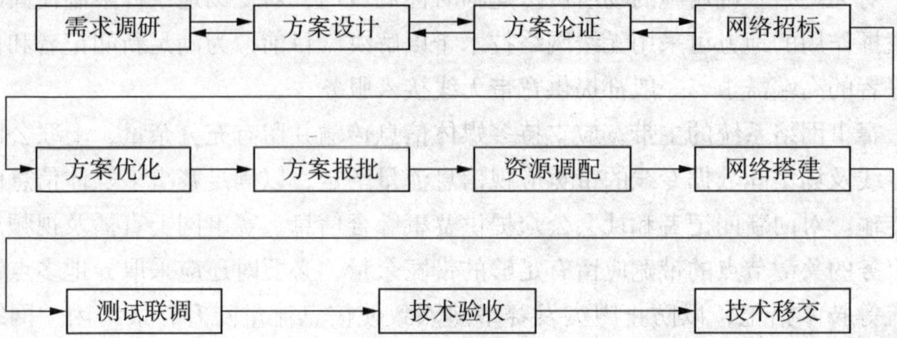

2. 注册系统

注册系统是在赛事网络运行后第一个投入运行的赛事应用软件，主要为组委会各类官员和赛前陆续抵达的新闻记者、特邀嘉宾、赞助厂商及参赛团队的官员、领队、教练、队医、运动员等提供统一报名注册服务。该系统是各参赛团队最先接触的系统，它为后续的交通食宿安排、单项竞委会赛程编排及成绩处理提供了所必需的信息。

注册内容：依人员类别而不同。组委会官员类：部门名称、姓名、照片、职务、工作区域及证件类别等，竞委会官员另加体育项目名称。新闻记者、特邀嘉宾、赞助厂商类：单位名称、姓名、照片、身份、工作区域及证件类别等。参赛团队的注册一般分三次，每次注册侧重的内容不同：第一次为参赛意向注册；第二次为参赛项目与人数注册；第三次为参赛准确信息注册，团队官员信息主要有团队名称、姓名、照片、身份、运动项目、工作区域及证件类别等，参赛队员主要信息有姓名、曾用名、照片、年龄、民族、血型、家庭地址、联系电话、俱乐部名称、联系地址、电话、运动项目、教练员姓名、运动简历、参赛项目、最好成绩、个人爱好及饮食习惯等。

注册时间：参赛团队前两次注册一般约在赛前 12 个月和 6 个月通过其他方式进行，唯有第三次注册通过 EISS 注册系统进行。注册时间安排大致如下：赛前 90 天参赛团队注册，赛前 30 天组委会官员注册；赛前 5 天新闻记者、特邀嘉宾、赞助厂商等人员注册。

信息传递：随着注册工作的进行，其注册信息应实时地传送给安保证件制发、食宿交通接待等环节，以利其他工作展开。

注册收尾：赛事注册工作一般在开幕式举行时趋于结束。此时有两项工作必须准确无误地完成：一是要把所有运动员的参赛信息按比赛大项分类，并将其于当天 24 点前准确地传送给各单项竞委会和 EISS 的成绩处理系统，以利后续赛事编排和成绩处理；二是要生成参赛人数、人员名单及大家庭名册等多种统计数据或表格，供有关部门使用。以上两项数据是赛事组织的关键数据，故其传输工作必须得到各接收方负责人的确认后方可结束。

近年来，随着信息技术的进步和广泛应用，赛事注册已实现网络远程“一站式”注册服务。该注册方式既节省了时间人力，又便于各参赛团队在法定报名截止日期前进行更改和确认，现已被各类赛事广泛采用。一般在提供网络远程注册服务的同时，仍提供纸制文件注册方式作为远程注册的补充，以备少数参赛团队因条件限制无法远程注册之需。

注册系统由组委会技术部负责组织实施。技术部一般在赛前 6 个月与组委会的竞赛部、人事部、安保部、交通部、通讯部、接待部、大型活动部、新闻宣传部、广播电视部等进行调研，以最终决定注册方式、注册地点、注册程序、注册时间、注册内容、信息传递等问题。这些问题敲定后，注册系统的软件设计与开发即可展开。注册软件一般由精通体育赛事管理的专业软件商开发并承担运行保驾工作。

3. 成绩处理系统

成绩处理是赛事管理的核心，因而也是 EISS 最重要的组成部分。该系统主要功能包括：竞赛日程编排、注册数据接收、比赛秩序抽签、出场秩序编排、成绩采集确认、现场成绩处理、现场成绩显示、每日成绩统计、总成绩统计、次日秩序编排、比赛数据传送等功能。该系统产生的表格主要有：比赛秩序单、比赛成绩单、每日成绩单、总成绩单、次日秩序单、总成绩册等等。在成绩处理系统运行前须与赛事注册、计时记分、广播电视、大屏幕显示、成绩查询、新闻中心及赛事综合信息服务等系统或设备实现技术对接，才能在运行中把成绩处理结果按照各比赛项目的要求与约定的数据格式实时地传送到指定位置。

由于综合性赛事的比赛大项一般多达二十多个，比赛小项可达三百个以上，又由于各比赛项目的竞赛规程、竞赛规则和记分方法千差万别。显然，它是由几十个项目成绩处理子系统和成绩综合处理子系统等构成的，因而是一个相当庞大和繁杂的系统。如果没有体育项目管理的知识与经验，没有对本赛事的规程、规则有详尽透彻的了解，没有熟练的赛事软件专业设计经验与丰富的软件开发经验，是不能胜任这项工作的。

该系统由组委会技术部负责组织实施。技术部一般在赛前12个月组织专业技术人员与组委会竞赛部及各单项竞委会、广播电视部等进行多次技术协调，直至所有赛事成绩处理的有关问题都一一敲定，才能转入方案设计及软件开发阶段。成绩处理软件的设计开发一般都是由精通体育赛事管理的专业单位开发并承担其运行保驾工作的。

4. 综合信息服务系统

该系统也是EISS的重要组成部分，而且是为赛事直接参与者、间接参与者和社会各类人群提供“一站式”网上联机查询服务的系统。它自动接收EISS或其他途径传来的实时数据，采用海量存储技术进行数据处理，提供简捷的查询检索方式。其建设原则是“面向各界、以人为本、兼顾个性化需求”。建设思路是：整合赛事、住宿、餐饮、娱乐、交通、旅游等各类赛事信息资源，建立赛事公众信息服务数据库，利用数字电视、数字广播、计算机网络、移动通信及固定电话等多种方式，力争实现任何人、任何时间、任何场所都能够安全、方便、快捷、高效地获取丰富的、个性化的赛事综合信息服务。

该系统的主要查询功能有：

- 组委会、单项竞委会、参赛团队简介、历届赛事背景情况；
- 赛事规程、竞赛规则、体育场馆分布、竞赛日程安排；
- 比赛秩序、最好成绩、比赛成绩、奖牌榜及次日秩序；
- 赛事快递、比赛花絮、精彩瞬间、人物专访、名嘴评述；
- 热点赛事的网络直播和赛事录像、精彩片段的视频点播；
- 城市概况、风情风貌、交通旅游、宾馆饭店、娱乐休闲等等。

该系统的建设由技术部统一组织实施。该系统除与EISS各子系统技术对接外，还必须与赛事主办城市的其他信息服务平台实现技术对接，以便为赛事各类人员和社会各界提供全方位的赛事综合信息服务。该系统虽是EISS的组成部分，但因以信息服务见长，可由EISS承建单位和信息服务商联合共建，亦可委托专业信息服务商单独承担。

5. 电子商务平台与智能卡应用

随着信息技术的快速发展，我国电子商务及智能卡技术已得到普遍应用。为大型赛事建立一套与国际接轨的电子商务平台和支撑体系，构建良好的卡基支付环境，大力推进银行卡等各类卡基的广泛应用，积极发展面向赛事的住宿、餐饮、旅游、购物等方面的电子商务服务，不仅能快速周到地满足赛事各类人员的消费需求，而且具有良好的市场应用前景，因此，随着我国赛事信息化管理水平的不断提高，这方面的应用与服务是亟待加强的。

电子商务平台主要是身份认证、卡基支付网络和相关应用系统。电子商务支撑体系即安全、准确、快捷、网络化的物流配送系统。面向赛事的电子商务应用可由技术部组织实施。主要工作是：实现赛事举办城市电子商务平台与EISS的技术对接，延伸电子商务平台范围至赛场、运动员村等赛事相关场所，增加面向赛事的服务种类和库存储备，扩大物流配送系统的服务范围等等。

（六）EISS 特点及应注意的问题

EISS 是一个庞大而复杂的系统工程。综合性运动会一般竞赛大项数十个，竞赛小项数百个，场馆场地数十个，各种信息处理设备数万台，赛事服务、新闻报道及参赛人员数万人，社会各界赛事服务需求更是多得难于计数，从系统规模看，EISS 是庞大的系统工程。再者，因各比赛项目的竞赛规则、规程和记分方法都不尽相同，故各比赛项目都有各自的成绩处理软件，也就是说，EISS 的成绩处理系统是由几十个项目成绩处理子系统和成绩综合处理子系统构成的，因而，从复杂程度看，EISS 又是复杂的系统工程。

EISS 的建设运行必须严肃认真、周到细致、稳妥可靠、万无一失。由于运动会具有日程不延期、竞赛不重复的特点，所以更不存在因 EISS 问题而要求赛事延期或重赛的可行性。这就要求 EISS 在赛事期间必须具有高可靠性、高稳定性、高安全性，要绝对保证系统运行中不出现任何闪失，其技术要求难度不低于卫星发射指挥控制系统。

EISS 的项目进度控制，因赛事级别而有所不同。一般来讲，赛事级别越高，其进度控制就越提前。本节前述 EISS 各子系统中的时间进度安排是以国内大型综合性赛事为参照的。对国内大型综合性赛事而言，其全系统正确性验证一般在赛前 60 天结束，全系统联调合练一般在赛前 30 天结束，全系统技术冻结一般在赛前 15 天开始实施。

EISS 的项目技术控制，一般以全系统技术冻结为界。技术冻结前，应组织赛事组委会有关各方联合制订《EISS 全系统全过程多次联调合练方案》（业内惯称合练角本），应安排多次全系统全过程联调合练，并将 EISS 在联调合练中暴露出来的问题全部解决。技术冻结后，没有组委会特许批准，任何单位、任何个人都无权擅自对系统进行调整或修改，以保证系统正确性。技术冻结后的主要工作是：人员培训、使用熟悉、应急处理和组织管理等。EISS 故障规律是：技术冻结前暴露的问题越多，正式运行时的故障概率越小，反之亦然。

EISS 的正确性保证，不仅依赖于全系统设备设施的正确性，还依赖于系统使用人员操作的正确性。两个正确性互相依存，缺一不可。特别是，EISS 实际运行时需要招募大批志愿者帮助工作，其培训、指导、管理和纪律约束教育是非常重要的工作，必须认真进行并严格检查。从历次 EISS 运行情况看，人失误多于系统失误，人的违规违纪现象多有发生，这需要组织管理者两手都要抓，两手都要硬。

EISS 无现成成品可用，每届赛事都须度身定制。由于各赛事举办时间、举办地点、基础设施、场馆设施、项目设置、规则规程、记分规则及服务对象等等都不同，总而言之，时间变了，需求变了，条件变了，环境变了；还由于 EISS 的支撑技术发展迅速，以现时的信息网络、系统软件、数据库、海量存储、人机交互、人工智能、信息安全等主流技术开发的 EISS 系统，几年后因技术与设备的不断演进，即使赛事需求都不变，也难找到与原来相同的运行环境了。因此，每届大型赛事的 EISS 都要度身定制，无现成产品可用。

（七）组织实施要点

EISS 是庞大复杂的系统工程，应采取系统工程的组织实施办法。

EISS 的专业开发单位，应在赛事确定后尽早与当地政府、相关部门及赛事筹委会建立业务联系，应提供主动式、跟进式服务。

赛事组委会成立后，技术部门应尽早向其他各部门宣传 EISS 的功能及建设构想，应多次且严谨地了解各部门的业务需求、设备需求和服务需求，设计方案须经专家论证，工程方案须得到各部门主要负责人签字确认并报赛会组委会批准。

由于 EISS 服务的部门多、环节多、人员多，为减少意图误解而延误项目进度，技术部应与其他各部建立通畅、及时、准确、高效、无抵赖的信息传递与反馈渠道。

EISS 工作安排宜早不宜迟、宜细不宜粗、宜监管不宜粗放。

为确保各项工作严格守时而不拖后续工作进度，EISS 支撑环境及自身各分系统的计划进度一般都以系统工程倒计时网络计划图列出，以便进行项目监控。

二、体育赛事活动中的反兴奋剂管理

药物原本是人类用来治疗疾病而被使用的一种物质。在人生病时服用药物，可以矫正体内出现的偏差或不平衡，使人体恢复正常的生理机能。然而随着竞技体育竞争的日趋激烈，以及由于药物可以介入人体的生理系统，使人的肌肉解剖生理结构与机能、神经、内分泌系统和能量的供给系统发生有利于体育运动的转变，从而提高竞技者的运动成绩，于是从上个世纪 60 年代开始，药物便成为满足竞技体育挑战人类体能极限的某种需要而迅速地渗入全球体育界。尤其是竞技体育的产业化，使在奥运会等大型国际比赛中获胜的运动员一举成名并带来巨大的经济利益，于是一些运动员不惜以牺牲健康为代价，冒险使用兴奋剂。初期人们一般使用合成类固醇之类的产品，但是到了 20 世纪 80 年代，生物制剂开始在临床医学中被广泛应用，紧接着促红细胞生长素（EPO）和生长素（hGH）又成为一些运动员的新选择。面对国际体坛上滥用药物之风愈演愈烈的情况，国际奥委会和各国体育组织共同对此进行了长期的斗争，投入了大量人力、财力，就提高反兴奋剂的检测能力和水平做了不懈的努力和长期的科学研究，并于 1990 年后统一了国际单项体育组织对滥用药物运动员的处罚标准，还建立了国际体育仲裁法庭。由于各国际单项体育联合会都相继开始增加赛外药物检查的次数，一些兴奋剂管理方面的漏洞相应得到了一定程度的弥补。此外，国际奥委会还出资召开国际性反兴奋剂会议，在全球范围内鉴定并批准合格的兴奋剂检测实验室，每年公布权威性的禁用物质名单与检测方法，从而责无旁贷地承担了世界范围内无可争议的反兴奋剂领导责任并取得了一定成果。例如，当年美国短跑王，九枚奥运金牌得主的刘易斯曾经是和迈克·乔丹、迈克尔·约翰逊一样的体育伟人，但当他被美国前奥委会兴奋剂委员会主任韦德埃克索姆披露出曾被药物检测呈阳性的历史时，世界体坛给予了极大关注。虽然刘易斯本人和美国的体育组织均作出“毫无根据的”反击，但仍然被国际媒体纷纷争相报道，并被形容其为“向世界撒了一个跨世纪的谎言”，英国《泰晤士报》还称：“刘易斯倒下了，美国人的信用度达到新低。”可见反对兴奋剂是世界人民的呼声，是全世界体育人的由衷渴望。

（一）我国反兴奋剂工作的情况

我国的反兴奋剂工作是在20世纪80年代末开始建立并不断完善和发展的。1989年春，中国体育界正式提出对兴奋剂问题实行“严令禁止、严格检查、严肃处理”的三严方针，并颁发了《全国性体育竞赛检查禁用药物的暂行规定》。同年12月，中国兴奋剂检测中心实验室通过国际奥委会资格考试，正式投入使用。中国的反兴奋剂工作由此全面展开。

几十年来，我国的反兴奋剂工作在法制建设、管理体制、检查制度、处罚及教育科研等方面进展显著。尤其是体育行政主管部门先后制定出台了30余项包括兴奋剂检查、处罚、运动营养、保健品管理等法规性文件。为使各项制度和法规得以顺利实施，中国奥委会的反兴奋剂委员会还建立了一支以医务工作者、科研人员和体育教练员等志愿者为主体的兴奋剂检查队伍，逐步完善了相应的培训和考核制度，使管理人员的知识不断提高。其中国务院2004年1月13日发布的中华人民共和国国务院第398号令并于2004年3月1日起施行的《反兴奋剂条例》，是我国有史以来最具权威性的反兴奋剂法规性文件，该条例对兴奋剂禁用药物的管理、体育社会团体及教练员、运动员的反兴奋剂义务，兴奋剂检查与检测程序以及法律责任均有明确、具体的规定。从此，我国反兴奋剂工作有法可依，反兴奋剂斗争进入了一个法制化时代。据统计，由于我国反兴奋剂工作始终坚持“预防为主，教育为本”的原则，监督检测的力度逐年加大，使我国国内兴奋剂检查的阳性率已从上个世纪90年代初的1.6%左右下降为0.6%左右，明显低于同期的国际水平。例如，我国著名中长跑运动员孙英杰在2005年10月于南京举办的第10届全国运动会女子10000米跑决赛结束后兴奋剂检查呈阳性，被组委会作出了取消其第10届全运会女子10000米亚军的成绩，同时也取消了其他比赛的参赛资格。这一消息成为当时全运会最抢眼的新闻。

（二）各类体育赛事中的反兴奋剂机构及其管理内容

国家“反兴奋剂条例”第四条规定：国务院体育主管部门负责并组织全国的反兴奋剂工作。该条款将国家体育总局明确为反兴奋剂工作主管部门。国家体育总局借鉴一些发达国家的成熟经验，从反兴奋剂工作的具体特点和我国国情出发，委托中国奥委会承担具体的反兴奋剂工作。中国奥委会反兴奋剂委员会是负责组织和实施全国反兴奋剂工作的具体机构。为使反兴奋剂工作在我国体育界取得管理成效，当前在我国体育系统举办的各级各类竞赛活动中均设有兴奋剂检查工作机构，针对竞赛活动开展的项目数量和规模，在组委会设兴奋剂检查委员会。一般群众性体育赛事活动则不设兴奋剂检查。该委员会设主任 1 人，副主任 1 人，组织管理人员由 4~6 名专业技术人员组成。若大型综合性运动会，该委员会亦可与医疗保障机构合并为一个组织机构。该机构按项目分设兴奋剂检测工作小组，由管理人员和专业技术人员 2~3 人组成，负责项目的现场取样操作，具体岗位设置人数要根据项目设置的需要而确定。另外，检测实验室需安排若干生化检测技术人员。原则上，兴奋剂检查机构的工作接受赛会组委会（竞委会）的统一领导，但又具有依法照章行事的独立工作权力。由于兴奋剂检查、测试工作具有特殊的规定程序，往往检测结果有滞后的特点，一旦运动员兴奋剂检测呈阳性结论后，不论赛会结束后数天或更长时间，该委员会均有建议取消其运动成绩的权力，以维护公平竞争的纯洁性、严肃性和赛场秩序。

（三）培训和宣传教育工作

虽然在赛会中的兴奋剂检查工作已深入人心，但这项工作专业性强，程序化操作过程严谨，违禁药物范围的规定随着科学技术的发展，具有不断变化、更新的动态特征。国家反兴奋剂机构每年都根据国际反兴奋剂组织的新报告向全国发布有关政策条例的修改或补充通知以及禁用物质清单。因此，不同规格的赛会或不同比赛赛次，组委会兴奋剂检查委员会应作出相应的业务培训和宣传教育工作计划，对不同角色、不同范围的人员进行不同内容的、有针对性的培训和教育，以便工作人员和受检者之间建立起相互合作的工作基础。

中华人民共和国反兴奋剂条例第二十一条中规定“体育社会团体、运动员管理单位，应当按照兴奋剂检查规则的规定提供运动员名单和每名运动员的教练员、所从事的运动项目以及运动成绩等相关信息，并为兴奋剂检查提供便利”。由于我国目前兴奋剂检查工作是由中国奥委会（即国家体育总局）控制的，因此，不论是国际检查还是国内检查，各级体育组织或运动员所在单位都需在国家反兴奋剂机构的统一领导和组织下给予积极的配合。除了要在运动队中进行反复宣传反兴奋剂常识的教育培训外，还要随时准确地提供所属运动员的真实信息，以便于检查实施单位能够及时掌握情况，有针对性地挑选受检运动员，并能及时抵达运动员所在地，对被查运动员实施兴奋剂检查。特别需要强调的是，兴奋剂检查工作是一项极其严谨、专业性很强的工作，因此，培训人员须请兴奋剂检查机构的专家或管理人员参与制定培训计划并组织授课。

（四）兴奋剂检查的程序和组织管理

兴奋剂检查一般分赛内和赛外两种方式的检查。不论是哪一种方式，均需运动员所隶属的单位提供信息，组织受检人员，安排检查地点和提供检查必备的工作环境。

1. 提供信息的内容

运动员所属单位必须向兴奋剂实施机构及时提供的信息内容包括：

①运动员姓名、性别、年龄、籍贯、代表单位、所从事的运动项目、运动成绩、训练生活常驻地。

②运动员的教练员姓名、性别、年龄、籍贯、执教时间和执教成绩。

③运动员年度国际、国内参赛情况（计划）。包括比赛的名称、时间、地点、预计参赛人数、集训地点和时段。

④运动员的动态信息。包括训练地点的变化情况，运动员身体健康状况的变化，比赛时间、地点变化情况，离开常驻地后的去向（地点、驻地信息、联系电话、联系人、离开和返回时间）。

由于我国的运动员实行属地注册、集中管理的方式，因此，上述所有信息的提供均应由运动员管理的直接单位和体育社团负责。

2. 提供信息的方式和途径

鉴于我国体育管理体制的层次特点，运动员的第一次注册是由运动员所在的最基层单位帮助其在当地单项体育组织注册并记录相关原始信息；之后再由该单项协会向上一级单项体育协会直至全国性单项体育协会注册并逐级向上提供相关信息和动态信息；全国性单项体育协会按期随时将本单项所有运动员注册信息、国内外比赛信息和建议接受兴奋剂检查的运动员名单向中国奥委会反兴奋剂委员会提供，同时还要将本单项协会内具有国际较高水平运动员的信息向相应的国际单项运动协会提供。另外，运动员管理单位要注意随时向有关兴奋剂检查机构提供运动员的有关动态信息。

3. 提供必须的工作条件

兴奋剂检查工作人员到工作地点一般是不预先通知的，特别是赛外检查。受检单位在检查人员抵达采样地点后要积极配合设置兴奋剂临时检查站，按规定要求及时提供适当的采样场所，并协助尽快通知受检运动员在一个小时之内到达检查站。

若在重大单项比赛或综合性运动会的赛会期间，组委会（单项竞委会）则必须在赛会场所内设置专门的兴奋剂检查站，创造较独立、清洁、正规的工作环境，专业人员现场办公、采样相对较固定。为保证兴奋剂检查工作的正常进行，赛会须提供的办公设备包括：办公桌椅若干套（含文具纸笔）、计算机（含打印机）、电话（含传真机）、饮料放置架、保险柜、电冰箱、消毒纸巾、专用洗手间、供运动员等候的休息座椅等。

4. 运动员接受兴奋剂检查的程序

兴奋剂检查通常是赛会组织者为保证体育竞赛的公平、公正而采取的一种医学鉴别手段，使赛会确认某一运动员是否违反禁用兴奋剂规定的途径。通常是通过运动员的尿样检测来确定有无违禁药物痕迹。近几年，在一些重大国际赛事中也有少数国家使用过血样检测方法。

①被检查范围

一般赛会中的被检查对象多是在优胜者中进行。如奥运会、世锦赛、亚运会、亚锦赛或我国全运会等重大综合性赛会，往往金、银、铜牌得主乃至前六名均有可能被随时抽检或赛后立即抽检。而赛外检查则范围较大，一般国际国内比赛中较优秀的运动员都有可能被列为受检者。为此运动员、教练员要有较强的意志不受外界的引诱和干扰，对兴奋剂的危害有清醒的认识。坚决做到拿不到金牌也不用；别人用了自己也不用；查不出来也不用；别人让你用你也不用。只有做到“四不用”，才能确保安全。

②检查人员的工作程序和义务

由于此项工作完全靠人工操作且又是在兴奋剂检查工作人员与受检运动员的直接密切接触下完成，有时出现人为因素影响检查结果的情况是不可避免的，所以，实施兴奋剂检查必须有两名以上检查人员共同参加，以便于相互监督和制约，从而有效地防止人为因素的干扰或作假。此外，国家兴奋剂检查规则还规定两名以上工作人员在执行检查任务时，须根据工作经验的丰富程度和对受检项目的熟悉程度指定负责人，既加强了监督，又明确了责任。兴奋剂检查人员在实施检查时必须出示检查证件，赛内检查可用赛事组委会或竞委会标有职务岗位的工作证代替，此外在采集受检样本时还应出示针对某一赛内或赛外检查两种不同版本的授权书。兴奋剂检查人员持授权书依照规定程序采集运动员体内物质以保障受检运动员的合法权益。

为保证各项赛事在公平、公正的环境中顺利进行，兴奋剂检查人员还具有可以随时进入特定场所进行检查的权利。特定场所范围包括体育训练、竞赛所使用的各类体育场地，建筑物固定设施，运动员驻地及辅助性设施。

③运动员接受兴奋剂检查的程序和义务

赛会期间当运动员被告知要接受兴奋剂检查后，首先要在一份通知单上签名确认，然后必须在比赛结束后持本人身份卡（印有照片的），在兴奋剂检查人员陪同指导下于1小时内到兴奋剂检查站（赛外检查则规定在4小时内）报到，该起始时间同时在通知单上记录。凡是因继续参赛等原因而不能及时到达检查站的，须经检查机构的特别允许，否则将被视为拒检，同时还将受到作为服用合成类固醇药物的处分。第二，运动员要注意从接到通知后至兴奋剂检查站期间，为保证兴奋剂检查结果的可靠性是不允许排尿的，除有检查人员随同外，自己还可选择一名医生或本队教练员、运动员陪同前往。第三，在核对完身份后运动员将被询问是否可提供一份尿样。如运动员感觉无尿意的则可要求当场喝一些密封的饮料等待，但在检查结束之前，必须滞留在检查站内。第四，当运动员准备好后需自选一个密封的留尿容器，并在同性别检查人员的陪同下进入洗手间排尿，为使检查人员在监督过程中确信尿样的真实性，运动员必须使腰的中部至膝关节部分裸露出来。在提供75毫升尿样后，运动员必须认真核对尿样由工作人员密封的过程，以保证送到实验室检查的有号码的样品是其本人的样品。如果运动员不能一次性提供足够的尿样量，则必须在检查站等待，直到能提供足够的尿样为止。第五，运动员要直接监督检查人员将尿样放入“A”瓶和“B”瓶，确认瓶盖被拧紧无渗漏后再被放入专门密封的包装袋（盒）内。

最后运动员要对兴奋剂检查记录单进行核对确认。如姓名、项目、瓶号和最近用药等，每项信息都必须认真核对，一旦签了名，就表示其对检查人员的收样过程给予最终确认。该检查记录单一式四份，通常第一联是随运动员样品一同送实验室的，为保护运动员的权益，只有此联记录单没有运动员姓名和签名，仅有运动员样品的号码；第二、三联是留给组委会或单项联合会（协会）备案；第四联是由运动员本人保存的。

需要强调的是运动员必须在兴奋剂检查记录单上如实申报自己近期所服用过的药物，包括维生素、中药及各种补剂。最好能在参加比赛前就事先准备好自己用过的药物名称记录单，同时让自己的陪同人员也知道曾用过的药物名称，以备询问。这样可便于实验室做检测时提供一定帮助，一旦样品中发现问题，也可从中进行客观分析，找出误服的原因。

（五）兴奋剂检查的结果及其后续工作

当兴奋剂检查完成了实验室检测程序后，会将报告单送至检查实施机构，然后再通过单项体育组织送至运动员所在的单项协会，各单项协会将以信函的方式正式通知给运动员本人。该通知函的内容包括检查的日期、地点和检查结果。

如果运动员的尿样检查报告有问题，将会被单项协会要求解释为什么会有违禁药物出现在尿样中，该运动员应在限定时间内去检查“B”瓶并回答各种询问。运动员所在单位要教育运动员、教练员对此必须给予积极合作。在接受调查期间，如果运动员的答复不能有力地证明自己的清白，那么，将被上级单项协会通知准备举行听证会，但在听证会之前，该运动员将被暂停参加所有的比赛。运动员将有权要求检查“B”瓶样品，一般检查“B”瓶的目的主要是为了确认“B”瓶是否存在同样违禁物质。这项检测费用是由运动员自己付费的，如果证明是阴性，那么运动员所付的检测费用将由兴奋剂检测机构退还本人。如果“B”瓶被查出含有违禁物质，那么该运动员必须参加听证会，听证会将给运动员一个机会，即解释自己的尿样为什么呈阳性。如果运动员确信自己是无辜的，可以请自己的证人参加听证会进行抗辩。国内大型赛事活动将由国家单项协会指定听证仲裁组（陪审团），一般在听证会的当天或稍后作出裁决并以书面形式通知运动员所在单位和运动员本人。一旦裁决认定运动员有兴奋剂违规行为，那么在赛会上所创造的运动成绩将被取消，该运动员还必须退还在赛会期间获得的奖牌和奖金。如果在停赛期间有证据证明运动员是无辜的，单项体育协会将接受仲裁组（陪审团）的裁决，将该案例取消。

一般一个运动员若因兴奋剂检查阳性而被禁赛较长时间，那么该运动员重新参赛前必须接受重复多次的药检，不同层次的单项协会均有不同的规定。运动员

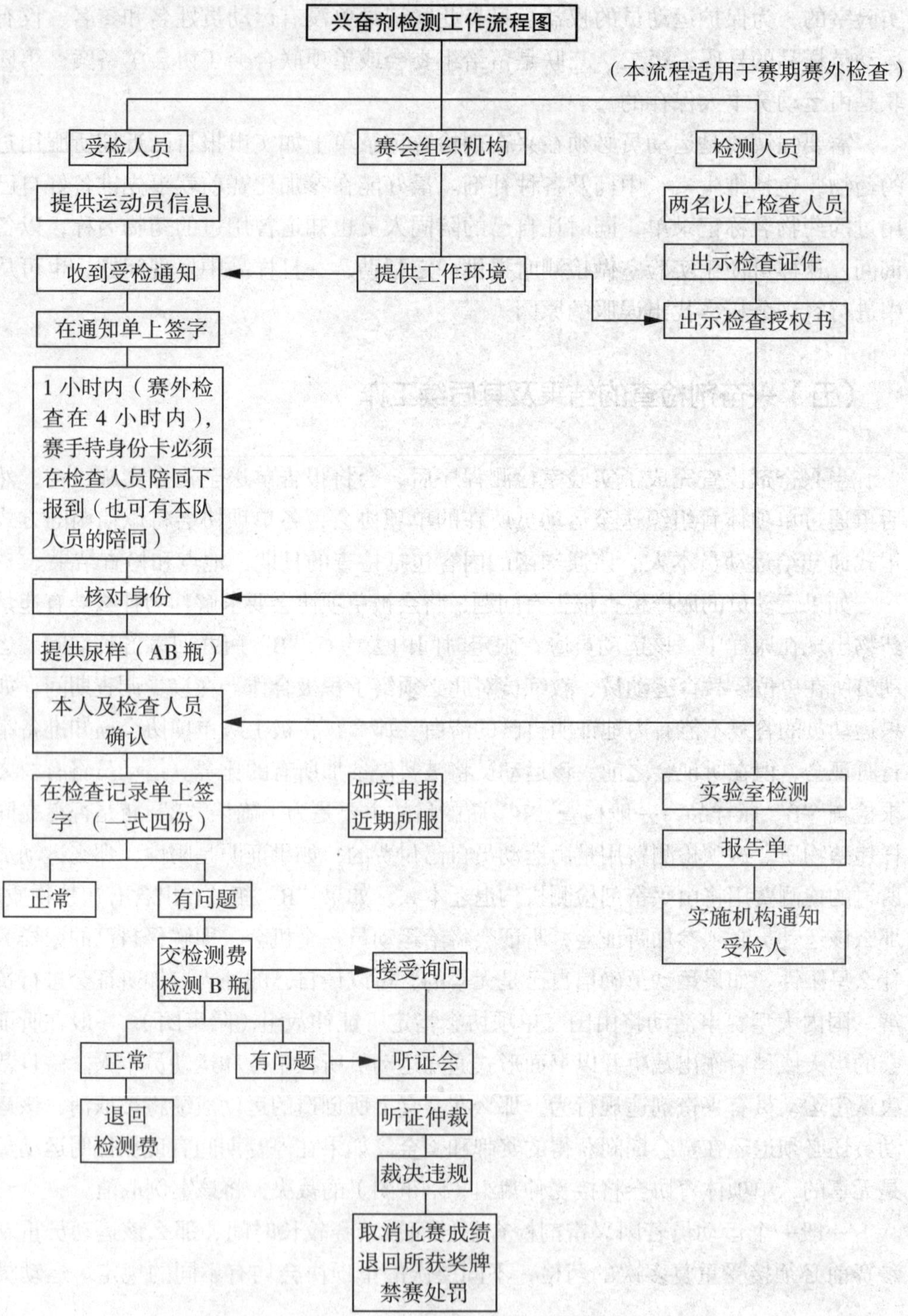
兴奋剂检测工作流程图
（本流程适用于赛期赛外检查）
受检人员
赛会组织机构
检测人员
提供运动员信息
两名以上检查人员
收到受检通知
提供工作环境
出示检查证件
在通知单上签字
出示检查授权书
1小时内（赛外检查在4小时内），赛手持身份卡必须在检查人员陪同下报到（也可有本队人员的陪同）
核对身份
提供尿样（AB瓶）
本人及检查人员确认
在检查记录单上签字（一式四份）
如实申报近期所服
实验室检测
报告单
实施机构通知受检人
正常
有问题
交检测费检测B瓶
接受询问
正常
有问题
听证会
退回检测费
听证仲裁
裁决违规
取消比赛成绩
退回所获奖牌
禁赛处罚

应将此视为自己必须承担的责任。

在兴奋剂检查的组织管理过程中，通常赛外检查的大部分程序和方法与比赛期间的检查是相同的，不同之处就是运动员可能在任何地点、任何时间内接受检查，一般都没有任何预告、预知的过程。可以说只要有兴奋剂检查人员携带一封授权信和身份证明来敲你的房门，就是通知你要接受检查了。所以，各级体育组织在对运动员、教练员进行宣传教育时一定要引导他们尽快适应和熟知这些反兴奋剂工作的内容和方式。

三、体育赛事活动中的体育保险

体育保险是体育赛事管理过程中的一项重要工作内容。我国的保险业整体起步较晚，保险法规也不够健全，同世界发达国家相比，保险的密度和深度都不高，尤其是体育保险，更是一块需求量很大并亟待开拓与挖掘的市场。

（一）我国体育保险的现状

长期以来，我国体育界在体育赛事组织过程或运动队参赛过程中往往依赖于国内几家主要保险公司的赞助方式解决运动员意外伤害的抚恤问题。但事实上，在赞助的环境里，很难开发出好的体育保险产品，最初的体育险种主要为运动员、观众意外险和责任险等。这些险种的出险率高，运动员在赛场上处于拼抢对抗状态，容易受伤；同时人群聚集，容易出现拥挤、踩踏等事故，特别在足球等对抗性强的比赛中，此类事件屡有发生。如果按照风险划分原则，此类保险保费应相应提高，保险责任的划分也应该更加详尽。可既然是赠送的保险，不需要核算成本与出险概率，也不需要竞争，往往出险后能给赔付就可以了。于是久而久之，保险公司也不求进取，不能根据体育赛事特点及时设计和提供新产品，有时最多在传统险种产品上进行一些应变式改良。可见体育赛事的风险控制早已成为软肋，经不住重大事故的打击，更无法承担得起风险之后一系列的后续责任。

1. 体操运动员桑兰的伤残事件引起举国关注

体育保险第一次受到国人关注始于 1998 年 7 月，我国著名女子体操运动员桑兰在美国友好运动会上意外摔伤致残。由于友好运动会为其提供了1000万美元的医疗保险，使她可以及时得到最好的治疗，并且不用为高昂的治疗费用和以后的生存保障而发愁。对于中国体育界而言，桑兰获境外赛事保险赔付的意义不仅仅在于其赛场上遭遇打击后所拥有的后续保障，更重要的是，她是第一例因运动伤残而获得高额保险赔付的中国运动员。有关专家指出，桑兰能够迅速恢复，除了她本身具有坚强意志和乐观精神外，还受益于国外体育比赛完善的体育保险服务管理体系，使得运动员在身受重大不测时，还能有所凭借。这件事让国人第一次目睹了体育保险的作用。

据了解，自1998年桑兰伤残获赔事件使国内的运动员及其家属和国家各级体育行政机关领导人开始意识到体育保险的重要性。从那时起，中华全国体育基金会先后向国内两家保险公司为1400余名国家队的运动员投保了伤残保险，而后又曾经发生过国家自行车队运动员王泽秀训练中不幸身亡和前中国男排副攻手朱刚运动中猝死，以及若干优秀运动员在运动中伤残等事故，根据不同情况他们均及时获得几万元乃至30万~60万元不等的保险赔付或补贴。另外，2003年女足世界杯比赛受当时的“非典”影响，使中国足协等单位的直接损失超过亿元，这些都迫使人们进一步意识到体育保险转移相关风险的必要性。

2. 我国体育保险体系的现实状况

目前国内的体育保险还处于起步阶段，保险市场对于运动系列的特殊需求缺乏足够的研究和重视，由于缺少参照数据，一些保险公司在保险费率的制定上遇到较大困难，当前虽然国家体育总局为国家队的运动员全部进行了投保，但还有为数众多的地方队或俱乐部体制的运动员仍没有充足的体育保险的保障。表明了我国体育保险体系和配套法制还很不健全，保险操作不够规范，缺乏可以沟通体育和保险领域的专业中介服务。究其原因：一是我国体育保险领域的理论研究时间短，水平较低，缺乏从事体育保险研究和开发的专业人才；二是普遍缺乏对体育保险市场的认识，商业保险对个人收缴金额偏高是运动队不愿为运动员投保的主要原因之一；三是缺乏适合中国体育具体情况的体育保险险种。体育保险落后的现状和我国作为一个体育大国和体育强国的地位相比，显得有些不相称，而体育保险的滞后更有可能进一步影响我国体育事业的发展。

（二）体育保险是体育事业发展的必要保障

竞技体育运动具有不断向人类自身生理极限挑战的特点，在训练和比赛中的高难度、高强度、高对抗性和高标准决定了体育运动的高危险性，伤害事故难以避免。应该说运动员是死亡率、致残率都较高的“高危人群”。体育保险是我国体育事业发展到一定阶段的必然要求，是解决运动员后顾之忧的保障，是不以盈利为目的的全新险种。现在越来越多的保险公司正在重新调整与体育部门的合作关系，特别是随着2008年第29届奥林匹克运动会在我国首都北京举行，我国的保险业整体即将迎来一个难得的发展机遇。在这一前提下，体育与保险业应在市场经济原则基础上逐步形成一种与时俱进的新的市场关系，更多地导入市场化商业运作机制，让体育保险告别赞助。据媒体数据报道：我国共有60多万个体育运动场馆，每年仅国家体育总局下达的计划内赛事约600场，各级别的职业运动员达8万人。各级体育赛事所需保险内容十分广泛，其中包括“赛事取消险、公众责任险、人身意外伤害险”等，这无疑为商业保险促体育事业发展方面发挥重要作用奠定了稳定的客户群体。

例1：

2005年6月27日，人保财险与中体经纪公司、中国游泳业协会共同开发了第一个行业性体育保险产品：游泳场所公众责任保险。这是全国首份体育界商业性保险，保险公司可以在体育市场化产生的商业价值中分得一部分利润，当时的国家体育总局副局长张发强在该产品启动仪式上称“这是我国体育保险告别赞助时代的真正开端”。这个行业性体育保险产品推出的当天，深圳跳水馆与中国人保财险签订了商业性的游泳场所公众责任保险及附加猝死意外保险，保额500万元，保险期限一年。据专家介绍，游泳场所公众责任保险一年选择投保可在500万元、1000万元不等，一年内每次事故理赔金上限是50万元。附加猝死意外保险保障发生在场馆内因意外猝死导致的死亡、残疾，每人提供5万~10万元的保险金。

作为国内体育界第一个行业保险，它的意义不仅在其商业化价值上，还在于各方摸索出了一个合作开发体育保险的新模式。即：中体保险经纪公司根据专业知识测算出风险评估数据，提供销售这种产品的特殊渠道，中体保险经纪公司联合中国游泳协会通过行业管理进行推荐，而人保财险则结合自己专业的精算、承保和风险管控的技术优势进行险种开发。

例 2:

2005 年 10 月 16 日，中国人寿保险股份有限公司与第 25 届北京国际马拉松组委会签约独家承保马拉松赛。该保险公司为每位参赛选手提供的总保险金额为 38.33 万元的人身意外保险，保险责任包括：意外伤害医疗、意外身故、残疾及专门针对猝死风险提供的保障，承保范围包括所有职业和非职业选手。与此同时，组委会工作人员每人也获得一份保险金额为 28.3 万元的人身意外保险。当时有媒体称："如果不是 2004 年北京国际马拉松赛第一次发生两名参赛选手猝死的意外，想必保险结缘各级马拉松赛事的时间还不会来得这么快。"

那一次中国人寿保险公司在保险服务上不再仅仅局限于赛后理赔，而是选派了 100 名急救人员分布在各类急救服务区为 2005 年北京国际马拉松赛的所有人员提供全程服务。

上述事例进一步表明我国的体育保险业务开始健康地向前发展。

从 2002 年以来，为了加强我国优秀运动员伤残保险工作，国家体育总局和各级政府体育行政部门全面开展了全国优秀运动员伤残互助保险业务，为在训练比赛中发生伤残事故的运动员提供及时有效和周到的保险服务，以更好地解除运动员后顾之忧，是体育事业可持续发展的又一项有利措施和运动员利益的保障，使每年有数百名运动员获赔受益。

（三）体育赛事活动中的保险内容和方式

体育赛事组织者应当注重加大对各类人员风险管理观念意识的宣传和教育，在赛区内全面导入风险管理观念和技术，使人们认识到风险是客观存在的，采用科学和先进的技术对于风险加以识别、评估和处理，使风险对赛事活动的影响降到最低，是现代赛事组织工作趋于越来越人性化的基本要求。体育保险的内容大体有以下几个方面：

1. 赛事组委会对参赛人员投保意外人身伤残险和意外猝死险。

运动员一旦发生伤残事故后能够给予积极的治疗和最大的关怀，以抚慰运动员及其家庭的需要。

2. 赛事组委会对场地设备、危险品安全、基础工程建设质量投保安全险。

对于像运动器械这类属于高风险的产品，有关方面除了对产品的生产过程和质量加强监督外，还对生产厂家涉及产品责任的损害赔偿能力进行监督，通常要求他们投保相应的产品责任保险，同时，还应规定每次事故的最低赔偿金额。在我国，由于这个领域的法律尚不十分健全和完善，大多数的体育器械生产厂家均没有产品责任保险安排，个别厂家的安排，也大都仅仅是为了促销的目的，其赔偿限额往往较低，难以真正起到保障作用。为此，在与各类供应商，尤其是与那些作为赞助商的供应商的合作过程中，应当充分注意到可能出现的产品责任风险，加强对于这种风险的防范和控制。再有就是涉及大量的基础建设、场馆建设、配套设施建设的产品责任险，一旦发生事故，组织者则将处于第一责任人的地位。任何一个国家在奥运会或洲际运动会的组织和筹备过程中都应在重要项目的建设中注意投保产品责任险。

3. 赛事组委会对参与组织工作的全体人员投保因公意外事故和伤残医疗险。

这属于社会保障体系方面的问题。由于在赛会组织和举办的过程中将会有许多人直接和间接参与到这项活动中来。但在参与活动过程中随时都面临着各种意外伤害的风险。在国外一些发达国家，由于有较为完善的社会保障体系，一旦发生各种意外，则可以通过这些社会保障体系得到补偿。但是，在我国社会保障体系尚不完善，有些特殊的群体往往没有任何社会保障，尤其以学生为主的志愿者中，可能缺乏最基本的社会保障。尽管这些人中有的与组织者签有劳动契约关系，有的则没有，一旦在参与活动过程中发生意外事故导致人身伤亡，组织者则可能直接或间接地面对赔偿责任。为此，在我国对于参与到像奥运会这样的大型赛事活动中的人员，组织者应当考虑作出特别雇主责任风险转移机制的安排，以解决可能面临的风险。

4. 赛事组委会应要求参赛运动队自带保险证明

随着体育保险在体育赛事中的介入和发展，一般情况下，虽然赛事组委会要为所有参赛者投保意外伤残险，但仍应在竞赛规程中列出条款，要求参赛运动队在所服务的单位所在地区办理人身保险手续，以便于运动员一旦发生不测能够获取最大利益。参赛运动队须按照赛会的统一要求办理保单，到赛区报到时与运动员参赛证件一并出示。

（四）体育保险投保方式

当前我国解决运动员伤残保障问题的主要方式是国家统筹、行业互助、商业保险相结合，其中商业保险占据的比重很小。一般体育保险的投保方式有三种：

1. 赛事管理者或运动队领队代表全体人员向保险公司集体成规模投保，请保险专家或经济公司对整个赛事进行风险评估，然后向保险公司招标，并由组委会或运动队统一交纳保险费用。

2. 个人或集体委托代理。运动员可根据个人情况及需求选择险种，委托保险经纪公司或经纪人帮助办理保险业务，通过保险经纪公司的介入，针对各种不同项目的运动员，囊括所有可能的伤病，专门设计配套的保险，集运动伤残保险和养老保险等险种为一体，给运动员提供长期的保障。特殊险种应交纳的费用原则上由个人自理，危险性较大的运动项目一般由组委会或运动队负责委托。

3. 对部分高危群体实行强制保险。可设立专门的基金投资管理机构，通过良好的投资收益扩大保险基金储备，增强保障能力，由保险经纪公司代表运动员与保险公司谈判，避免运动员由于保险知识欠缺所造成的被动，完善投保和理赔机制，争取在尽可能低的保费下获得尽可能高的保额。

（五）体育保险理赔

保险人理赔又称保险理赔，是指在保险事故发生后，保险人根据被保险人或者受益人提出的索赔请求，依照保险合同的约定，对保险标的遭受损失或者损害的情况进行调查核实，并予以赔付的行为。保险理赔是保险人履行保险保障义务的过程。根据保险法对理赔程序作出的规定，保险人理赔应当按以下程序进行：

1. 立案查验。保险人在接到出险通知后，应立即派人进行现场查验，了解损失情况，查对保险单，登记立案。

2. 审核证明和资料。保险人对投保人、被保险人或者受益人提供的证明和资料，应进行审核，以确定保险合同是否有效，保险期限是否届满，索赔人是否有权主张赔付，事故发生的地点是否在承保范围内等。

3. 核定保险责任。为确定保险人是否应承担赔付责任和赔付范围，保险人收到被保险人或者受益人的赔偿或者给付保险金请求后，应当及时作出核定。在任何一个具体的保险合同中，保险人赔偿损失或者给付保险金的责任都是有一定界限的，构成保险责任需具备以下条件：一是受损标的必须是保险合同中载明的保险标的。二是保险标的的损失或损害必须是由保险事故发生而造成的，不属于保险事故造成的损失，保险人不承担赔偿或者给付保险金的责任。三是对于损失的赔偿或保险金的给付，应以合同规定的保险金额为限。四是保险事故的发生，应当在保险合同规定的地点和保险期限以内。如保险标的存放地点变动而未通知保险人，则保险人对保险标的的损失不负任何赔偿责任。

4. 达成赔付协议。保险人与被保险人或者受益人对保险责任范围内的损失或损害，应进行协商并达成赔偿或给付保险金的协议。

5. 支付保险金。保险人在核定保险责任后，对属于保险责任的，有两种支付保险金的方式：一种是按照保险人与被保险人或者受益人达成的赔付协议支付保险金。采用这种方式的，保险人须在与被保险人或者受益人达成有关赔偿或者给付保险金额的协议后10日以内，支付保险金。另一种是按照保险合同的约定支付保险金。采用这种方式的，通常是保险合同对保险金额及赔偿或者给付期限已作约定，因此，应当按照合同约定支付保险金。

保险人按照法定程序履行赔偿或者给付保险金的义务后，保险理赔就告结束。如果保险人不及时履行法定的赔偿或者给付保险金的义务，就应当承担违约责任。保险人不及时履行法定的赔付义务的情况主要有三种：一是保险人在与被保险人或者受益人达成赔偿或者给付保险金额协议后10日内，没有向被保险人或者受益人支付保险金；二是保险人超过保险合同约定的赔偿或者给付保险金的期限，仍未履行义务；三是保险人未按照与被保险人或受益人达成的有关赔偿或者给付保险金额，履行赔付义务。保险人有上述三种情况之一的，除支付保险金外，还应当赔偿被保险人或者受益人因此所受到的损失。

体育保险是体育产业的重要组成部分，体育运动中的各种意外和风险通过体育保险可以得到最佳的化解。美国的体育保险覆盖了竞技体育、学校体育和社会体育等几乎所有的体育领域，能够满足不同层次、不同类型和不同年龄的人群开展体育活动的需求。相对而言，我国的体育市场也十分巨大、发展迅猛。上世纪90年代末，我国体育产值已达1400亿元人民币，国内已注册的运动员约2万人，加上二线、三线运动员不下10万人，3亿多人经常参加体育活动。然而与国外成熟的体育保险相比，我国的体育保险发展仍缓慢，在全部保险业务中只占很小的比例，基本上还处在一种起步阶段，目前，各保险公司只对有运动项目的运动员承保，保险责任仅限于意外伤害和死亡，且运动员在死亡或伤残时最高才可获得30万元的赔偿，其他的责任险、财产险基本上是空白。到2004年3月，中体保险经纪有限公司在京成立，从此我国有了第一家专业的体育保险经纪公司，但从国内各保险公司的产品目录看，有针对性的、能充分体现体育运动特色的保险产品还不多，广大运动员和体育工作者们对此充满期待。

附：我国体育保险大事记

1. 1995 年 3 月，11 位全国政协委员向政协全国八届五次会议递交了议案，要求给那些为我国体育事业作出贡献的优秀运动员、教练员建立伤残保险和养老保险制度。

2. 1996 年，香港南华体育会主席洪祖杭先生在中华体育基金会秘书长吴振绵的提议下，先后向基金会捐款共计 1200 万元用于建立专项保险基金，为所有国家队运动员投保。

3. 1997 年，国家体育总局党组授权，由体育局人事司牵头，财务司协助，将体育保险的建立交由中华全国体育基金会负责具体筹办。

4. 1998 年上半年，中华全国体育基金会保险部与保险公司共同制定了《国家队运动员伤残事故程度分级标准》《国家队运动员伤残事故程度分级标准定义细则》《国家队运动员伤残保险试行办法》等涉及“国家队运动员伤残保险”这一崭新险项的关键性文件。这是国内体育保险（关于运动员保障）的雏形（正式运行在桑兰事件之后）。

5. 1998 年 9 月 28 日，中华全国体育基金会正式同中保人寿保险公司签订国家队运动员伤残保险，其保险金额从 3000 元到 30 万元。

6. 从 1998 年开始，中华全国体育基金会先后为 1400 名国家队运动员投保运动员伤残保险。普通运动员在死亡和伤残时最高可获 30 万元的赔偿，获得世界冠军的运动员最高可获赔偿 60 万元。同时，即使在非训练、比赛时发生意外伤害，每名运动员也可获得最高 20 万元的赔偿。保险期从运动员进入国家队开始，一直到其国家队生涯结束。

7. 2002 年 9 月 27 日，国家体育总局颁布《优秀运动员伤残互助保险试行办法》，对参加“互助保险”的运动员的范围作了明确规定，即投保人应该是“优秀运动员（本办法所称优秀运动员是指全国各省、市、自治区及计划单列市所属正式在编、享受体育津贴奖金制并从事奥运会和全运会项目的运动员）”。

8. 2003 年 11 月 4 日，国家体育总局对体育基金管理中心《关于同意修改部分伤残互助保险条款的批复》增加了扩大伤残互助保险人员范围、增加伤残等级第十一级的伤残等级标准及赔付标准以及相应调高第九级和第十级的赔付标准等内容。

9. 2004年3月7日，我国第一家专业从事体育保险的经纪公司——中体保险经纪有限公司在京成立。中体保险经纪有限公司将从事保监会批准的所有保险经纪业务，主要以运动员保险、赛事保险、体育保险咨询为主体业务。

10. 2004年7月15日，亚洲杯足球赛保险方面的承保竞争尘埃落定。本届亚洲杯足球赛全部赛事总共投保了8亿元的巨额保险，保险责任范围不但包括参赛队的训练设备及器材和其他与赛事有关财产的财产险、比赛期间的公众责任险、雇主责任险，还包含风险较高的各类参赛人员的意外伤害保险。

另据透露，为确保亚洲杯足球赛的顺利进行，保障亚洲杯足球赛重庆奥林匹克中心体育场和现场观众的人身安全，重庆赛区组委会斥资为体育场和观众购买了高达85.6亿元的巨额保险，这笔保险分别由新华人险和中保财险两家公司受理。

中国人寿保险股份公司济南市分公司与亚洲杯足球赛山东省（济南）赛区组委会也正式签订了协议，成为2004年亚洲杯足球赛济南赛区独家承保保险商。中国人寿保险股份济南市分公司此次为2004年亚洲杯足球赛济南赛区组委会工作人员及前来观看比赛的预计20万名观众承保人身意外伤害保险。

除此以外，各省、自治区、直辖市体育行政部门均相应出台了本地区关于运动员保险及体育赛事保险的各种政策和实施意见，使我国体育保险业进入了一个空前的发展时期。

四、体育赛会对参赛运动队的管理

参加比赛是运动训练的目标，运动员通过赛场上的竞争达到运动技术水平的充分发挥是从事训练工作者最终目的的实现。参赛运动队在整个运动会大系统中属于被管理方面，但就其自身的组织管理而言，又是一个相对独立的管理体系。一般参赛运动队自身管理水平的高低，亦是影响运动赛会能否成功举办的重要方面。

（一）参赛运动队的组建

目前国内竞赛参赛运动队的组建一般分为两种形式：一种是参加综合性运动

会，以行政区域或行业系统为单位，由参加比赛项目的各运动队组成代表团的形式参赛；另一种则是参加某一个单项比赛而直接由运动队报名参加的参赛形式。

1. 参加综合性运动会代表团的组建

目前我国各层次综合性运动会通常是以行政区域或产业体协为单位组成代表团参加的。这类代表团是一个较庞大的综合实体，它包括行政官员；经选拔的各项目优秀运动员、教练员和领队；同时还包括为保证运动队参赛提供服务的其他专门人员，如信息、技术指导、医务、交通、思想教育工作、科研、统计和炊管人员等。这类代表团的管理分两个层次，一是代表团总部的管理，二是各专项运动队的管理。在大型综合性运动会中，总规程一般规定各代表团设团长 1 人，副团长 2~3 人，秘书长 1 人，副秘书长 1~2 人，联络员 2 人，医生等其他管理人员若干。另外各单项规程中一般规定各参赛运动队设领队 1 人，教练员按各项实际要求规定若干人数，随队医生 1 人，运动员人数均按各单项参赛规程中报名人数规定执行。

代表团人员的构成，一般专业人员（领队、教练）均为原所在单位或运动队的管理人员；团长、副团长和秘书长等均须为行政区域的政府有关官员出面担任，以便于协调该地区各部门对代表团工作的支持与合作，如经费、交通、食品供应及安全方面的保证。此外，如果总规程规定的团部工作人员人数不够用，各代表团还可在自行解决交通、食宿的前提下，适当增加必要工作人员数量，经费自理。

2. 参加单项竞赛各运动队的组建

参加各单项比赛运动队的组建比较简单，管理层次单一，运动队的管理者及被管理者均为运动队的原班人马。一般单项规程均规定设领队 1 人，教练员、运动员按实际参赛需要规定具体人数。这种小型运动队虽然规模不大，但管理者在队伍内也具有人、财、物的实体性管理权限。若规定人数不足时，亦可在自费解决交通、食宿的前提下适当增加辅助管理人员。

（二）参赛的管理工作

各参赛代表团或运动队组建后除继续抓紧专项训练准备参赛外，各队内的管理人员要特别注意学习并研究有关大会组委会下达的各类文件及要求，以随时引导运动队进入赛前大会统一管理的状态中。

1. 研究规程

竞赛规程是体育竞赛的组织法规，在这一法规中的每一条款都体现着某一时期国际体育或我国体育发展的方针和政策，同时体现出举办运动会的目的和任务。为此，各参赛代表团或运动队首要的任务是一字一句地认真学习、研究总规程和单项竞赛规程的条文，吃透精神，全面理解规程中有关参赛范围、参加办法、竞赛办法、资格审查、奖励原则等各项技术规定。以便于训练部门更合理地选择参加项目，安排参赛人选，使自己的运动队多年艰苦训练的成果得以科学地、巧妙地加以实现。

另外，管理人员还要注意到大会组委会随时下发的每一次补充规程或通知，随时通知运动队按最新信息调整运动训练中的某些误差。

2. 组织报名

正式报名是参赛代表团或运动队表示参加运动会意向的第一标志。组织好自己队伍的报名是运动队配合大会做好竞赛组织工作的保证。在大型竞赛活动中，往往由于报名工作做得不细而给大会竞赛的报名注册工作带来许多麻烦，有时甚至给本队的参赛带来不良后果。为此，各代表团或运动队首先要注意严格遵守大会统一规定的报名时间，切勿迟报，否则将失去参赛机会。第二要注意认真填写各类表格，切勿出现将参赛运动员的报项填错或参赛年龄组不准确等技术错误。第三要注意错别字问题，电子版报名表要反复核对，切勿出错，尤其要注意报名表的填写要求和各项代码的确认，经反复核对确认无误后再发送。第四要严格把好资格审查关，切勿有任何麻痹或侥幸思想，否则将造成运动员、教练员的终生遗憾，同时也对运动队造成不良影响。

3. 安排报到

各代表团或运动队应按大会统一要求到大会指定地点报到，并按大会行政部门的计划及时安排好本队官员、工作人员、运动队的食宿和交通，组织代表团按大会的日程表统一行动。要注意运动队临时性集体外出或自由活动时，应事先与组委会取得联系，了解清楚当日活动变化情况，以免错过行政官员出席大会临时安排的礼仪性活动以及领队、教练员、裁判员联席会等临时性会议的机会。

4. 管理证件

代表团和运动队要有专门人员负责与大会安保部门票证机构联络。凡是大会提供的身份证、参观票及其他证件，要及时向组委会有关部门领取并及时对号发放。关于返程车、船、飞机票的预订、领取和发放，均应有专人分工办理，不能多人过问，以防出现遗漏，造成工作损失或混乱。

5. 重视教育

管理人员要注意做好参赛运动员的思想教育工作，以确保大会圆满成功。

首先，要教育运动员遵守驻地的各项规章制度，听从大会统一指挥和日程安排。

第二，要教育运动员提倡良好的赛风，遵守赛场纪律，服从裁判，争创精神文明运动队。

第三，要教育运动员注意个人安全，比赛期间维护当地治安秩序，不惹是生非。

第四，要教育运动员爱护公共财产，驻会期间损坏公物必须照价赔偿。

6. 办理保险

办理体育保险，用以作为运动员特别是从事危险项目运动员的意外医疗保障，已成为当今组织及参赛管理者不可缺少的一项重要工作。由于运动员在参加赛事活动中面对紧张、激烈的竞争环境，很容易出现兴奋过度、动作变形或其他多方面原因而造成的意外运动创伤或身体损伤。一般情况下，承办赛事的国际体育组织、国家体育组织和赛会组委会从安全和保障运动员的权益考虑都会要求参赛运动队到达赛区报到时，除了需出示运动员身份证件外，还需出示个人的人身保险及人身意外事故险的凭证方能参赛。因此运动队管理者须在运动员所服务单位的属地，根据本单位的经济状况和项目特点，按赛会要求选择险种向保险公司为运动员投保。

各参赛代表团或单项运动队如能认真做好以上六个方面的管理工作，将对保障整个赛会的组织工作产生重要影响。可见各代表团和运动队的管理工作十分重要，各级体育部门的领导不可忽视。

第4章

体育竞赛的经营管理

体育竞赛是体育运动最重要的表现形式，其经营管理是体育管理学的重要内容。本章从体育竞赛的本质入手，介绍我国体育竞赛经营管理的管理体制、竞赛投入、竞赛效益，以及举办大型赛事对城市形象的影响等内容。

一、体育竞赛的经营管理概述

在相当长的历史时期，体育竞赛活动都是作为人类文化活动的重要组成部分，一方面作用于衡量体育运动竞技水平的检验手段，另一方面服务于公众健身和精神享受的社会福利形式而存在。世界各国的重大体育竞赛活动都曾经作为国民的精神文化活动而得到政府的社会公共事业资金和基础资源条件的保障，并借此展示其国力。于是体育竞赛活动往往取决于国家公共福利资源的有限支撑和政府治国的政治需要而存在。在我国近代也曾出现“国力强而体育兴，国力弱则体育衰”的说法。1984 年洛杉矶奥运会前，世界各国举办奥运会基本上都被举办国政府视为一种形象工程来运作。这个世界上最重大的体育赛事往往给举办国带来的是政府沉重的经济负担和公众被动的体育消费。但洛杉矶奥运会则不同，当美国政府宣布不再为举办奥运会提供政府支持后，美国商人尤伯罗斯创造性地提出了“以奥运养奥运”的新思路而改变了一切。他靠商业集资的方式为洛杉矶奥组委创造了 2.5 亿美元的纯利，不仅开拓了举办大型体育盛会的崭新思路，而且首次向世人阐释了一种新理念，即体育不只是纯消费，不仅属于精神享受的范畴，它还是一个潜力和商机无限的产业。之后，在 1996 年亚特兰大奥运会上，尤伯罗斯的新理念再次得到充分发挥。美国商人比尔佩恩随之将奥运经营推向更新的境界，在他的精明运作下，亚特兰大奥运会被当时的经济学家们估计共产生了 51 亿美元的经济效益。接下来的悉尼和雅典奥运会采用了同样的商业运作模式，举办国均从海外获得了十分可观的直接经济收入。据 2000 年的有关资料显示，当时世界体育产业年产值已达 4000 多亿美元。其中国际足联的一项研究表明当年仅与足球有关的营业额就高达 2500 亿美元。由此可见，体育竞赛活动所蕴藏的巨大商机，所带来的巨额利润让越来越多的人认识到了这个新产业的巨大魅力。世界上不少经济学者预示体育产业同旅游业、影视业和网络业一起将成为21世纪最有活力和广阔前景的“朝阳产业”。其在推动城市建设和创造就业机会等方面的作用日显突出。从国际经验来看，举办一次奥运会或世界杯足球赛，可使举办城市基础设施水平提高20~50年，并提供数以万计的就业机会。例如，汉城奥运会曾给当时的韩国创造了3.4万个就业岗位；悉尼奥运会给当地提供了15万个就业机会。为此，体育竞赛活动的经营管理越来越被国家以及公众所重视。

随着社会的发展和体育竞赛在世界各地的广泛传播，体育竞赛的水平越来越高，规模不断扩大。目前已经发展成为以奥运会为代表的世界范围的大规模竞赛活动，并已形成相对稳定的制度。

任何体育竞赛的举办都面临着人、财、物、时间投入的有限性和本身又创造一定社会与经济效益之间的矛盾。特别是当前，体育竞赛越来越市场化，这就要求竞赛的举办者必须以极高的效率，合理使用有限的人力、物力、财力等资源，以实现其效益目标。

根据以上分析，我们可以将体育竞赛经营管理理解为，体育竞赛的组织管理者为了有效的实现竞赛的效益目标而对体育竞赛进行计划、组织、协调、控制的过程。

二、我国竞赛经营活动的现状

（一）中国体育竞赛的管理体制及经营方式

1. 体育竞赛的管理体制

我国现行的体育竞赛的管理体制是在政府有关部门即国家体育总局的统一领导下，由各运动项目管理中心或项目协会分管各项目的全国性竞赛表演事务。地方体育局的项目管理中心配合国家项目管理中心的部署，参与全国性竞赛并举办地方性竞赛。从这个意义上说，运动项目管理中心是赛事经营的主体。运动项目管理中心是国家体育总局下属的事业单位，负责所辖项目的行政管理。既负责本项目的普及、提高和国家队的建设，又从事常规赛事和职业联赛的管理。在项目市场管理方面，既制定政策法规，又从事具体经营活动。对重大经营业务行使决策权。有关决策者甚至还亲自参加重大合作项目的洽商。值得一提的是，项目管理中心又是该项目的协会，具有明显的官民二重性特点。

各项目管理中心一般都下设经营部或开发部，负责本项目市场的经营。其操作程序基本上是：首先由中心的领导层决定经营的内容，主要包括推广的赛事、赛事冠名和电视转播权等。然后由经营开发部和有意向的合作者联络、通讯。最后进行洽商或竞标，达成合作项目。在运作过程中经营开发部往往成为办事机构，对重大商务无经营决策权。

运动项目管理中心都下设公司，主营业务是协会赛事的推广。但是在实际运营过程中，有的公司是自主经营、策划包装商业赛事，进行市场推广。例如，中国武术散打王争霸赛，主要是由“国武”公司进行宣传推广。然而，大多数附属公司主要是在中心或协会的经营开发部门控制下进行运作的，并非真正意义的公司经营。它们的经营范围是协会经营开发部门运营商务以外的业务，即经营开发部门包揽市场最大，效益相对最好的业务，附属公司在协会的授权下，经营其余业务。

2. 体育竞赛的经营

体育竞赛的经营因赛事类型的不同而有所不同。常规赛事是指计划经济体制下实施的锦标赛和冠军赛等。常规赛既是运动项目普及与提高和实施奥运战略的需要，也是职业联赛技术和人才的基础。在当前的体育竞赛社会化、市场化的转轨时期，国家体育总局竞技体育司的竞赛部每年都举行常规赛事的招标会，实行赛事申办制度。具体操作过程是先由各项目管理中心向竞体司申报招标项目，由竞技体育司印发给各省市体育局。地方体育局酝酿成熟后参加投标申办工作。一般由地方体育局、企业和经纪机构参加招标会。由竞体司向承办单位依据参赛的人数拨发竞赛的定额款项，不足部分由承办单位自筹。赛事经营权归承办单位，以便筹资。这种形式使得竞赛资源和社会资源巧妙结合，是具有中国特色的竞赛市场机制。有条件、有能力的单位承办比赛既可能盈利，又使得常规赛事获得举办，既节省了国家的开支，又锻炼了队伍。项目管理中心可以把精力置于青少年的培养和体育落后地区的扶植方面。例如，青少年比赛一般不易得到投标承办，中国排协则每年举办青少年队集训，集训后举行比赛，既使队伍得到了锻炼，又激励了他们的训练积极性。

职业联赛都是国内一流队伍参赛，最具商业价值。他们基本上可以做到不用政府投资或减少政府投资，而由企业投资经营。项目管理中心对职业联赛实行商业化运作，销售联赛无形资产获取收益。

（二）体育竞赛经营的投入分析

现代体育竞赛，无论是世界性、洲际性，还是全国性、地区性的竞赛，其规模是越办越大，耗资越来越多。由于竞技水平和竞赛规模的提高，举办竞赛的国家或地区所耗费的资金也越来越多。

以我国全运会为例，每届全运会各省市都投入大量人力、物力和财力，积极备战，并且把成绩高低作为评估各省、市体育工作好坏的首要评定标准，把财政预算和工作重心都放在了竞技比赛上。如第8届全运会期间广东省投入经费1亿元，山东省也超过1亿元，上海市则在2亿元左右。到第9届全运会期间广东和山东两省的体育经费投入已经接近了2亿元，而上海市则在3亿元左右。我国大型运动会的备战资金投入可以直接的折射出这种大型运动会的资金投入逐年增加的特点。

巨额的竞赛费用，如果只靠国家政府或地方政府拨款是不可能完成的，需要多方面的筹集，必须寻求企业和财团的帮助，也就是说要广泛寻求社会的支持和帮助。据资料统计，1984年洛杉矶奥运会赞助400万美元以上的财团就有30家，1988年汉城奥运会赞助的企业近100家，1992年巴塞罗那奥运会有2800家企业予以赞助。这些数据说明了除政府以外的资金来源越来越多，渠道呈多元化发展。处于社会转型期的我国体育投资必须建立多元化的投资体系，才能促进我国体育竞赛事业的健康、持续发展。

2005年在南京举办的十运会，在筹资模式上与以往有较大的区别。它完全告别以前的政府“大包干”，筹办伊始就提出“政府推动、市场运作、社会赞助”办赛总方针。一句话，政府只是“搭台”而不拨款。赛事所需经费要通过市场集资。2003年10月23日，十运会筹委会在南京召开了十运会市场开发赞助招商推介会，资源开发工作正式启动。2003年11月，“十运会资源开发有限公司”成立，十运会一切市场开发工作由十运公司全权负责。其实从1997年八运会开始进行赛事市场化探索起，国内历届运动会筹委会都有专门负责市场开发的部门，一般称为“筹资部”或“筹资委”，有的干脆沿袭了上世纪七八十年代政府通过发动全社会募捐办运动会的传统习惯，冠以“集资部”之名。

“半市场开发”实际上从以往的八运会、九运会就开始试点，上海八运会资源开发的收益是1亿元人民币，九运会则为2亿元。但事实上，如果没有政府财政的扶持，这两个数字都与举办一届全运会所用的经费相去甚远。

十运会的筹资招商模式从一开始采用雅典奥运会的TOP办赛模式，直接与国际惯例接轨。

根据十运公司市场开发的“精品战略”方案，确立了赞助招商、特许经营、社会捐赠、门票销售和电视转播权计划等四级招商模式。

其中，合作伙伴是赞助招商的最高层次，享受十运会最高级别的礼遇，赞助金额的要求也是最高的，基准价为1500万元；赞助商则是赞助十运会的第二个层次，最低的出资额不低于800万元人民币，限定20名，根据招商进程，此项工作从2005年初开始正式实施。

相应地，企业赞助十运会所获得的收益主要包括官方荣誉、行业收益、冠名权的收益及广告收益等方面。与奥运会市场开发的“TOP”模式如出一辙。关于奥运会的TOP计划我们将在后面作详细介绍。

（三）体育竞赛经营的收入

1. 门　票

门票是体育竞赛观赏价值的基本实现形式之一，也是体育比赛的主要收入。出售门票的基本策略是梯次定价、套票优惠、提前预售和旅行社代售等。如2004年在我国上海举办的F1中国站比赛，门票共分为九个等级，即最贵的为“主看台钻石区”，三天套票为3700元人民币（450美元）；最便宜的为“无座席看台区”；三天套票为370元人民币（45美元），单日票则为160元人民币（20美元）；其余的门票分散在“主看台白金区”“主看台黄金区”“主看台白银区”“副看台”以及其他看台区。F1赛事中国站的门票全部售罄，纯门票收入超过3亿元。相比之下，我国的足球、篮球、排球等职业联赛门票收入状况不尽人意。

2. 赞助费

由于体育竞赛的独特魅力，巨大的市场影响力，企业特别是实力雄厚的企业对赞助体育竞赛情有独钟。如2005年举行的第10届全运会，其资源开发创下了我国全运会资源开发新纪录，签订的赞助合同金额达4.7亿元，净收入近4亿元，比往届全运会资源开发的最高纪录还高一倍。中国移动、中国电信、中石化集团、可口可乐、锐步等12家国内外知名企业，纷纷亮相十运会，成为最高级别赞助商合作伙伴名单，他们的加入门槛最低是1500万元。

3. 电视转播

电视转播是电视台以广大观众的精神文化的需求为市场，投资赛事组织者买断某一赛事的电视转播权，向地区、全国乃至全世界进行赛事的现场直播的一项经营性活动。电视转播权则是体育组织或赛事组织者举办体育比赛时许可他人进行电视现场直播、转播、录像，并从中获取报酬的权利。体育组织或赛事组织者将赛事转播权有偿转让给电视台，由于是以价值实现和赢利为目的的，因而转播权也就变成了体育非物质商品。而电视机构购买这一特殊商品，最终目的还是为了追求利润。很显然，在电视黄金时间播出比赛实况时，收视率就很高，这样做更有利于吸引商业广告并获得可观的广告收入。当然，体育比赛的形式、规模及体育项目的不同，其电视转播权的销售价格有很大差别的。自1960年冬季奥运会以5万美元出售了电视转播权，66万美元出售了夏季奥运会电视转播权以来，电视转播给体育比赛带来了滚滚财源。如2002年足球世界杯电视转播收入达到了3.988亿美元，2004年奥运会的电视转播权收入再创新高，达到了14.98亿美元。

4. 其他收入

如特许经营项目，纪念商品等。

（四）体育竞赛经营的效益分析

体育竞赛的效益是指通过举办竞赛所取得的效果和利益。运动竞赛的效益是竞赛目标和功能实现程度的集中标志，是体育竞赛的活力所在，也是竞赛赖以发展的重点因素。因此，努力提高竞赛的效益就成为竞赛管理的根本目的。

奥运会，作为世界竞技体育的顶峰，作为规模最大的国际文化活动，耗资巨大。但同时，奥运会又是“注意力经济”的最高表现形式，主办国及城市能获得良好的效益。奥运会的收支体系及效益对我们分析体育竞赛的效益具有很高的参考价值。下面，我们以奥运会为例分析赛事的效益、评价以及提高竞赛效益的途径。

1. 奥运会的收支体系及效益分析

（1）奥运会的收入体系

奥运会的收入主要有两大主体：一是国际奥委会，二是奥运会主办国的组委会。奥运会组委会作为奥林匹克知识产权的权利人之一，是获取奥运收益的主体。国际奥委会营销收入的拨款是国际奥委会对奥林匹克营销具有全面管理和优先使用权。因而，面向全球的国际奥委会的营销收入是巨大的。但其收入的相当一部分要下拨给比赛组委会，以保证奥运会的顺利进行。

国际奥委会的营销收入主要由以下几个部分构成：

①出售奥运会的电视转播权。奥运会作为最高水平的体育比赛，作为世界最大规模的文化活动，能吸引最多人口的注意力，上至国家元首，下到平民百姓。为了观赏比赛，能引起战争以外最大的人口流动（表 4–1）。

表 4–1　六届奥运会规模

奥运届期	国家	选手/人	门票/万张	国外游客/万人
1972 年慕尼黑	122	7147	330	15
1980 年莫斯科	81	5872	513	15
1984 年洛杉机	140	7616	750	23
1988 年汉城	160	9581	479	22
1996 年亚特兰大	197	10332	不详	30
2000 年悉尼	199	11116	960	44

出售奥运会的电视转播权，是奥运会"注意力经济"的基本实现形式，电视转播权收入是迄今为止奥运会的第一收入，也是增长最快的收入之一。悉尼奥运会收入 13.18 亿美元，北京奥运会预计收入可达 16.97 亿美元，4 年间增长了 28.8%。国际奥委会将收入的 49%左右分配给主办国的组委会。北京奥运会可从中得到约 7.09 亿美元。

②奥林匹克全球伙伴计划（TOP 计划）。1985 年开始的 TOP 计划，以国际知名大企业的巨额赞助为主要形式，四年为一个周期。现已进行到第 5 期。奥林匹

克赞助计划共分为三个层次：除了国际奥委会赞助计划之外，连同奥运会组委会赞助计划、国家奥委会赞助计划都包括在内，形成一个整体。因此，奥运会组委会和各个国家奥委会的赞助计划都要服从于国际奥委会的赞助计划。奥林匹克全球赞助计划具有排他性，每类产品只接受一个赞助者，并享独有的全球广告宣传权益。因此，世界超级大公司、企业都争先恐后地竞相加入其中，如可口可乐、IBM、柯达、麦当劳、松下、三星、VISA公司等。前4期总共获得11.69亿美元的收入。悉尼奥运会组委会分得收入的33%，达5.36亿美元。目前，赞助的最低起点为6000万美元，竞争依然相当激烈（表4-2）。

表4-2　奥林匹克营销计划实施统计

TOP届别	赞助商数	赞助资金下限（万美元）	赞助金总额（亿美元）
1	9	400	1.15
2	12	1000	1.75
3	10	4000	4.00
4	11	4500	5.00
5	10	6200	6.20

③奥运会赞助商。为了满足奥运会的需要，为大会提供各种物资和服务的赞助商家主要集中在航空、交通和电信领域，它们通过实物或服务来体现对奥运会的支持。由于其赞助份额低于全球合作伙伴，因此，获得的营销权和机会要少一些。目前国际奥委会的主要供应商有奔驰、汉莎、美津浓和兄弟公司等。

④特许经营权计划。奥林匹克特许经营权计划是国际奥委会市场开发的又一主要形式。它是通过商家与奥林匹克知识产权组织签署特许经营合同的形式，购买奥林匹克标志、徽记、吉祥物等奥林匹克标识的使用权。国际奥委会特许经营产品分为两个层次，第一层次是国际奥委会批准可以使用奥林匹克标志、可以在世界营销的产品；第二层次是奥运会组委会主要在该国营销，只能使用该届奥运会标志和吉祥物，不能使用五环标志的产品。

奥运会组委会是确保比赛顺利进行的指挥中心，是具有法人身份的权利机构。筹集比赛经费是其各项工作的基础，必须在国际奥委会的协调下开展卓有成效的经营活动。其收入渠道主要有：

⑤组委会的合作伙伴竞标。在国际奥委会确定的赞助商之外，可自主确定10~15家组委会的赞助伙伴。由于是组委会赞助的最高层次，并且同种类产品具

有排他性，故竞争后的价格很高。

⑥组委会的供应商选择。主要指挑选在交通、电讯、办公、服装等领域为组委会提供实物和技术服务的企业。

⑦发放标志商品的营销许可证。在商品上使用奥运会标识、徽记、吉祥物等标识徽记，必须向组委会购买营销许可证。费用一般为利润额的10%~15%。商品主要集中在T恤衫、遮阳帽、钥匙链、纪念章、口杯、玩具等等。亚特兰大奥运会仅T恤衫就售出3000万件。悉尼奥运会此项收入达2.13亿美元，占全部收入的11%。悉尼奥运会还发行了纪念章1000多种，在世界各地销售火爆。

⑧发行彩票。发行彩票是有效的传统形式，把奥运会与彩票结合起来，可大大激发民众投彩热情。蒙特利尔奥运会此项收入高达2.3亿美元，甚至超过了总收入的50%。

⑨销售纪念币。纪念币质地分白金、金、银、铜等。有的有面值，有的没有面值；有的价格便宜，有的价值昂贵。20世纪80年代前发行奥运会纪念币曾是奥运会的三大主要收入之一。莫斯科奥运会发行5套包括白金在内的纪念币，获利2.6亿美元。

⑩出售门票。门票是奥运会观赏价值的基本实现形式之一，也是奥运会的基本主要收入。悉尼奥运会门票销售9600万张，收入多达3.76亿美元，占总收入的19%，是近20年来收入比例最高的一届比赛。出售门票的基本策略是梯次定价、套票优惠、提前预售和旅行社代售等。

⑪发行纪念邮票。集邮被称为世界“第一收藏”，拥有亿万爱好者。奥林匹克邮票作为最具周期收藏意义的邮种，深受爱好者喜爱。从第1届现代奥运会起，邮票就成为奥运会的稳定收入来源。为提高效益，有的国家还发行带有附加面值的“捐资邮票”，进一步增加了收入。

⑫发售广告。为树立形象，宣传商品，不少厂家千方百计地要在奥运会上展示自己。但是，《奥林匹克宪章》明确规定，“比赛区及其上空不许有任何形式的广告宣传”。于是声像、文字及户外广告便成了组织者们追求的目标。

⑬财产出售。比赛筹备期间，组委会积累了为数不少的资产。这些资产，在比赛以后，不能旁落他人，必须通过市场销售，回收大笔资金。

（2）奥运会的支出体系

举世瞩目的奥运会是现今社会规模最大的社会文化活动，主办奥运会是一项浩瀚的系统工程，其经费开支甚巨。应该认真研究奥运会的资金流向和节约资金的渠道，使有限的资金发挥出最大效益。另外奥运会的支出可按其使用性质分为三大类：主办城市基础建设费、比赛场馆设施建设费、比赛组织业务费。

①主办城市的基础设施建设费。奥运会举办期间，主办城市要接待数以 10 万计的不同国度、地区和不同需求层次的国内外来宾。搞好城市基础设施建设是提高接待服务质量、保证赛会顺利进行的前提条件。其中包括机场、道路等交通建设或扩充，供电、供排水等能源建设或增容，电讯、电视等信息工程建设，奥运村建设，旅馆、饭店等餐饮设施建设，环境保护设施设备建设购置等等。应当看到，上述各项开支是城市基本建设费用，属于固定资产投入，具有开发性和生产性。比赛结束以后，这些设施还可继续使用，发挥效益，造福当地，并可能逐步回收成本。因此，奥运会在计算运营成本时，不将此项开支列入其中。尽管如此，对这笔经费的使用，也不能草率行事。因为这毕竟是投资，而且是巨额投资。赛会组织者要努力将为奥运会而准备的城市基础设施开发与城市的长远发展建设规划结合起来，做到长远规划提前实施。此外应大力压缩专为赛会而增加的一次性建设投入。凡是这种项目应注意挖掘潜力，或在原有可利用的基础上进行改建和扩充，或注意这种设施功能设计的兼顾，使赛后得以综合利用。巴塞罗那奥运会期间，为减少赛后并不需要的过多的旅馆和饭店的建设，赛会期间调集了大型游轮停泊到城市码头边，专门接待游客住宿，有效地解决了房间紧张问题，节约了大笔建设资金。雅典奥运会故伎重演，豪华游轮又一次为数千人解决了“住房”问题。与此同时，主办者们大量的使用帐篷，替代永久性建筑。就连奥运村这样重要的建筑，也没有怎么装修，全是水泥地面。不仅节约，而且方便赛后购房居民的使用。

②比赛场馆及相关设施建设费。场馆设施是进行奥运会比赛的本体性建筑，是确保比赛圆满进行的基本条件。各项目场馆都有专门规格标准，必须不折不扣地照章行事。从投入的角度看，体育场馆尽管也是基本建设项目，也属于固定资产，但是，体育场馆多属社会公共事业性质，特别是用于比赛的观赏性场馆，投资大，赛后使用率低，资金的回收相当困难。因此，对比赛场馆的建设一定要从城市发展的总体规划出发，要从赛后综合利用和方便市民健身出发，合理规划，宏观调控。凡能利用现有场馆或通过改造可以达到要求的，则不必新建。设计时，在严格执行比赛规范标准的前提下，提倡简朴实用，不必过分追求规模和装饰档次。在奥运会体育场馆建设上是有正反两方面经验教训的。蒙特利尔奥运会

为追求场面气派，专门为主体育场设计了宽大漂亮的顶棚，但因资金短缺等原因，一直到比赛结束后一年多还躺在港口上睡大觉。本想在奥林匹克公园内修建的163英尺（约50米）的标志建筑——世界最斜的高塔，也因设计和材料原因不得不中途停工，以一个半截子工程展现在奥运会面前，赛后修改方案后才得以完工。而1984年洛杉矶奥运会修旧利废，在场馆建设上几乎没有投入，因而，开创了奥运会经费自给有余的历史。雅典奥运会的建筑理念是“能用帐篷，决不砌砖头”，因此，奥运赛场帐篷林立，不仅花费很低，而且赛后一拆就不留任何痕迹。对于只为比赛而建设的项目，则能省则省，如地板是碎木屑压制的，电路线走明线等等。

③比赛的组织业务费。比赛的业务组织费是指用于筹备、组织奥运比赛，赛后不能得以回收的流动资金。其中包括竞赛费、通讯费、食宿交通接待费、礼仪费、保安费、医疗费，以及公关费等等。比赛是奥运会的中心环节，比赛直接业务费的供给水平是影响赛会质量的基本因素。因而，组织业务费必须给予保证。但是，还应当看到，与基础设施和体育场馆两项开支相比，这笔开支是比赛的纯消费，是永久性支出。同时，组织业务费是由组委会负责的款项，其支出水平是决定赛会经济管理和效益水平的重要依据。专家认为，对奥运会组织委员会而言，节约奥运会的开支，重点在于控制组织业务费的支出。深入分析，可以发现，比赛的组织业务费有3个流向：A.比赛的直接业务费。包括制定计划费，宣传费，联络费，竞赛费，开幕式、闭幕式等礼仪活动费，药检费，保险费，保安费，医疗费等等。此项开支是比赛的基本开支，又称核心开支，是奥运会经济保证的重点，一定要给予重点投入，以确保比赛的高质量运行。近年来，保安费大幅度增加，这是由于“9·11”以后，国际间的恐怖与反恐怖斗争更为激烈，大型集会式活动成为恐怖组织袭击的主要目标的缘故。对此项开支给予重点保证，但也不等于可以大手大脚。如奥运村各国升旗的旗杆是必须设置的，但是其高度并没有规定。雅典奥运村200多个旗杆，就比我们通常见到的至少矮了一半，这并不影响升旗的程序和效果，经费倒省了许多。B.接待与服务费。包括住宿费、餐饮费、交通费、通讯费、文化活动费和礼品费等等。搞好服务与接待是东道国的义务和责任，是办好奥运会的重要前提，在经费投入上应给予足够的保证。但是应当贯彻标准服务和等级区分原则，按国际接待的惯例执行，不搞破格接待，不做超标准服务。C.行政管理费。主要包括人员培训费、办公费、公关费、会议费、工作人员酬金、制式服装费等等。为建立良好的指挥办事系统，并使其高效

率地正常运转，给予赛事的行政管理以经费支持是必要的。但是，提高办事效率，压缩行政编制，仍是历届奥运会节约支出的基本着眼点。对于转轨时期的我国来说，此项工作尤为重要。奥运会的经济效益在当今“注意力经济”价值飚升的信息时代，奥运会作为当今社会规模最大、最引人注目的社会文化活动，其经济价值是巨大的。从奥运会主办国获得效益的主体看，其经济效益可分为组委会经济效益和主办国经济效益两类，又称为直接经济效益和间接经济效益。

（3）奥运会的效益分析

①奥运会的经济效益可从直接和间接两个方面来考察。奥运会的直接经济效益，又称赛会经济效益，是指比赛组委会通过增收节支而直接获得的效益，一般以组织业务费的开支与组委会收入之比来衡量：经济效益比率 = 组委会收入／比赛业务费开支。不难理解，经济效益比率小于 1，即为亏损；超过 1，即为赢余，数值越大，效益就越好。从奥运会的直接经济效益看，自 1984 年洛杉矶奥运会开始，各届的经济效益比率均超过或达到 1，说明各届奥运会都没有亏损（表 4–3）。

表 4–3　第 23~27 届夏季奥运会经济效益比率统计

奥运届期	收入／亿美元	支出／亿美元	经济效益比率
1980 年莫斯科	6.28	4.05	1.55
1984 年洛杉机	13.24	8.27	1.60
1988 年汉城	16.99	16.96	1.00
1996 年亚特兰大	17.24	17.21	1.00
2000 年悉尼	17.54	9.60	1.83

奥运会的间接经济效益，又称奥运会宏观经济效益，是指通过承办奥运会对主办国（地）所诱发的链锁经济效益。与直接经济效益相比，奥运会的间接经济效益更大、影响更为深远，有些甚至一时难以估算。奥运会所涉及的领域主要有交通运输、信息通讯、能源供给、环境保护、基本建设、旅游餐饮、媒体广告和体育产业等等。以旅游为例，1984 年洛杉矶奥运会吸引的境外旅游者为 23 万人；1988 年汉城奥运会举办当年游客上升 6.6%，随后两年，又分别上升为 16.4%和 23.5%，奥运会当年游客为 24 万人，获得与旅游有关的收入约 11 亿美元，诱发的其他相关收入为 2.27 亿美元；1992 年的巴塞罗那奥运会，旅客多达

30万人，收入30多亿美元，奥运会前旅游收入在GDP中所占的比值只有2%，而比赛当年达到了12.5%；2000年的悉尼奥运会，海外游客有25万人，给澳大利亚带来了至少37亿美元的收入，当年旅游收入约占澳大利亚经济的10%。1984年洛杉矶奥运会给南加里福尼亚地区带来了32.9亿美元的利益；1988年汉城奥运会给汉城增加了97亿美元的效益；1996年亚特兰大奥运会给乔治亚州带来了51亿美元的效益。悉尼奥运会使新南威尔士州的生产总值在12年内增长了63亿美元。

②奥运会的其他效应

A. 体育效应。自1896年首届现代奥运会在希腊雅典举办以来，在一个相当长的时期内，奥运会的影响主要表现在体育领域内，举办奥运会就是举办一项单纯的体育赛事。这也是在奥运会初具形态，还远未得到社会承认的历史时期的必然结果。此时，奥运会对举办国的影响主要在普及、促进现代体育的发展。这一时期的奥运会由于参加国家和地区较少，规模不大，涉及资源有限，对举办地社会其他方面影响较小。当前，举办奥运会，对主办国的竞技体育、大众体育都产生了深远的影响。如日本自东京奥运会之后，大众体育就得到了迅猛的发展。

B. 政治效应。奥运会所产生的政治效应具有二重性，既有正的效应，也存在负的效应。二战结束后，以苏美两霸为首的两极对峙的冷战格局形成，奥运会也成为政治角逐的舞台。以1952年苏联参加赫尔辛基奥运会为标志，政治因素成为奥运会发展的主要动因。从20世纪50年代到80年代中期，奥运会与政治体制的较量、国家主权及声望交织在一起，出现大大小小的政治冲突。在这一时期，奥运会举办国的政治企图也日趋鲜明，将奥运会作为追求国家政治利益、实现国家目标的工具。如1964年东京奥运会和1972年慕尼黑奥运会均有强烈的政治意图，意在向世界展示二战后重建的日本和德国的新形象。1988年汉城奥运会使处于国际社会边缘状态的韩国，得到国际社会前所未有的关注，打破国际关系上的坚冰状态，成为韩国发展史上的一个里程碑。

C. 环境效应。在政治和经济力量的驱动下，奥运会规模进一步膨胀。奥运会不仅使举办地的自然景观和文化景观发生深刻的变化，形成对环境的巨大压力，而且留下绵延久远的后续影响，从而在更大的时空范围导致相应的生态问题和后续发展问题。1991年国际奥委会修改宪章，纳入环境保护的内容，并成立体育与环境专门委员会。自1994年挪威的利勒哈默尔冬奥会始，奥运会举办国从可持续发展的角度重新审视奥运会，采取措施，以求降低举办奥运会对环境和能源的负面影响。可持续发展的核心价值是和谐，于是这一理念引发的不仅是人与环境的和谐发展，而且囊括一切与和谐有关的问题，包括社会领域的问题，如精英体育与大众体育和谐、弱势群体的参与、大小国家的权力等。奥运会成为可持续发展的整合力量。

2. 运动竞赛效益的评价

运动竞赛效益主要体现在社会效益和经济效益两个方面。

运动竞赛的社会效益一般反映在促进运动技术水平提高，推动大众体育发展，促进城市建设、社会经济发展、对外交流和弘扬爱国主义，增强民族凝聚力等方面。体育运动的社会效益虽然难以具体的衡量，但它的受益者往往不是某一部门或某些人，而且能使人们强烈地感知和认同，因而有着深远地意义。

运动竞赛的经济效益可以用举办竞赛的投入与举办竞赛的收入比值来衡量。举办竞赛的投入越少，取得的经济收入越多，经济效益就越高，反之就越低。举办大型运动会的投资，一般有三个方面：一是竞赛的直接投资，包括场地器材的损耗、住宿费和伙食补贴、裁判员费用、交通费用、奖品费用、保卫费用、办公费用、广告宣传等费用；二是竞赛场地设施基建投资；三是竞赛所需的市政建设投资，如交通、市政、通讯投资等。在计算竞赛的经济效益一般以第一项投资为计算标准。在收入方面，一般有赞助费、广告费、门票收入、电视转播费等。

体育竞赛之所以具有经济效益，是由于运动竞赛所特有的商品价值。体育竞赛的商品价值主要体现在以下两个方面：第一，体育竞赛中运动员所表现的优美动作、高超的技术、默契的配合，能给人一种审美享受，而且比赛过程紧张精彩，胜负变幻莫测，比赛结果又往往和国家、地区、单位的荣誉联系在一起，因此能够吸引大众的关注，使体育竞赛具有较高的观赏价值。这种观赏价值可以转换为一定的经济收入。第二，由于体育竞赛的巨大吸引力，又具有很好的广告宣传价值。企业通过拥有大量观众的竞赛，通过竞赛的新闻媒体报道的重要位置，来宣传自己，提高知名度，扩大产品影响，使得运动竞赛日益成为独具魅力的商业宣传手段。这是运动竞赛商品价值的又一种体现。利用运动竞赛的商品性，使运动竞赛具有更大的经济效益，在市场经济发展的社会环境下是完全可以实现的，对体育事业的发展也是有利的。但是具有经济效益的体育竞赛目前还只局限在一些高级别、高水平、群众喜爱的项目上，多数级别和运动水平不高的青少年比赛，其经费来源主要是依靠国家的投入。这类比赛的效益就不能单纯从经济效益上衡量得失，要注意它的社会效益。

3. 提高运动竞赛效益的途径

体育竞赛的效益如何，不完全取决于竞赛本身，在很大程度上还与运动竞赛制度、计划有着密切联系。实践证明，同一项目、同一规模、级别的比赛，往往在竞赛效益方面有很大差距，这说明体育竞赛是可以通过主观努力提高效益的，而提高效益的主要途径就是提高竞赛的管理水平，具体有以下几个方面：

（1）提高运动竞赛制度、计划和竞赛规程的科学性

运动竞赛制度、计划和规程是指导竞赛活动开展的主要“法规”。在运动竞赛组织管理中要严格遵循。

（2）提高体育竞赛的社会化程度，努力拓宽筹资渠道

由于体育竞赛能对社会产生广泛的影响，使之成为扩大企业和产品影响、进行广告宣传的重要载体，因而借助于体育竞赛，有利于使企业和它的产品为社会广泛了解并接受，从而使企业得到实际利益。再加上全社会对体育的关心和支持，使通过社会渠道筹集竞赛资金成为可能。

提高体育竞赛的经济效益，必须首先提高竞赛的社会化程度，通过企业赞助、广告等形式拓宽筹资渠道。在拓宽筹资渠道的同时，要实现双赢。即要让赞助的企业通过竞赛受益。

（3）提高竞赛质量

高质量的赛事是带动相关产品的开发、扩大市场领域的基础。高质量的竞赛可以带来赞助、广告，可以吸引电视转播，可以带动标志产品的开发，可以吸引更多的体育迷。因此，努力提高竞赛质量是提高竞赛效益的根本途径之一。

（4）节约经费开支

节约经费开支是提高体育竞赛经济效益的一个重要方面，一般应合理地规定参赛人数、大会办事机构要精简高效，合理地配备裁判员和其他人员，严格执行财务制度，杜绝铺张浪费。

（五）体育竞赛经营管理中存在的问题

1. 管理人才匮乏，管理理念有待于提高

目前，我国体育竞赛的组织管理者大多是运动员出身，在知识结构上有所缺失，他们对体育有着很深的理解，但市场经济、现代化管理的知识相对缺少。从我国体育赛事运作的实际现状看，既懂体育，又懂经营管理的复合型人才极其缺少。随着体育产业在社会主义市场经济条件下向更大规模和更高水平的方向发展，对体育经营管理人才数量和质量要求也就越来越高。

目前国内各种赛事、俱乐部或体育文化经营公司的经营者和管理者，大部分是原从事体育运动的退役人士或行政管理人员，经营得相对稍好一些的也是一些半路出家的其他领域的商业经营人才。因此，从总体看，这些人要么缺乏商业经营的理论和实战经验，要么对体育运动和体育产业本身缺乏深入的理解，并不精通体育产业的市场化运作。究其原因，除了缺乏大型体育项目运作的实际经验之外，体育产业经营管理专业的教育理论落后也是一个重要根源，体育产业对我国而言是门新领域、新课程，目前缺乏这方面的专业人才和专业知识。

2. 管理体制改革滞后，不能适应社会主义市场经济的发展

早在1992年，原国家体委就召开了中山会议专题研究体育体制改革问题。会上提出推进运动项目协会实体化，以足球为突破口，部分项目向职业化过渡，逐步与国际惯例接轨。同年中国足协召开了北京红山口足球工作会议，拉开了中国足球“以体制改革与机制转换为核心，以协会实体化、俱乐部制和产业开发为重点”的市场化、职业化改革序幕。1994年4月，推出了万宝路全国足球甲级联赛，向市场化迈出了第一步。随后的几年，甲A联赛曾经是一派繁荣景象，给了国人以极大的希望。同时也大大增强了体育管理部门推动竞技体育职业化改革的信心。篮球、排球、乒乓球等有较好群众基础的项目相继进行了职业化改革。在我国建立社会主义市场经济体制的进程中，政企分开的改革至今依然是一项十分重要的内容。这个问题在体育管理体制方面还表现的相当突出。比如，中国足球在职业化的过程中始终没有解决好以政代企的问题。中国足协和国家体育总局足球管理中心是“两块牌子、一个班子”，职业联赛由中国足协来管理。职业俱乐部是企业组织，足协是半官半民的事业单位，二者追求的目标显然是不可能完

全一致的。准确地说是差异点大于共同之处，因此俱乐部的利益很难得到保障。在职业联赛运营管理上的政企不分已经成为制约俱乐部发展的重要因素。

3. 赛事产品质量急需提高

我国体育自1994年以来，以足球改革为突破口，部分项目经营逐渐走上了市场化道路，经过初期的火爆之后，联赛的经营开发进入了一个较为艰难的时期，这除了联赛的管理水平有待提高、管理尚需加强、规范外，赛事产品质量徘徊不前是一个很重要的原因。

三、大型赛事活动对举办城市的深远影响

体育赛事特别是大型体育赛事，如奥运会、世界大学生运动会等世界性大型综合性运动会和具有巨大影响的世界单项运动会以及一些知名的、高水平的洲际性或地区性、全国性体育比赛，对城市形象的塑造所起到的作用越来越重要。在现代，大型体育赛事的成功举办能够促进举办城市树立起对外具有吸引力、感召力、回味力、亲情力，对内具有规范力、凝聚力、推动力、自豪感的良好城市形象，而良好的城市形象是一个城市保持可持续发展的重要保证。

在21世纪，城市文化与形象竞争已成为当代世界城市竞争的主要方面，只有塑造出独特的、民族的、个性化的城市文化与形象，才能产生巨大的城市凝聚力，促进人流、物流、信息流的合理流动，增强城市的交流性、世界性、竞争性，促进城市的经济发展和人民生活水平的提高，使城市在竞争中获得优势。特别是在我国加入世贸组织的新形势下，我国城市将更全面、更深入地参与世界城市竞争，因此，挖掘、发现、升华具有民族性、地方性、个性化的城市文化，进行城市形象塑造，就成为当前我国城市建设中迫切需要解决的一个问题。

城市形象就是一个城市的内外公众对这个城市的总体的、抽象的、理性概括和评价，也是城市与公众、城市与城市之间传递信息和思想的外在形式，它既指构成城市的各种因素的总和的外在表现，又指城市公众对城市的看法和评价；它既有物质因素，也有精神因素；同时它不仅包括公众对城市现状的评价，也包括人们对城市发展趋势产生的看法和作出的评价。城市形象包括三个层次。

一是城市理念形象。它是指城市的本质特征反映到城市外在的表现形式，是维系城市生存和发展的原动力，主要包含了城市各种生产活动形象（理念识别）。例如，城市主导产业理念、生产经销理念、经济效益理念；二是城市行为形象。城市是由人和物构成的有机整体。城市中各种各样人的文化程度、精神风貌、行为言论、服务水平、职业道德、敬业精神、市民的生活水准、居住及生产环境、公共关系等都反映了该城市的文明程度；三是城市视觉（景观）形象。它是在自然条件的基础上，人类经过长期物化劳动所形成的城市物质环境，通常所说的城市形象，主要指城市中这类具体对象的视觉形象。这种景观视觉上的识别，是以建筑物、构筑物为主体的人工环境（含各类装饰、文字、图形、广告等）和自然风光（含地形、地貌），虽然是一种物象特征，但反映了城市决策者、建设者和城市居民对城市的理解和追求，反映了一定时期内城市艺术和技术所达到的水平，是城市文明程度的重要标志。城市形象的内涵具体主要体现在城市的生产和经济发展状况、城市的自然环境状况、城市综合素质和人文环境状况以及政府及行政机关的行政素质状况等几个方面。总的说来，一个良好的城市形象是城市物质水平、城市品质和城市人素质的综合体现，是一种无形资产和有形资产的有机构成。大型赛事对城市形象的建设具有非常重要的作用，具体表现在：

（一）促进举办城市经济的发展

现代大型体育赛事的成功举办能显著地促进举办城市的经济发展。以奥运会为例，自1984年洛杉矶奥运会以来，历届奥运会（除1996年亚特兰大奥运会外）为举办城市带来的直接经济盈利就高达数亿美元。同时，举办大型体育赛事还会对举办城市的经济产生巨大的诱发效应，如1964年东京奥运会，使日本GDP由举办前的每年增长10.1%，猛增至26.1%，经济学家将其称为“东京奥林匹克景气”；1988年汉城的奥运工程为汉城带来了70亿美元的生产诱发效果和27亿美元的国民收入诱发效果；悉尼因举办2000年奥运会而带来的海外投资高达87亿美元。良好的城市经济形象是城市形象的基础，经济的发达与否直接决定着城市形象塑造的成功与否，大型体育赛事对举办城市经济的巨大促进作用，为举办城市进一步塑造提升城市形象提供了良好的契机。

（二）完善市政设施，美化市容环境

大型体育赛事的举办往往伴随着较大规模的市政基础设施的改造和兴建，如慕尼黑投资135亿马克用于城市基础设施建设，使城市面貌焕然一新，一跃成为“欧洲的明珠”；巴塞罗那耗资362亿比塞塔，使城市道路增加了15%，绿化带和海滨旅游区增加了78%，人工湖和喷泉增加了268%；上海为迎接第8届全运会的召开，整治了150条主干道及内环线、南北高架路两侧和80个体育场馆周边的市容，建成了5万平方米以上的绿地124块，公共绿地200公顷，增设绿化景点130个，400多个大楼顶部及80多公里的道路被120多万盏彩灯装饰得分外妖娆醒目，城市市政建设和绿化、亮化等市容环境改造因举办八运会而加速了其进程。因举办大型体育赛事，大量城市基础设施建设、市容环境改造工作以及一大批造型特异靓丽的体育场馆，极大地丰富了城市视觉（景观）形象，直接地促进了城市形象的提升。在城市大规模改造兴建过程中，有些城市还有意将城市形象理念注入到建设过程中，借着举办赛事的机会塑造出具有浓郁地方民族特色的城市视觉（景观）形象。

（三）提高市民素质，提升城市生活品质

大型体育赛事是举办城市树立和展示良好形象的重要契机，从政府到市民，从机关到社团，无不努力改善自身形象，提高自身素质，狠抓精神文明建设，消除各种陈规陋习和不良的行为习惯，将一个文明、开放、欣欣向荣的现代化城市形象展示在世界面前。特别是由于现代大型体育赛事的综合性和国际性，举办城市的市民对一些主要国际性交流语言的掌握程度将会有很大的提高，懂英语、法语、德语等外语的市民将会增多，使城市更加开放，对不同文化的兼容性加大，为城市的进一步对外开放打下了良好基础，同时，在运作大型体育赛事的过程中，许多事情都必须按照国际惯例以及有关体育组织的相关章程来进行操作，这将会为举办城市借鉴国际经验，加大开放力度提供可能。大型体育赛事的举办还会吸引大量市民的广泛关注和参与，扩大体育在城市的影响，使市民在加深对体育认识的同时，身心也受到体育精神的熏陶涤荡，逐渐接受现代体育所表达的理念和价值观，成为一名忠实的体育实践者，在整个城市各个社区和角落掀起一股

体育的热潮，这对备受现代城市快节奏、高压力生活折磨的市民形成良好健康的生活方式大有裨益，保证了市民生活质量的不断提高，而整个城市生活品质也在每个市民的生活品质不断提高的过程中得到不断提高。大型体育赛事的举办，通过对市民素质、城市文化环境、生活品质等方面的积极影响，为赛事举办城市塑造和提升城市形象创造了有利条件。

（四）提升举办城市政府创新、高效、勤政、廉洁的个性化形象

大型体育赛事的举办是一项涉及人力资源调配、安全保障、赛事推广经营、资金的筹措与使用等经济、文化、社会发展的方方面面，虽然现代大型体育赛事一般都由专业体育经济公司负责具体运作，但举办城市政府的配合及协调能力对大赛能否成功举办具有决定性的影响。如现代大型体育赛事的规模大、会期短的特点就对人力资源的调配提出了一种非常的要求——赛前迅速聚集数万名工作人员，赛中高负荷工作，赛后及时遣散。如果政府相关部门没有很强的组织协调运作能力，将很难保证大赛的顺利进行。由于大型体育赛事有其自身的特点，对政府工作人员的工作能力、工作态度提出了很高的要求，要保证赛事的顺利举办，政府相关工作人员必将努力提高自身业务素质，全心全意地投入到赛事工作中去，从而在赛事举办过程中各个方面都得到很好的锻炼，即赛事的规范化运作能够促进政府服务水平等各方面的提高；另一方面，大型体育赛事由于其自身运作要求很高，赛事的成功举办也就为举办城市的政府各部门自动贴上了高效、勤政、廉洁的标签，无疑会极大地提升政府在各界中的良好形象。良好的政府形象对城市形象起着主导的作用，只有拥有良好政府形象的城市才有可能拥有良好的城市形象。

第5章

常用运动项目的竞赛编排方法

运动竞赛有多种编排方法。本章从掌握普遍规律的目的出发，着重介绍六种常用的竞赛编排方法。

一、淘汰制

淘汰制是体育竞赛的一种常用比赛办法。运用淘汰制方法，具有强烈的对抗性，在全部比赛过程中，比赛双方没有任何妥协的可能，也没有受第三方影响或去影响第三方的可能。这种比赛办法可在同样的时间和场地的情况下，容纳较多的运动员（队）参加比赛，并可使比赛逐步进入高潮。但淘汰制也存在某些缺陷，由于负者（一场或两场）即被淘汰，所以大部分运动员（队）参加比赛的机会较少，特别是机遇性强、合理性差。为了弥补淘汰制的缺陷，在实际应用中需采取一些措施，如采用部分号码位置“轮空”“抢号”，设立“种子”以及用抽签的办法排定比赛秩序等。尽管这样，按体育竞赛的特点来说，淘汰制仍是一种很好的比赛办法，在体育竞赛中得到了广泛的应用。如乒乓球、羽毛球、网球等球类项目，足球、篮球、排球等集体球类项目的第二阶段比赛（第一阶段比赛通常采用分组循环赛制）以及棋类、台球、拳击、击剑等项目，都普遍采用淘汰制的比赛办法。

（一）淘汰制的基本比赛方法

淘汰制的基本比赛方法有两种，即单淘汰赛和双淘汰赛。

1. 单淘汰赛

参加比赛的运动员（队），按编排的秩序表进行比赛，胜者进入下一轮，负者被淘汰，直到淘汰到最后一名运动员（队），比赛结束。这种比赛办法称为单淘汰赛（见表例，有 8 名运动员参加）。

单淘汰赛一般只排出冠亚军名次，3~4名并列第3名，5~8名并列第5名，如果要排出前6名或前8名的全部名次，可在运动员（队）进入前8名以后增加附加赛（见表例）。进入前8名的运动员（队），胜者与胜者比赛，负者与负者比赛，胜者进入下一轮，负者再进行一场相应的名次赛。

单淘汰比赛秩序表

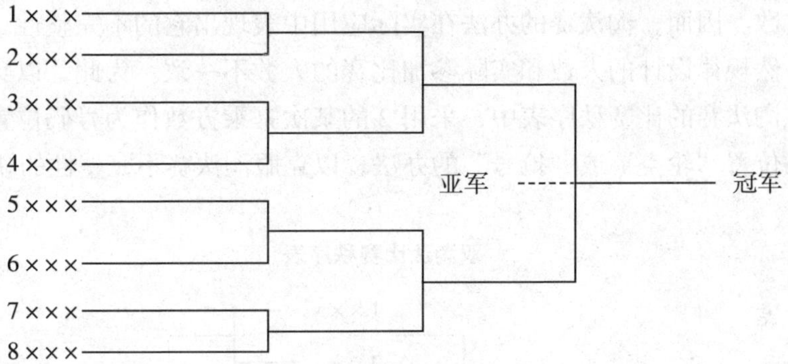

单淘汰附加赛表

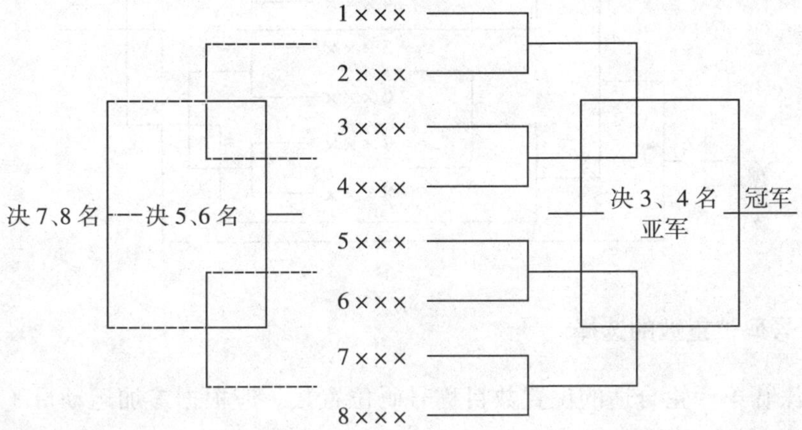

2. 双淘汰赛

参加比赛的运动员（队），按编排的秩序表进行比赛，失败两场即被淘汰，最后失败一场者为亚军，全胜者为冠军。这种比赛办法称双淘汰赛（见表例，有8名运动员参加）。

（二）淘汰制号码位置数的选择，轮空位置，抢号位置的确定

根据淘汰赛比赛发展的规律，只有参加比赛的运动员（队）数正好为2的某次幂乘方数，才能保证在每轮比赛中，都是两名运动员（队）进行一场比赛，败者淘汰，胜者进入下一轮。而实际上参加比赛的运动员（队）数往往不是2的某次幂乘方数。因而，淘汰赛的办法在实际应用中表现出它的不完整性。就是比赛方法的自然规律设计的人数和实际参加比赛的人数不一致。为此，以乒乓球比赛为例：在淘汰赛的比赛秩序表中，采用2的某次幂乘方数作为号码位置数，并用部分号码位置"轮空"或"抢号"的办法，以克服淘汰赛不完整性的缺陷。

双淘汰比赛秩序表

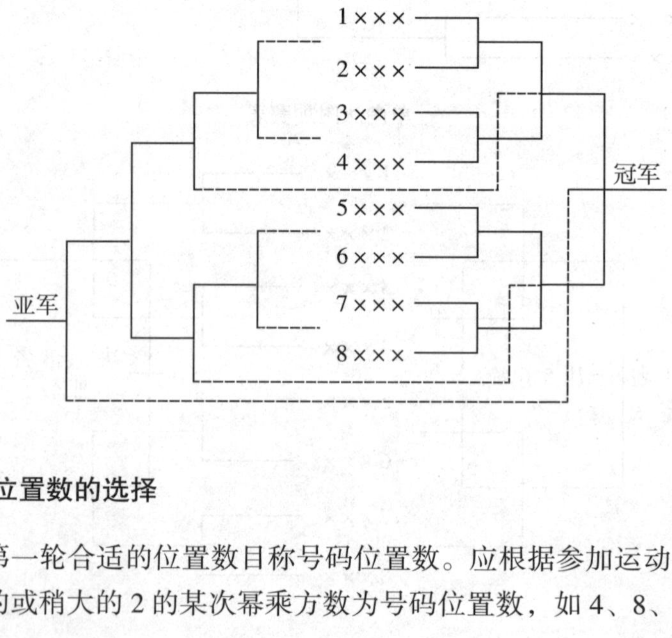

1. 号码位置数的选择

淘汰赛第一轮合适的位置数目称号码位置数。应根据参加运动员（队）数，选择最接近的或稍大的2的某次幂乘方数为号码位置数，如4、8、16、32、64、128、……

2. "轮空"位置的确定

当参加比赛的运动员（队）数不足号码位置数时，应设置必要数量的"轮空"位置，以使其满足号码位置的数目。

①“轮空”：第一轮没有比赛的运动员（队）叫“轮空”。即是某个运动员（队），在不经过与另一名运动员（队）比赛的情况下，不战自胜，直接进入下一轮比赛。

②“轮空”数 = 号码位置数 – 运动员（队）数。

③“轮空”位置的确定：乒乓球项目安排“轮空”位置时，种子运动员（队）优先“轮空”（按种子顺序先后安排），“轮空”位置均匀分布。“轮空”位置号码可查乒乓球“轮空”位置表。

查表方法：先根据参加人数，选择最接近的、略大的、2 的某次幂乘方数作为号码位置数，号码位置数减去参加人数即为轮空数。然后，按轮空数目依次（逐行由左向右）摘出小于比赛号码位置数的号码即为轮空位置号码。

例如，123 名运动员参加比赛，应选用 128 个号码位置数，有 5 个轮空，依次摘出小于 128 的 5 个号码——2、127、66、63、34，即为轮空位置号码。

3. 抢号位置的确定

如果参加比赛的运动员（队）稍大于号码位置数时，采用安排“轮空”的办法比较麻烦，在这种情况下，可采用“抢号”。即以最接近 2 的某次幂乘方数为号码位置数，超过号码位置数的运动员（队）则安排为“抢号”。

乒乓球“轮空”位置表

2	255	130	127	66	191	194	63
34	223	162	95	98	159	226	31
18	239	146	111	82	175	210	47
50	207	178	79	114	143	242	15
10	247	138	119	74	183	202	55
42	215	170	87	106	151	234	23
26	231	154	103	90	167	218	39
58	199	186	71	122	135	250	7
6	251	134	123	70	187	198	59
38	219	166	91	103	155	230	27
22	235	150	107	86	171	214	43
54	203	182	75	118	139	246	11
14	243	142	115	78	179	206	51
46	211	174	83	110	147	238	19
30	227	158	99	94	163	222	35
62	195	190	67	126	131	254	3

①“抢号”就是部分运动员的每两名运动员（队）在一个号码位置上先进行一场比赛，负者淘汰，胜者进入下一轮比赛。

②“抢号”数＝运动员（队）数－号码位置数。

③“抢号”位置的确定：“抢号”位置的确定和“轮空”的位置一样。“抢号”位置号码可用“轮空”位置表查得。例如，10 名运动员参加比赛，采用单淘汰，使用 8 个号码位置，“抢号”数 2 个，“抢号”位置号码查乒乓球轮空位置表得 2、7，排法如下：

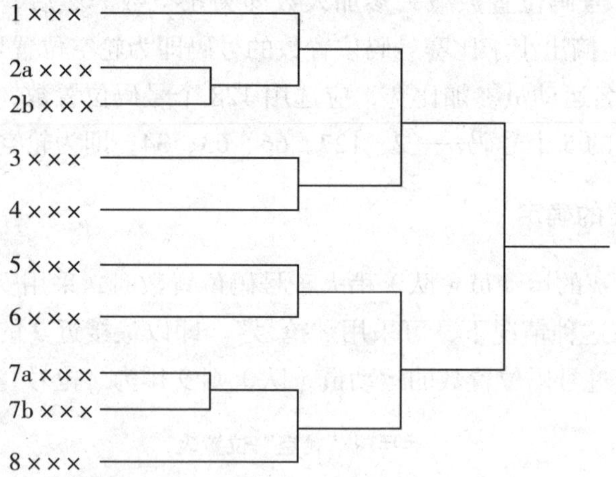

（三）淘汰制轮数和场数的计算

1. 轮数计算

在淘汰制秩序表内，每名运动员（队）普遍出场比赛一次（轮空也算出场一次）称为一轮。轮数就是某个运动员（队）比赛量的客观反映。这个数据是考虑编排方案的重要依据。

（1）单淘汰赛轮数计算方法

所选用的号码位置数（2 的乘方）的指数（2 的自乘次数）即为轮数。

单淘汰赛轮数＝2^n 中的 n

例如，选用号码位置数为 $8 = 2^3$ 即 3 轮

选用号码位置数为 $16 = 2^4$ 即 4 轮

选用号码位置数为 $32 = 2^5$ 即 5 轮

选用号码位置数为 $64 = 2^6$ 即 6 轮

选用号码位置数为 $128 = 2^7$ 即 7 轮

选用号码位置数为 $256 = 2^8$ 即 8 轮

注意当采用“抢号”办法时，“抢号”运动员（队）的比赛应算一轮。

例如，有 59 名运动员参加的乒乓球女子单打比赛，采用单淘汰的比赛办法，那么应选用号码位置数为 64，有 5 个轮空位置。用单淘汰轮数计算方法得出，需要比赛 6 轮，这反映出，某个运动员需比赛 6 场（如有轮空，则比赛 5 场），获得全胜，才能获得冠军。

（2）双淘汰赛轮数计算方法

胜方轮数 = n（即单淘汰赛轮数）

负方轮数 =（n−1）×2

总轮数 = 胜方轮数 + 负方轮数 = n +（n − 1）×2 = 3n − 2

2. 场数计算

每两名运动员（队）比赛一次（“轮空”不算）称为一场。场数是该项目比赛的客观反映，是考虑编排方案、计算比赛时间、场地需求的重要依据。

单淘汰赛场数 = N × 1

N：代表运动员（队）数

双淘汰赛场数 = 2N − 3

例如，有 97 名运动员参加的乒乓球男子单打比赛，采用单淘汰比赛办法，那么应选用号码位置数为 128，有 11 个轮空位置，需比赛 7 轮，用单淘汰场数计算方法得出比赛场数为 96（如要排出前 6 名或前 8 名名次，则要增加附加赛场次），这反映出该项男子单打比赛，需经 96 场比赛，才能全部结束。

（四）淘汰制“种子”的确定和位置排列

把部分技术水平较高的运动员（队）确定为“种子”使他们合理分开，最后

相遇，从而使比赛逐步进入高潮，以提高比赛结果的合理性。

1.“种子”的确定原则

“种子”是根据技术水平确定的，技术水平主要是看运动员（队）在各级比赛中所取得的成绩，如奥运会成绩、世界锦标赛成绩、洲际比赛、大型国际比赛成绩以及全国比赛成绩、省市比赛成绩等。在考虑比赛成绩时，要以最近的比赛和他所参加的高一级的大型比赛的成绩为准，远的服从近的，低的服从高的。在双打比赛中确定“种子”时，要以原配对成绩为主，除依据上述原则外，还可参考单打比赛或其中一人的双打成绩。混合双打的成绩以男运动员成绩为主。举办比赛的组委会可根据具体情况对确定“种子”的原则作补充规定。由于科技的发展，采用电脑积分排序系统，对世界优秀运动员（队）进行排名，并一年数次定期公布世界优秀运动员（队）排名表，是当前一些国际单项体育组织常用的办法。因此，在世界高水平的竞赛中，对照世界优秀运动员（队）排名表，确定种子名单是简便实用的方法。

2.“种子”的设置数量

“种子”设置的数量应是 2 的乘方数。这个数由参加比赛的运动员（队）数和录取名次数等综合因素考虑确定。运动员人数如果少于 25 名，可设 2 或 4 名“种子”。运动员人数为 25~48 名时。可设 4 或 8 名“种子”。运动员人数超过 48 名时，可设 8 或 16 名“种子”。

3.“种子”的位置

“种子”位置应均匀分布，号码可查“种子”位置表。

乒乓球种子位置表

1	256	129	128	65	192	193	64
33	224	161	96	97	160	225	32
17	240	145	112	81	176	209	48
49	208	177	80	113	144	241	16
9	248	137	120	73	184	201	56
41	216	169	88	105	152	233	24
25	232	153	104	89	168	217	40
57	200	185	72	121	136	249	8

查表方法：

按比赛所设种子数目，依次（逐行由左向右）摘出小于或等于比赛号码位置数的号码即为种子位置号码。例如，123 名运动员参加比赛，当用 128 个号码位置，如设 8 名“种子”，可在“种子”位置表上依次摘出小于或等于 128 的 8 个号码——1、128、65、64、33、96、97、32 即为“种子”位置号码（其中 1 为第 1 号种子位置号码，128 为第 2 号种子位置号码，65、64 分别为第 3 号、第 4 号种子位置号码。33、96、97、32，分别为第 5~8 号种子位置号码）。

羽毛球轮空和种子位置安排查对表

参加人数或对数	轮空位置		种子位置							
	上半区	下半区	1	5~8	3~4	5~8	5~8	3~4	5~8	2
16	—	—	1	—	5	—	—	12	—	16
17	1~7	10~17	1	—	5	—	—	13	—	17
18	1~7	12~18	1	—	5	—	—	14	—	18
19	1~6	13~19	1	—	5	—	—	15	—	19
20	1~6	15~20	1	—	5	—	—	16	—	20
21	1~5	16~21	1	—	5	—	—	17	—	21
22	1~5	18~22	1	—	5	—	—	18	—	22
23	1~4	19~23	1	—	5	—	—	19	—	23
24	1~4	21~24	1	—	5	—	—	20	—	24
25	1~3	22~25	1	—	6	—	—	21	—	25
26	1~3	24~26	1	—	6	—	—	21	—	26
27	1~2	25~27	1	—	7	—	—	22	—	27
28	1~2	27~28	1	—	7	—	—	22	—	28
29	1	28~29	1	—	8	—	—	23	—	29
30	1	30	1	—	8	—	—	23	—	30
31	—	31	1	—	9	—	—	24	—	31
32	—	—	1	5	9	13	20	24	28	32
33	1~15	18~32	1	5	9	13	21	25	29	33
34	1~15	20~34	1	5	9	13	22	26	30	34
35	1~14	21~35	1	5	9	13	23	27	31	35

（续表）

参加人数或对数	轮空位置		种子位置							
	上半区	下半区	1							2
				5~8	3~4	5~8	5~8	3~4	5~8	
36	1~14	23~36	1	5	9	13	24	28	32	36
37	1~13	24~37	1	5	9	13	25	29	33	37
38	1~13	26~38	1	5	9	13	26	30	34	38
39	1~12	27~39	1	5	9	13	27	31	35	39
40	1~12	29~40	1	5	9	13	28	32	36	40
41	1~11	30~41	1	5	9	14	29	33	37	41
42	1~11	32~42	1	5	9	14	29	34	38	42
43	1~10	35~43	1	5	9	15	30	35	39	43
44	1~10	35~44	1	5	9	15	30	36	40	44
45	1~9	36~45	1	5	9	16	31	37	41	45
46	1~9	38~46	1	5	9	16	31	38	42	46
47	1~8	39~47	1	5	9	17	32	39	43	47
48	1~8	41~48	1	5	9	17	32	40	44	48
49	1~7	42~49	1	5	10	18	33	41	45	49
50	1~7	44~50	1	5	10	18	33	41	46	50
51	1~6	45~51	1	5	11	19	34	42	47	51
52	1~6	47~52	1	5	11	19	34	42	48	52
53	1~5	48~53	1	5	12	20	35	43	49	53
54	1~5	50~54	1	5	12	20	35	43	50	54
55	1~4	51~55	1	5	13	21	36	44	51	55
56	1~4	53~56	1	5	13	21	36	44	52	56
57	1~3	54~57	1	6	14	22	37	45	53	57
58	1~3	56~58	1	6	14	22	37	45	53	58
59	1~2	57~59	1	7	15	23	38	46	54	59
60	1~2	59~60	1	7	15	23	38	46	54	60
61	1	60~61	1	8	16	24	39	47	55	61
62	1	62	1	9	16	24	39	47	55	62
63	—	63	1	9	17	25	40	48	56	63
64	—	—	1	9	17	25	40	48	56	64

查表方法

第一栏：报名参加比赛的人数或对数。

第二栏：轮空位置安排

以参加人数17人（对）为例：

第一轮：上半区轮空位置为1~7号；下半区轮空位置为10~17号，只有8号对9号一场比赛。

第三栏：种子位置安排

以参加人数33人（对）为例：

1号和2号种子，用抽签法分在1号位和33号位。

3号和4号种子，用抽签法分在9号位和25号位。

5、6、7、8号种子，分在5号、13号、21号和29号位。

（五）淘汰制抽签方法

抽签是根据竞赛规程所规定的比赛办法提出的基本要求以及实际报名的情况用机遇的办法，排定参加比赛的运动员（队）在比赛秩序表中的位置。

1. 抽签的原则

要保证“种子”合理分开，最后相遇。同单位的运动员合理分开，最后相遇。保证最大限度的机遇，尽可能不要人为地加以限制，做到对每个运动员（队）机遇机会均等，以保证比赛的公平合理。

2. 抽签前的准备工作

①审核汇总报名表，统计参加各比赛的队数、运动员人（对）数。

②确定号码位置数，“轮空”或“抢号”数。

③确定“种子”数和“种子”名单。

④制定抽签方案。其中包括确定抽签的日期、时间、地点、拟邀请参加抽签的单位、人员、抽签的顺序和步骤、抽签工作人员的分工等。

⑤准备抽签用具。如队名签、运动员名签、号码签、组签、区签及比赛秩序表、抽签记录表、分区控制表等各种表格。

⑥抽签实习。熟悉抽签过程，密切抽签工作人员的配合，摸索抽签规律，检验抽签方案的正确性，以保证抽签工作的顺利进行。

3. 实施抽签

以乒乓球为例：

（1）“种子”运动员的抽签定位

对“种子”运动员的抽签，一般采用分批抽的办法。如采用 64 个号码位置，设 8 名“种子”可分三批进行抽签。

第一批：将第 1 号“种子”安排在 1 号位置（上半区的顶部，第 2 号“种子”安排在 64 号位置（下半区的底部）。

第二批：将第 3 号和第 4 号“种子”抽入 32、33 号位置（上半区的底部和下半区的顶部）。

第三批：将第 5~8 号“种子”抽入 16、17、48、49 号位置（单数 1/4 区的底部和双数 1/4 区的顶部）。

需要注意的是，如果同单位有两名以上“种子”，抽签时，要使他们既符合“种子”合理分开的原则，又符合本单位运动员合理分开的原则，必要时，可以不抽签，而把其直接固定在某个“种子”位置上。

（2）非种子运动员的抽签分区和抽签定位

非“种子”运动员的抽签，按“先进区”“后定位”两个程序进行。

“先进区”根据同单位运动员合理分开的原则，将各单位运动员均匀抽入各个区。乒乓球竞赛规则规定：来自同一协会的报名选手应尽可能合理分开，使他们在比赛进行到较后轮次时相遇。排列为第 1 号和第 2 号的选手应抽入不同的半区，第 3 号和第 4 号选手应抽入没有本协会第 1 号和第 2 号选手所在的另外两个 1/4 区。第 5~8 号选手应尽可能分别抽入没有前 4 号选手的 1/8 区，依次类推。直到所有报名选手都进入适当位置为止。

“后定位”当全部运动员已抽入各个区，再用任意抽的方法，将运动员依次在各个号码位置上定位。

抽签后，将各号码位置，填上抽入的运动员姓名（单位）。

（六）淘汰制比赛秩序的编排

编排工作的任务是根据竞赛规程规定的宗旨和比赛办法，按照抽签的结果，将整个比赛的各个项目，合理地、科学地编排成一个总的比赛秩序，也就是确定全部比赛的日期、时间和场地（台号），以确保比赛有计划，有秩序地顺利进行。

1. 编排工作的基本原则

①要贯彻一视同仁的原则，力求机会均等。

②要有利于运动员技术水平的发挥，并使运动员劳逸适度。

③尽量照顾观众的兴趣和要求，使整个竞赛活动逐渐走向高潮，注意安排各项决赛。

④要有利于比赛的组织工作，科学、合理地使用比赛场馆。考虑裁判员、场馆工作人员的实际情况和节约比赛经费等。

2. 编排工作的步骤

①计算轮数和各轮场数、总场数，这是编排工作的基本依据。

②确定编排方案

编排方案包括比赛天数、节数以及每节比赛的项目、轮次、场数和每节需用的场地（球台）等。这个步骤是编排工作的关键，它要求在可能的前提下，选择符合编排原则的最佳方案。

③编排各场比赛的日期、时间、场地（台号）

在安排时，应注意避免兼项的或在一节内要参加2~3轮比赛的运动员发生连场，还要考虑运动员及场地（球台）合理的比赛强度。以及中心场地（球台）的安排和男女项目的搭配等。

④编制秩序册。

⑤编排工作的复核

A. 与原始报名表核对队名、运动员数、姓名，检查有无遗漏、重复。

B. 检查有无漏场、重场，日期、时间、场地（台号）有无错误。

C. 检查运动员的比赛强度是否符合规则的规定。

D. 检查运动员比赛场次的间隔，各种场次的安排是否作到一视同仁，机会大致相等。

E. 检查秩序册内同一类型的用语、表格形式是否统一等。

单淘汰赛秩序表式样（乒乓球）

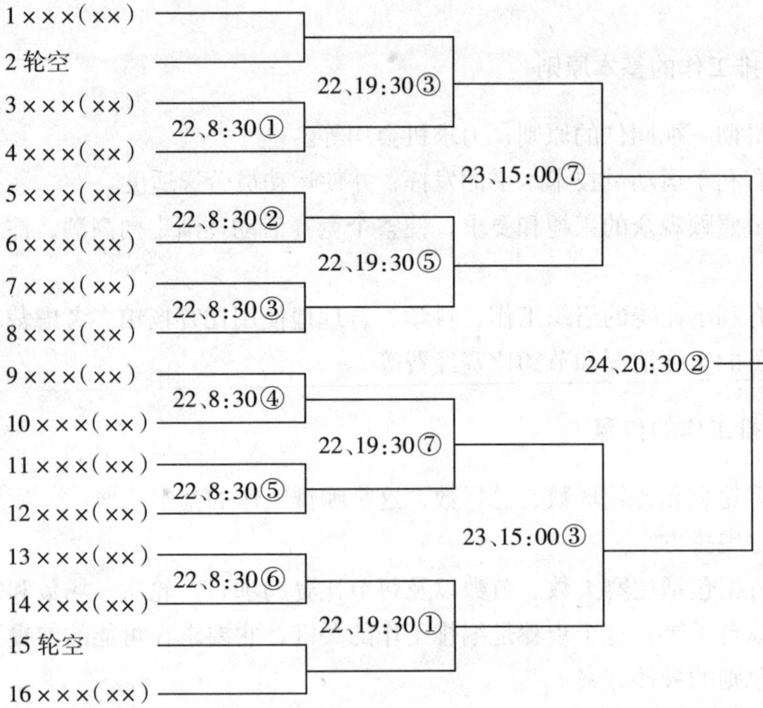

二、败者复活制

柔道是奥运会的正式比赛项目，在国际竞赛中，曾采用过综合淘汰赛、循环赛、败者复活赛等赛制。综合淘汰赛现已不再采用，循环赛根据比赛规定及要求一般只限于每个级别参赛人数少于 4 人时采用。

目前在国际比赛中，采用的败者复活赛，实质上是淘汰赛和败者复活赛的结合。即参加比赛的运动员先进行单败淘汰赛，在此基础上再进行第二阶段的复活赛。根据复活赛的形式不同，复活赛又分为单败者复活赛和双败者复活赛两种。

根据国内比赛的实际情况，我国又在单败者复活赛和双败者复活赛的基础上制定了全败者复活赛的赛制。

（一）单败者复活赛

单败者复活赛即为单败淘汰赛和单败者复活赛的结合。即所有参赛运动员首先进行单败淘汰赛，除争夺冠亚军者，其余有资格复活者再进行复活赛。

1. 单败淘汰赛

淘汰赛排序表号码数的设置，要符合2的n次方数。如7人参赛，要设8位。13人参赛，要设16位。27人参赛，要设32位，依次类推。

将参赛的运动员按单数和偶数分在A、B两区，按一定的排列规律进行排列。柔道比赛的单败淘汰赛的排列顺序，有别于乒乓球等其他项目的排列方法，而采用大、小号交叉排列的办法，看起来比较复杂，但实质上有特定的规律，这种排列顺序为轮空号和种子位置号的合理有序的排列，打好了基础。

16人参赛的排列范例（图5-1）：

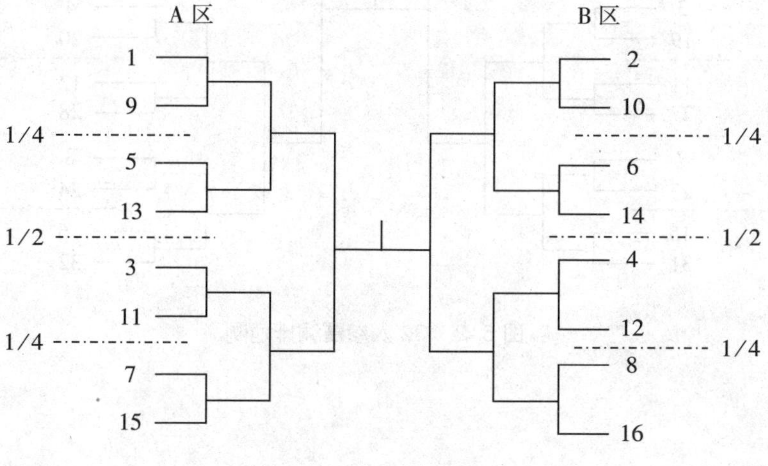

图5-1　16人参赛编排范例

①将参赛的运动员分为A区和B区，单数号码排在A区，偶数号码排在B区。

②按先将数字小的号码按顺序分别排在1/2和1/4区首位的原则依次排列，

即：1 号占 1/2 区上半区的首位；3 号占 1/2 区下半区的首位；5 号占 1/4 区下半区的首位；7 号占 1/4 区下半区的首位。4 个小区的首位位置都被占据以后，余下的号则依据号码的大小，按上述规律，占据各小区下面的号码位置，进行排列。

另外一个简便的号码排列方法，就是在占据各小区首位号码的数字上加 8，即是下边相邻的号码数。例如，1 + 8 = 9，3 + 8 = 11。如果是 32 人参加比赛则加 16（图 5–2），如果是 64 人参赛则加 32，依次类推。

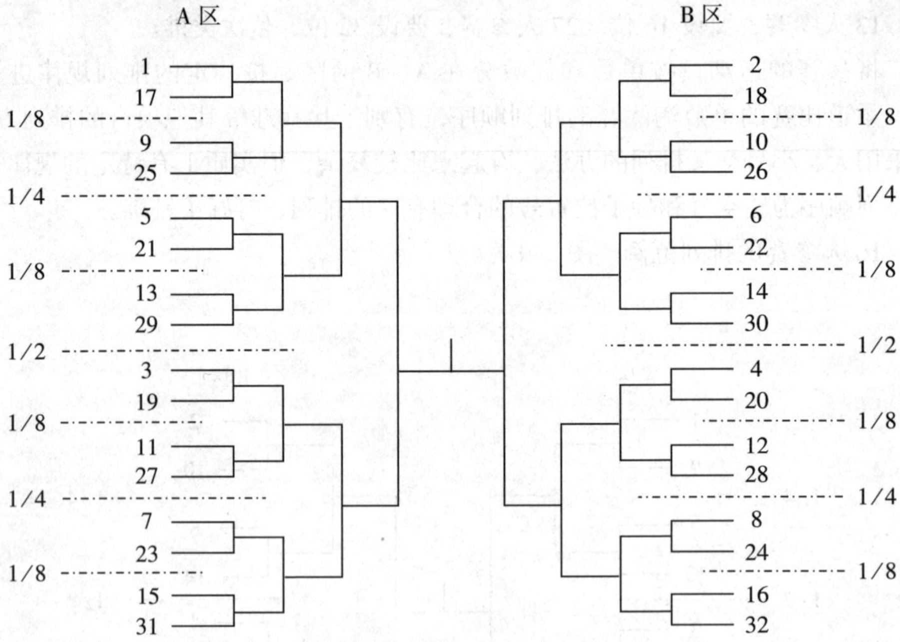

图 5–2　32 人参赛编排范例

偶数号码排列在 B 区，其方法与单数号码位的排列方法相同。另外还有一个简单的方法是，依据已排好的单数号码的排列来排列偶数号码，具体办法是在左右相对称的位置加 1。例如，和 A 区 1 号相对称的 B 区位置加 1 即等于 2。和 A 区 11 号相对称的 B 区位置加 1 即等于 12，依次类推。掌握了上述办法，貌似复杂的号码排列，其实可以变得很简单。

③轮空号的设置。

如参赛人数不足 16 人时，则从最大号码数开始依次取消。如 15 人参赛，则取消掉 16 号，8 号第 1 轮轮空（图 5-3）；如 14 人参赛，再取消掉 15 号，7 号轮空（图 5-4）；如 13 人参赛，再取消掉 14 号，6 号第 1 轮轮空（图 5-5）；依次类推，从而使轮空号均匀分布在各小区。

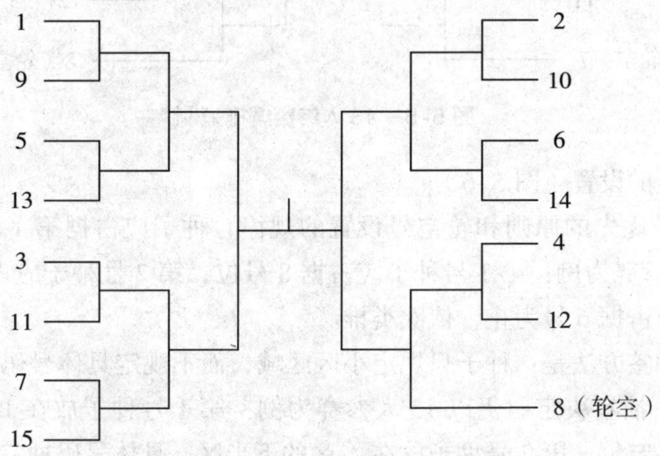

图 5-3　15 人参赛编排范例

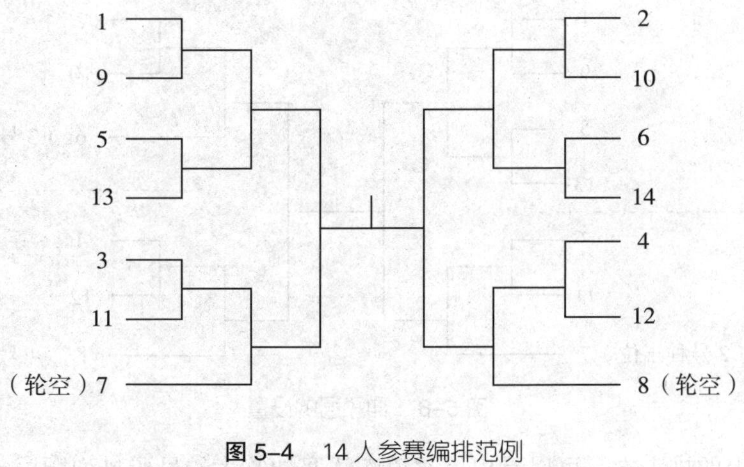

图 5-4　14 人参赛编排范例

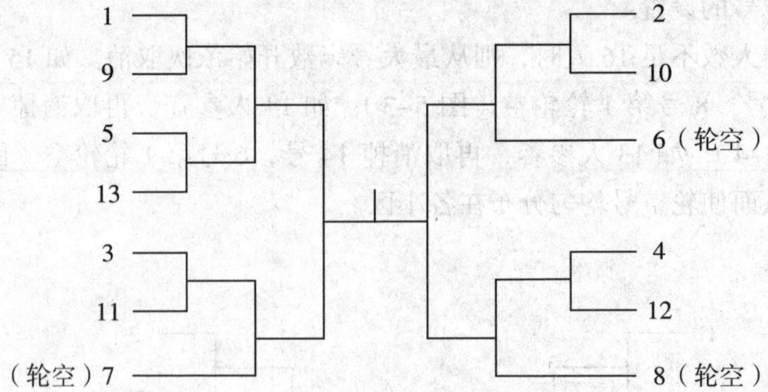

图 5-5　13 人参赛编排范例

④种子号的设置（图 5-6）。

根据种子优先的原则和轮空号设置的规律，种子应占据第 1 轮轮空号的位置。以 13 人参赛为例：第 1 号种子应占据 8 号位，第 2 号种子应占据 7 号位置，第 3 号种子应占据 6 号为止，依次类推。

另一种抽签方法是：种子只规定小区区域，而不规定具体号码位置，其具体号码位置则由抽签决定。仍以 13 人参赛为例：第 1 号种子放在 B 区的下半区，具体号码抽签定位；第 2 号种子放在 A 区的下半区，具体号码抽签定位；第 3 号种子放在 B 区的上半区，具体号码抽签定位；依次类推。

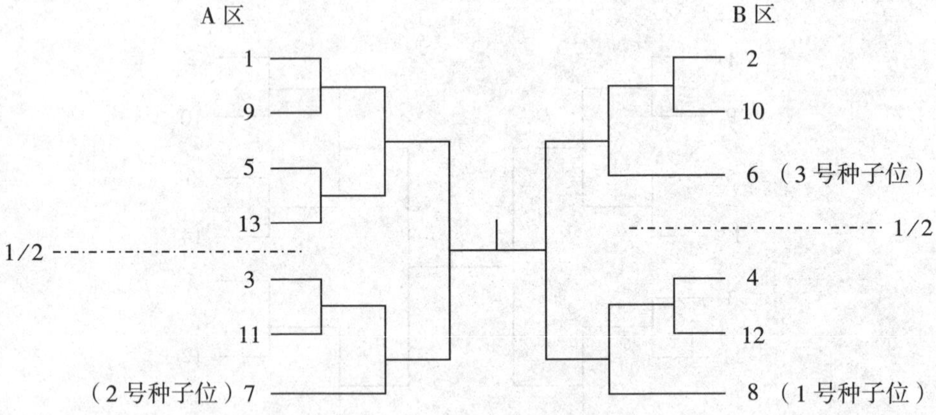

图 5-6　种子号的设置

从以上的排表中，可以看出，柔道淘汰赛抽签表的号码排列顺序，大小号码交叉在一起，看起来很复杂，但实际上是有很独特的规律，尤其是与轮空号和种子号的设置结合在一起，既合理有序，又简单方便。

2. 败者复活赛

败者复活赛，顾名思义，是在单败淘汰赛中失败而被淘汰的运动员，还有再次参加复活比赛的机会。

国际上有单败者复活赛和双败者复活赛两种，根据国内比赛的实际情况，国内还采用了全败者复活赛。

单败者复活赛，即参赛的运动员先分为 A、B 两区进行单败淘汰赛，A 区的第 1 名和 B 区的第 1 名争夺该级别的冠军。和 A 区、B 区的第 1 名进行过比赛而又输掉的运动员，再进行复活赛。复活赛按分区、按轮次、以阶梯形式的方法进行排列，确定 3 名以后的名次（图 5–7、图 5–8）。

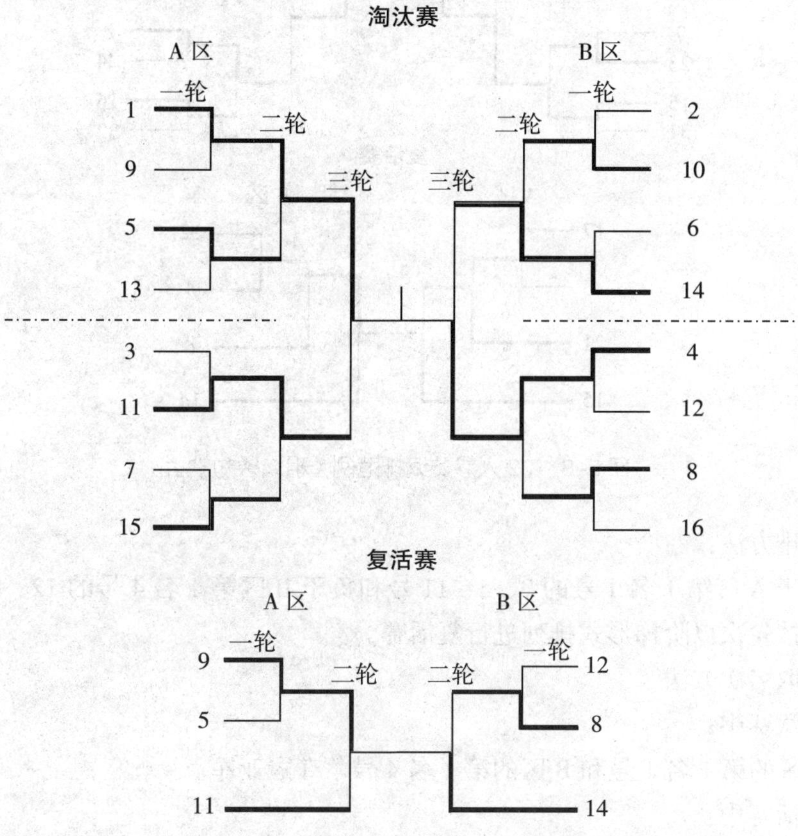

图 5–7　16 人参赛编排范例（粗线条为胜者）

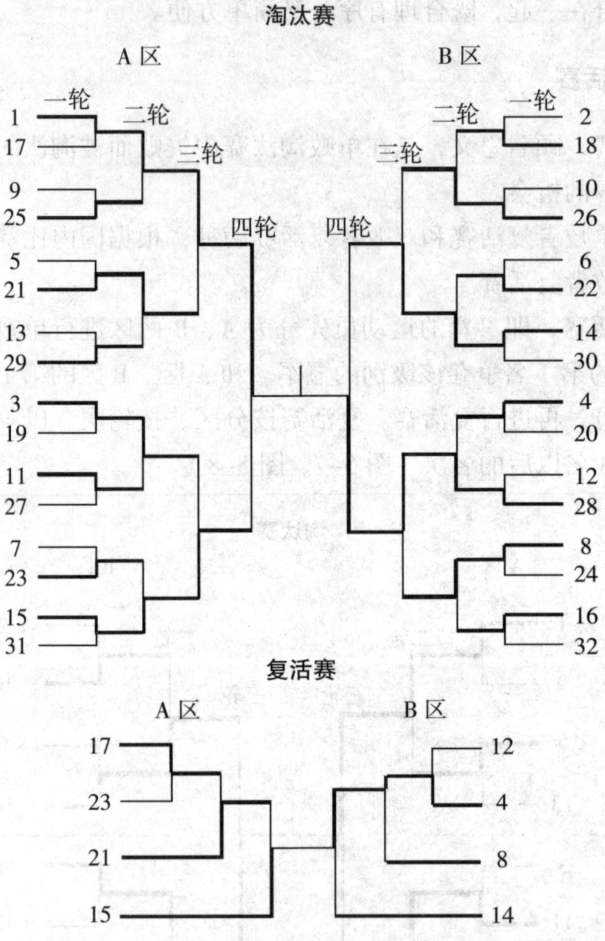

图 5-8　32 人参赛编排范例（粗线条为胜者）

编排方法：

负于 A 区第 1 名 1 号的 9、5、11 号和负于 B 区第 1 名 4 号的 12、8、14 号分区、按轮次以阶梯形式排列进行复活赛。

录取名次方法

淘汰赛中：

A 区的第 1 名 1 号和 B 区的第 1 名 4 号争夺冠亚军。

复活赛中：

A 区的 9 号和 B 区的 14 号并列第 3 名。

A 区的 11 号和 B 区的 8 号并列第 5 名。

A 区的 5 号和 B 区的 12 号并列第 7 名。

Ⅰ国际比赛中第 3 名、第 5 名、第 7 名均为并列。

Ⅱ我国全运会、城运会不允许名次并列，必须决出名次。因而需要在复活赛中的 A 区和 B 区相同轮次的两名运动员之间再各进行一场比赛，以决定名次。即 A 区的 9 号和 B 区的 14 号争第 3 名和第 4 名，A 区的 11 号和 B 区的 8 号争第 5 名和第 6 名，A 区的 5 号和 B 区的 12 号争第 7 名和第 8 名。

单败者复活赛的特点：

在本级别比赛中只要输掉一场比赛，即失去争夺冠军的机会，所以竞争非常紧张、激烈。运动员必须每场必争。

输给 A 区和 B 区，第 1 名的运动员可获得参加复活赛的机会，既给部分失败者以再次竞争的机会和希望，又使竞赛很具有戏剧化的变化。

复活者分布区域不均衡，有一定的偶然性，所以最后名次的产生，不能全面、真实、客观的反映其真实的技术水平和实力。

编排方法：

负于 A 区第 1 名 1 号的 17、25、21、15 号和负于 B 区第 1 名 28 号的 12、4、8、14 号分区、按轮次以阶梯形式排列进行复活赛。

录取名次方法

淘汰赛中：

A 区的 1 号和 B 区的 28 号争夺冠亚军。

复活赛中：

A 区的 15 号和 B 区的 4 号并列第 3 名或争夺第 3 名和第 4 名。

A 区的 21 号和 B 区的 14 号并列第 5 名或争夺第 5 名和第 6 名。

A 区的 17 号和 B 区的 8 号并列第 7 名或争夺第 7 名和第 8 名。

（二）双败者复活赛

双败者复活赛是在单败者复活赛的基础上发展而来的一种竞赛办法，是单败淘汰赛和双败者复活赛的结合。其单败淘汰赛的排列方法和单败者复活赛中的单败淘汰赛的排列方法完全相同。不同的地方在于复活赛（图 5-9、图 5-10）。

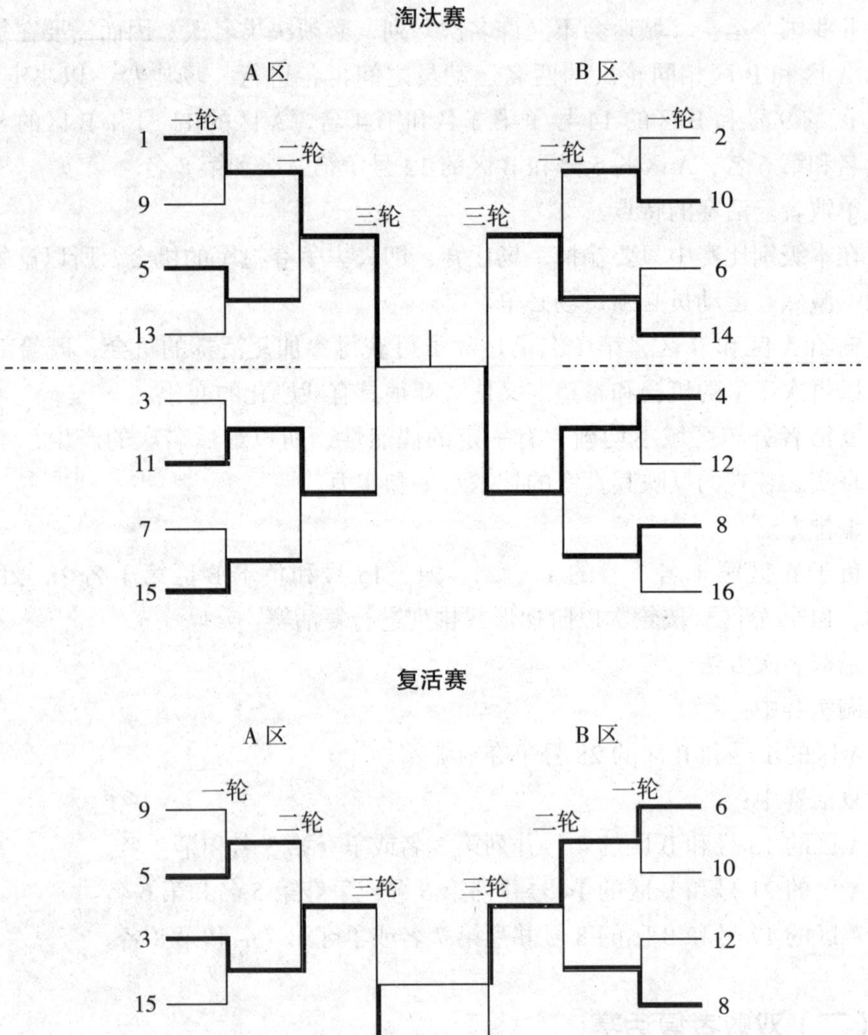

图 5–9　16 人参赛编排范例（粗线条为胜者）

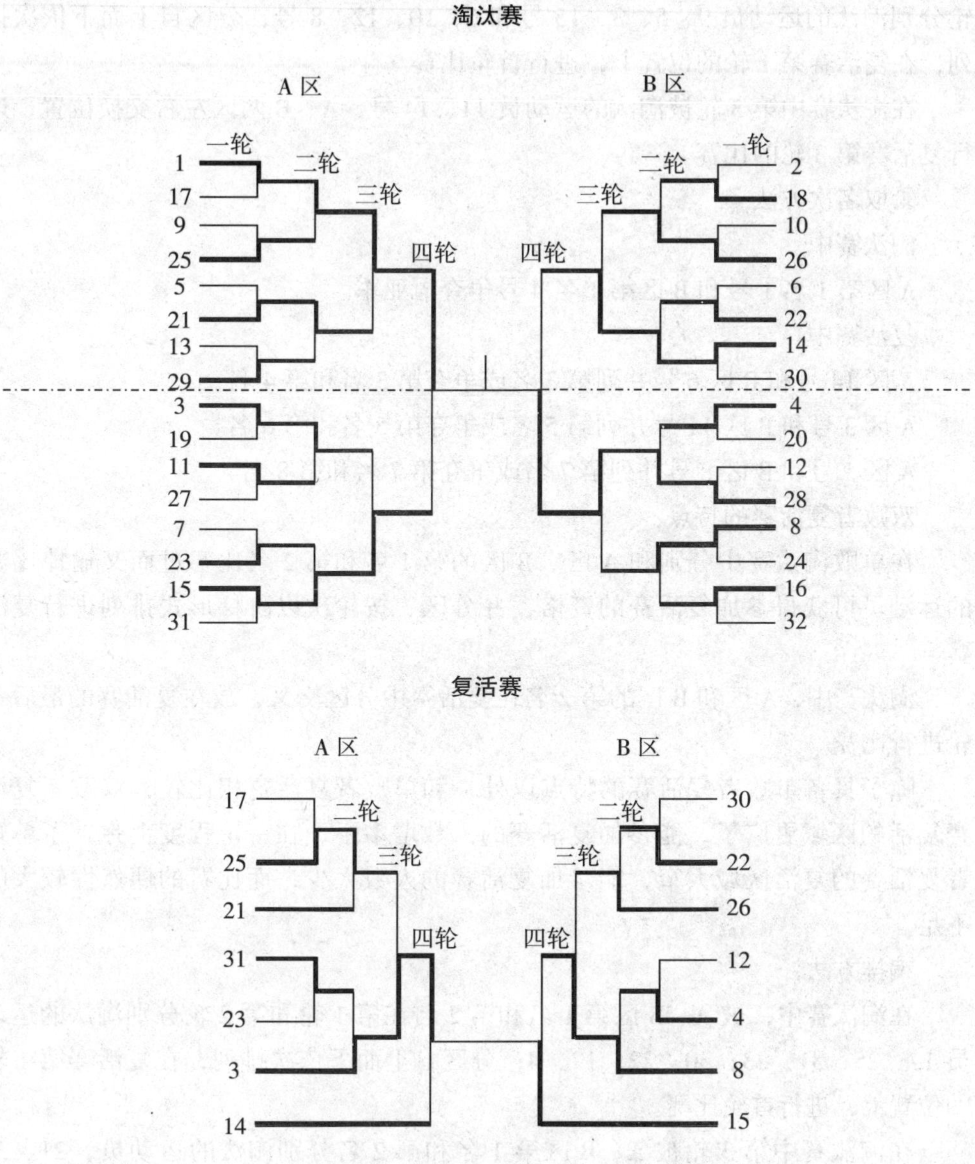

图 5-10 32 人参赛编排范例（粗线条为胜者）

编排方法：

在淘汰赛中，被A、B区第1名1、4号和第2名11、14号在第1轮和第2轮分别淘汰的运动员9、5、3、15号和6、10、12、8号，分区自上而下依次排列，在复活赛第1轮的位置上，进行首轮比赛。

在淘汰赛中第3轮被淘汰的运动员11、14号，A、B两区左右交换位置，进行复活赛第3轮的比赛。

录取名次方法

淘汰赛中：

A区第1名1号和B区第1名4号争夺冠亚军。

复活赛中：

A区14号和B区6号并列第3名或争夺第3名和第4名。

A区3号和B区11号并列第5名或争夺第5名和第6名。

A区5号和B区8号并列第7名或争夺第7名和第8名。

双败者复活赛的特点：

在单败淘汰赛中分别和A区、B区的第1名和第2名比赛过而又输掉比赛的运动员可获得参加复活赛的资格，并分区、按轮次以阶梯形式排列进行复活赛。

淘汰赛中，A区和B区的第2名在复活赛中分区交叉，放在复活赛的最后一轮进行比赛。

除了具备单败者复活赛的特点以外，和单败者复活赛相比较，双败者复活赛复活的区域更广了，能参加复活赛的人数增多了，在一定程度上弥补了单败者复活赛的复活区域太窄，能参加复活赛的人数太少，而比赛的偶然性较大的不足。

编排方法：

在淘汰赛中，被A、B区第1名和第2名在第1轮和第2轮分别淘汰的运动员17、25；31、23；30、22；12、4；分区自上而下依次排列，在复活赛第1轮的位置上，进行首轮比赛。

在淘汰赛中第3轮被A、B区第1名和第2名分别淘汰的运动员，21、3；26、8号分区自上而下依次排列在复活赛的第2轮的位置上，进行第2轮的比赛。

在淘汰赛中第4轮，被A、B区第1名分别淘汰的运动员15、14号，A、B区左右交换位置，进行复活赛第4轮的比赛。

录取名次方法

淘汰赛中：

A区第1名1号和B区第1名28号争夺冠军赛。

复活赛中：

A区3号和B区15号并列第3名或争夺第3名和第4名。

A区14号和B区8号并列第5名或争夺第5名和第6名。

A区25号和B区26号并列第7名或争夺第7名和第8名。

（三）全败者复活赛

国际柔道比赛，每个国家或地区，只能派一名运动员参加一个级别的比赛（国际邀请赛除外）。而我国国内的比赛，由于考虑到要发挥我国各不同区域的级别特点和优势（如我国北方大级别运动员多，而南方则小级别运动员多），推动我国柔道运动技术水平的提高，培养高水平人才，达到“国内练兵，一致对外”的目的。则允许每个代表队可报一名以上的运动员参加一个级别的比赛，或者各级别的报名人数不受限制。但由于种种复杂的原因，在全国比赛，尤其是综合性运动会的预赛之中，又出现了同一个单位或不同单位的运动员利用编排方法的特点或缺点，而在某些轮次或场次的比赛中，不进行真实比赛，故意输掉某场比赛而达到排挤他人目的的不良行为。同时，不论是单败者复活赛还是双败者复活赛，都存在着某些运动员只能参加一场比赛就遭淘汰的情况，从而造成比赛锻炼和交流的机会太少。同时由于编排方法产生的偶然性，也使一些运动员不能获得和其技术水平和实力相对应的比赛成绩。针对这些现实问题，我国国内竞赛又在双败者复活赛的基础上，研究制定了全败者复活赛。较好的解决了上述存在的问题。

全败者复活赛的鲜明特点，就是第一阶段的单败淘汰赛中输掉的运动员，都有参加复活赛的机会。在编排方法中，为了使在淘汰赛中相遇过了运动员，在参加复活赛中尽量推迟第二次相遇，则采用了区域调整的方法（图5–11、图5–12、图5–13、图5–14、图5–15、图5–16、图5–17）。

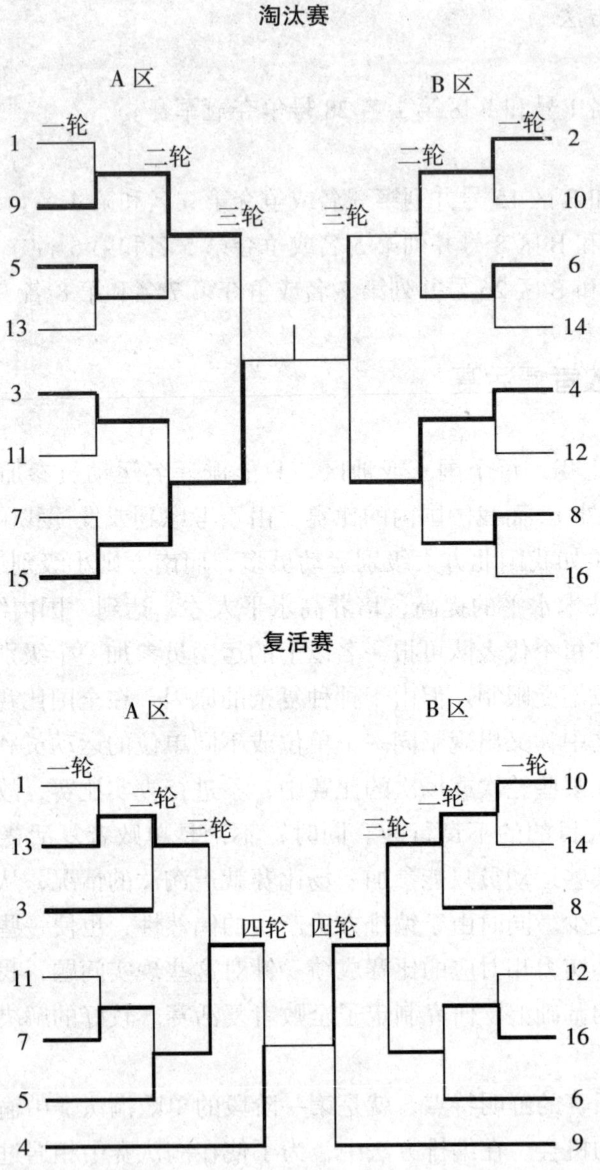

图 5–11　16 人参赛编排范例（粗线条为胜者）

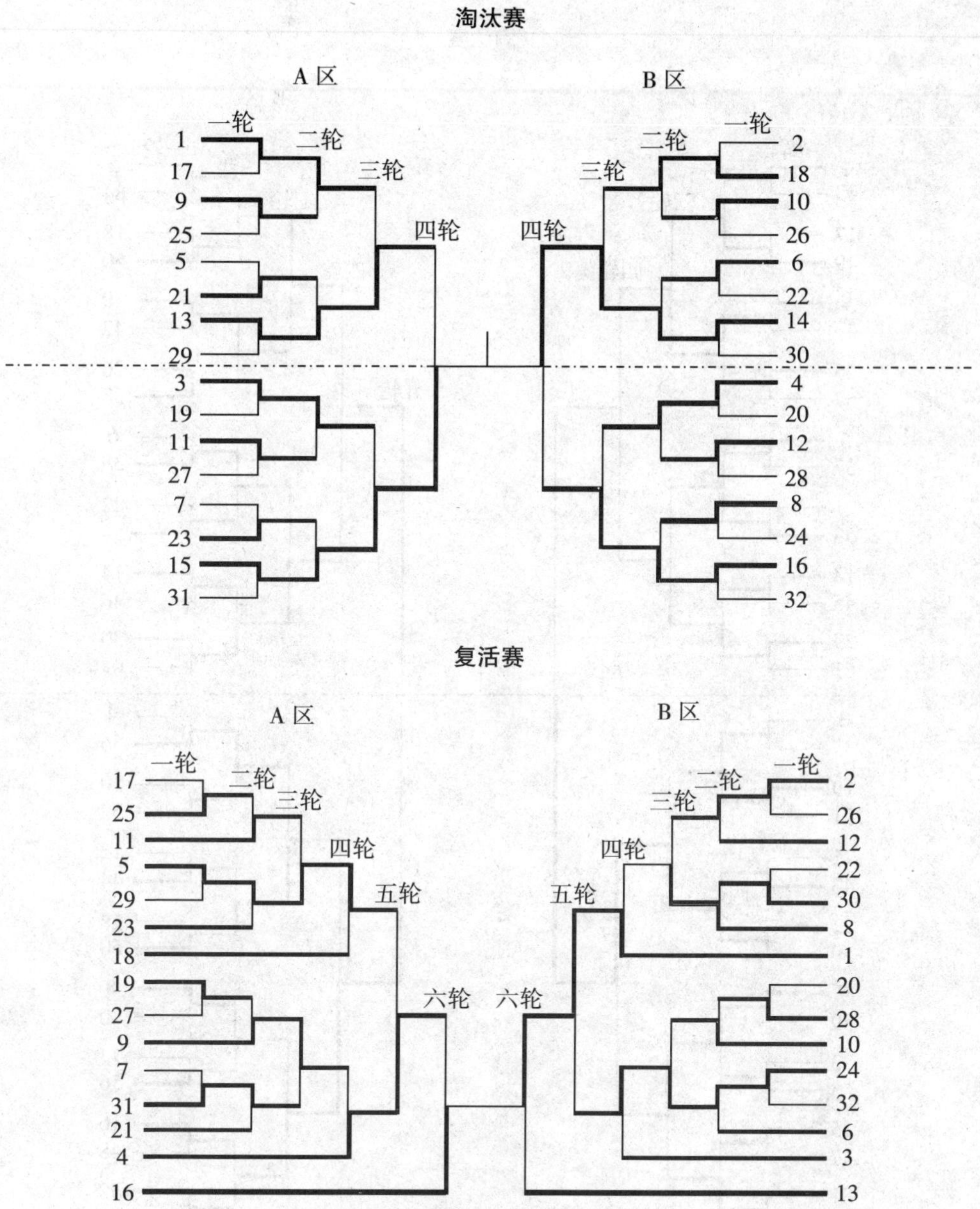

图 5–12　32 人参赛编排范例（粗线条为胜者）

淘汰赛

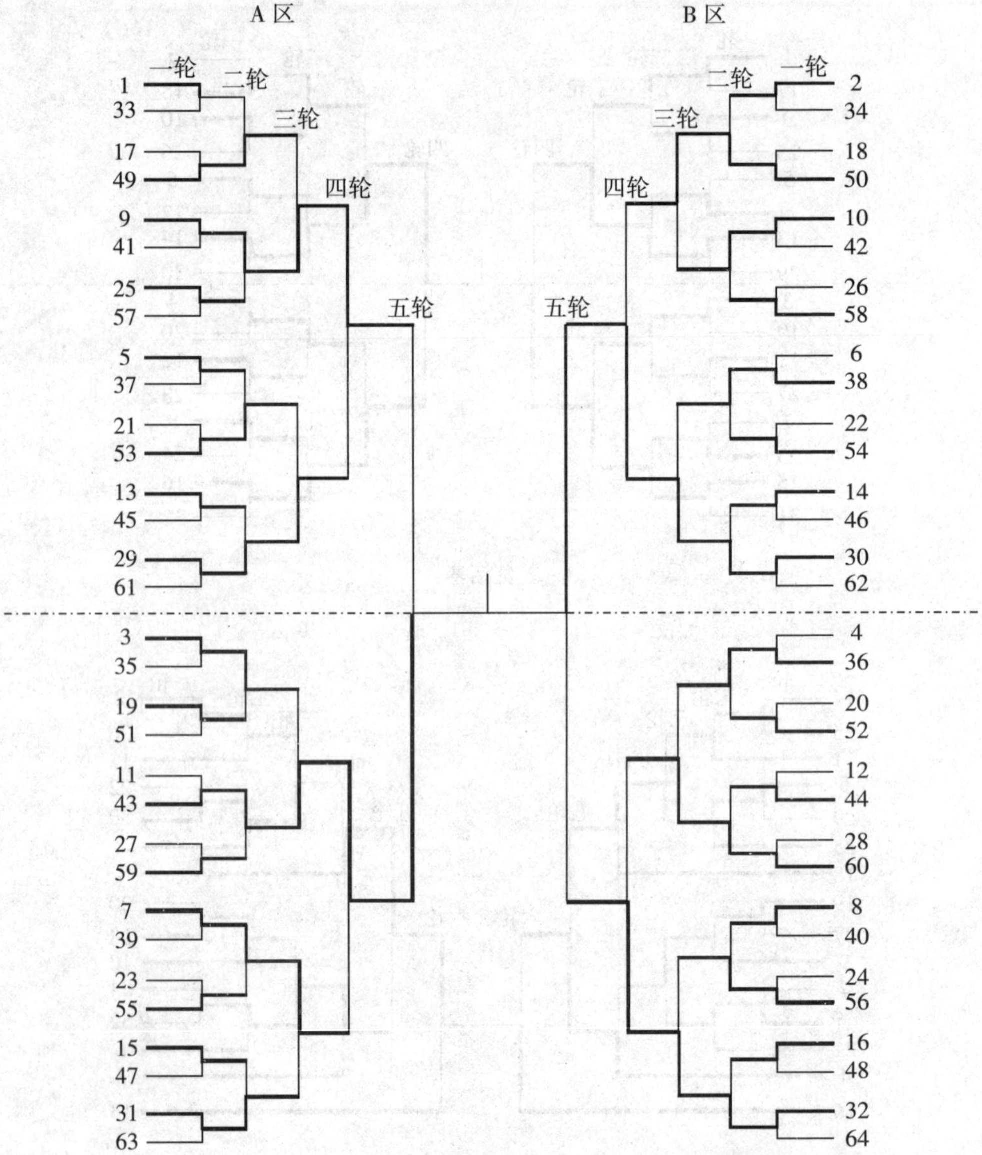
A 区
B 区
一轮
二轮
三轮
四轮
五轮
1
33
17
49
9
41
25
57
5
37
21
53
13
45
29
61
3
35
19
51
11
43
27
59
7
39
23
55
15
47
31
63
2
34
18
50
10
42
26
58
6
38
22
54
14
46
30
62
4
36
20
52
12
44
28
60
8
40
24
56
16
48
32
64

复活赛

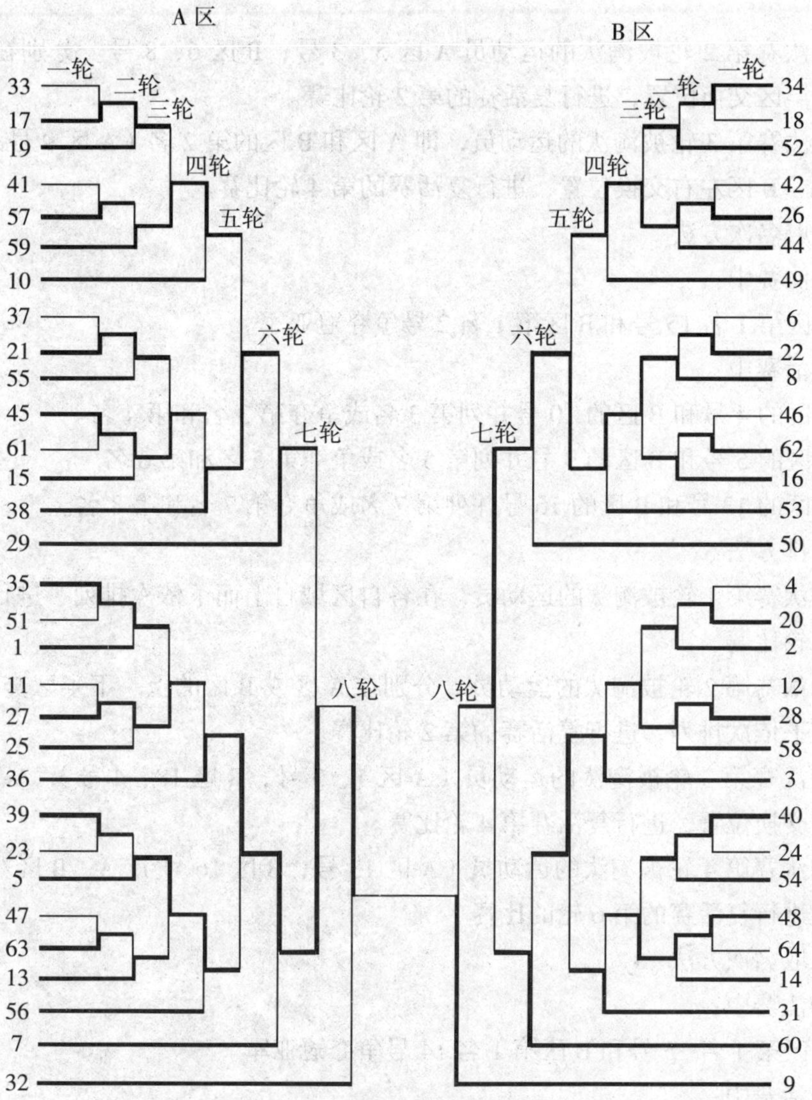

图 5–13　64 人参赛编排范例（粗线条为胜者）

编排方法：

在淘汰赛第 1 轮被淘汰的运动员 A 区的 1、13；11、7 号；B 区的 10、14；12、16 号分区、自上而下依次排列在复活赛第 1 轮的位置上，进行首轮比赛。

淘汰赛第 2 轮被淘汰的运动员 A 区 5、3 号；B 区 6、8 号。分别在本区的上、下半区交换位置，进行复活赛的第 2 轮比赛。

淘汰赛第 3 轮被淘汰的运动员，即 A 区和 B 区的第 2 名（A 区 9 号；B 区 4 号），A、B 区左右交换位置，进行复活赛的第 4 轮比赛。

录取名次方法

淘汰赛中：

A 区第 1 名 15 号和 B 区第 1 名 2 号争夺冠亚军。

复活赛中：

A 区的 4 号和 B 区的 10 号并列第 3 名或争夺第 3 名和第 4 名。

A 区的 5 号和 B 区的 9 号并列第 5 名或争夺第 5 名和第 6 名。

A 区的 13 号和 B 区的 16 号并列第 7 名或争夺第 7 名和第 8 名。

编排方法：

淘汰赛第 1 轮被淘汰的运动员，在各自区域自上而下依次排列，进行复活赛的第 1 轮比赛。

淘汰赛第 2 轮被淘汰的运动员，分别在 A 区或 B 区的上、下半区交换位置，自上而下依次排列，进行复活赛的第 2 轮比赛。

淘汰赛第 3 轮被淘汰的运动员（A 区 1、3 号；B 区 18、4 号），A、B 区左右对应交换位置，进行复活赛第 4 轮比赛。

淘汰赛第 4 轮被淘汰的运动员（A 区 13 号；B 区 16 号），A、B 区左右交换位置，进行复活赛的第 6 轮的比赛。

录取名次方法

淘汰赛中：

A 区第 1 名 15 号和 B 区第 1 名 14 号争夺冠亚军。

复活赛中：

A 区的 16 号和 B 区的 1 号并列第 3 名或争夺第 3 名和第 4 名。

A 区的 4 号和 B 区的 13 号并列第 5 名或争夺第 5 名和第 6 名。

A 区的 5 号和 B 区的 24 号并列第 7 名或争夺第 7 名和第 8 名。

编排方法：

淘汰赛第 1 轮被淘汰的运动员，在各自区域自上而下依次排列，进行复活赛的第 1 轮比赛。

淘汰赛第 2 轮被淘汰的运动员，分别在 A 区、B 区的上、下半区交换位置，自上而下依次排列，进行复活赛的第 2 轮比赛。

淘汰赛第 3 轮被淘汰的运动员，A 区、B 区左右对应交换位置，进行复活赛的第 4 轮比赛。

淘汰赛第 4 轮被淘汰的运动员，分别在自己的 A 区或 B 区原定复活位置，进行复活赛的第 6 轮比赛。

淘汰赛第 5 轮被淘汰的运动员，A 区、B 区左右交换位置，进行复活赛的第 8 轮比赛。

录取名次

淘汰赛中：

A 区第 1 名 43 号和 B 区第 1 名 30 号争夺冠亚军。

复活赛中：

A 区的 36 号和 B 区的 9 号并列第 3 名或争夺第 3 名和第 4 名。

A 区的 32 号和 B 区的 8 号并列第 5 名或争夺第 5 名和第 6 名。

A 区的 29 号和 B 区的 60 号并列第 7 名或争夺第 7 名和第 8 名。

有轮空号的编排方法：

在实际比赛中，参赛人数并不完全是 2 的 n 次方数（如 8、16、32、64）等，遇到这种情况，就会出现轮空号码，轮空号码数的计算公式是：用略大于实际参赛人数的 2 的 n 次方数，减去实际参赛人数，即为第 1 轮的轮空数。如 6 人参赛，编排表应用略大于参赛人数的 2 的 n 次方数 8 减去 6，等于 2（图 5–14）。那么在淘汰赛中，第 1 轮的轮空号有两个。

如 13 人参赛，编排表的号码应为：用略大于参赛人数 13 的 2 的 n 次方数 16，减去实际参赛人数 13，则轮空数为：16 – 13 = 3。

不论参赛人数是多少，均可按此方法类推。淘汰赛轮空号的出现，也会影响复活赛的编排。以 48 人参赛为例，就可以比较出和 64 人参赛排列表（图 5–13）的区别。

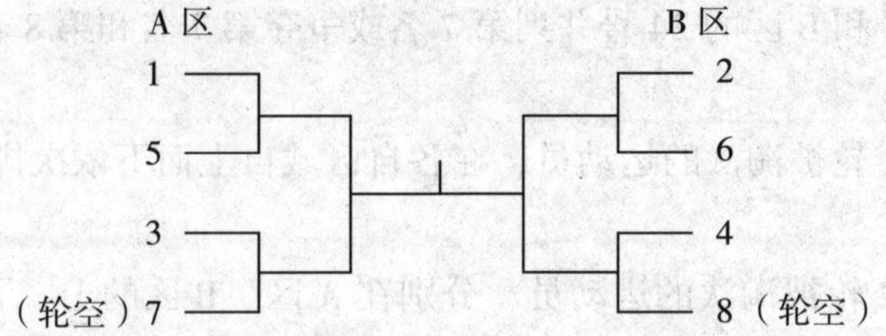

简略的画法则为：

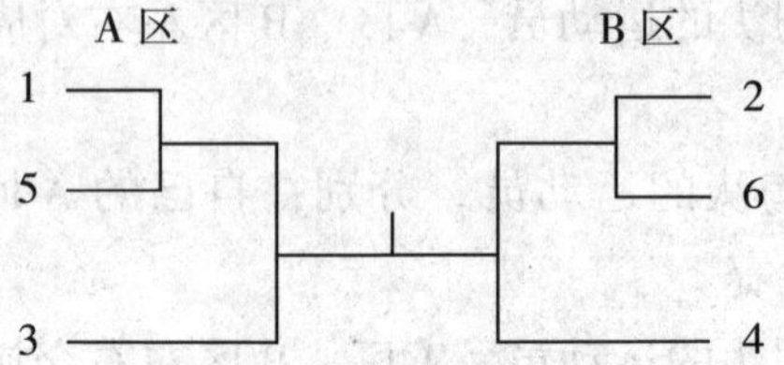

图 5-14　6 人参赛淘汰表

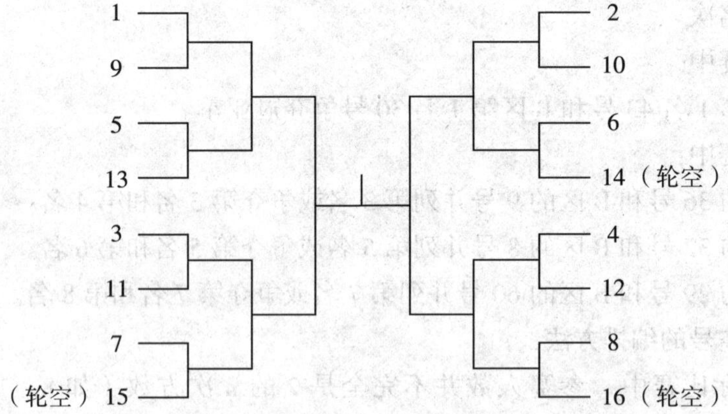

简略画法则为：

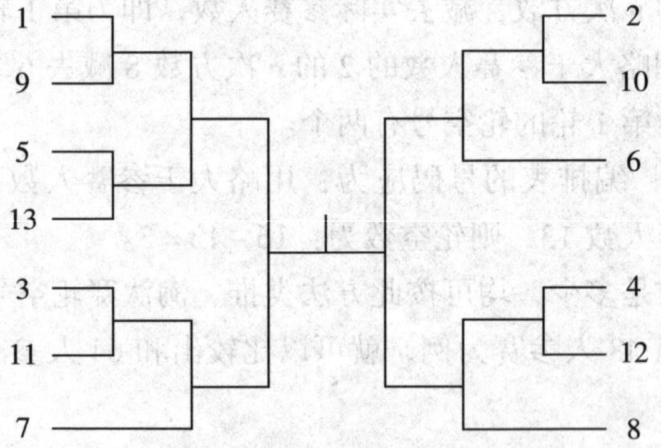

图 5-15　13 人参赛淘汰表

在淘汰赛中：

按轮空号计算方法，则为 64 – 48 = 16。即第 1 轮有 16 个轮空号，也就是有 16 个运动员可以直接进入第 2 轮的比赛。这样就可以少画 16 条线。比 64 人参赛排列表简洁。

在复活赛中：

因为在淘汰赛中有 16 个人轮空直接进入了第 2 轮比赛，所以就造成在全复活的复活赛中的第 1 轮比赛中，也有 16 个选手没有活赛的第 2 轮比赛。而由于 64 人参赛的全复活赛的第 1 轮，恰好又是有 16 场比赛，所以等于 48 人参赛的复活赛第 1 轮全部轮空，直接进入第 2 轮比赛，因此，复活赛就减少了一个轮次。就又形成了 48 人参赛的复活赛的轮次，由 64 人参赛所需的 8 轮减少成了 7 轮（图 5–16）。对手，可以直接进入复活赛。

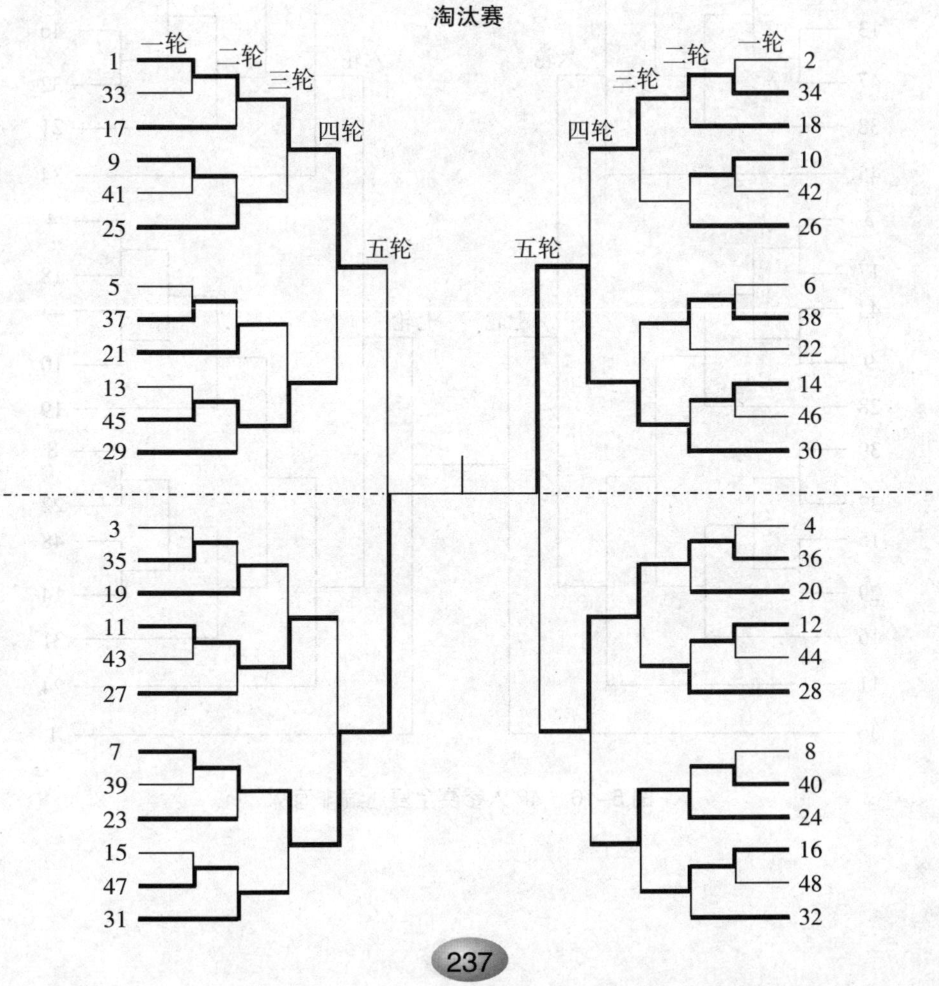

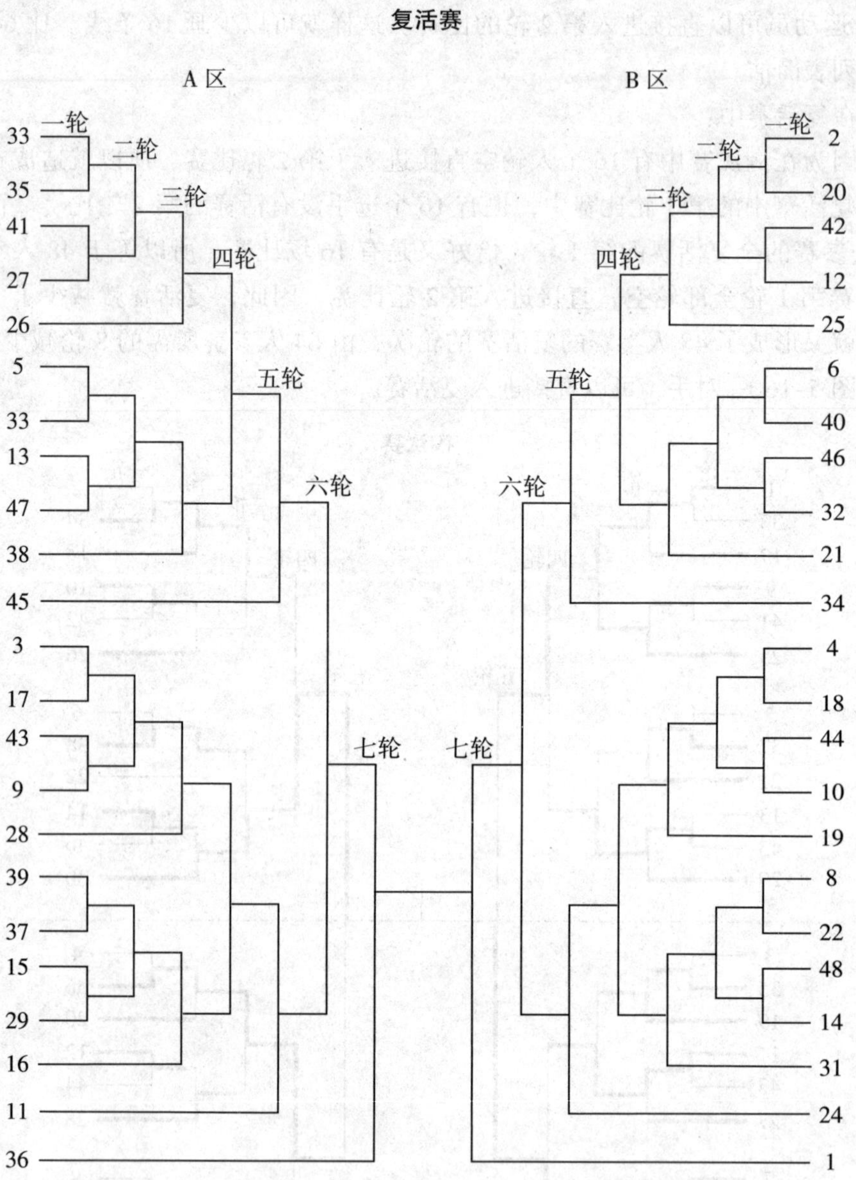

图 5-16　48 人参赛全复活编排范例

淘汰赛

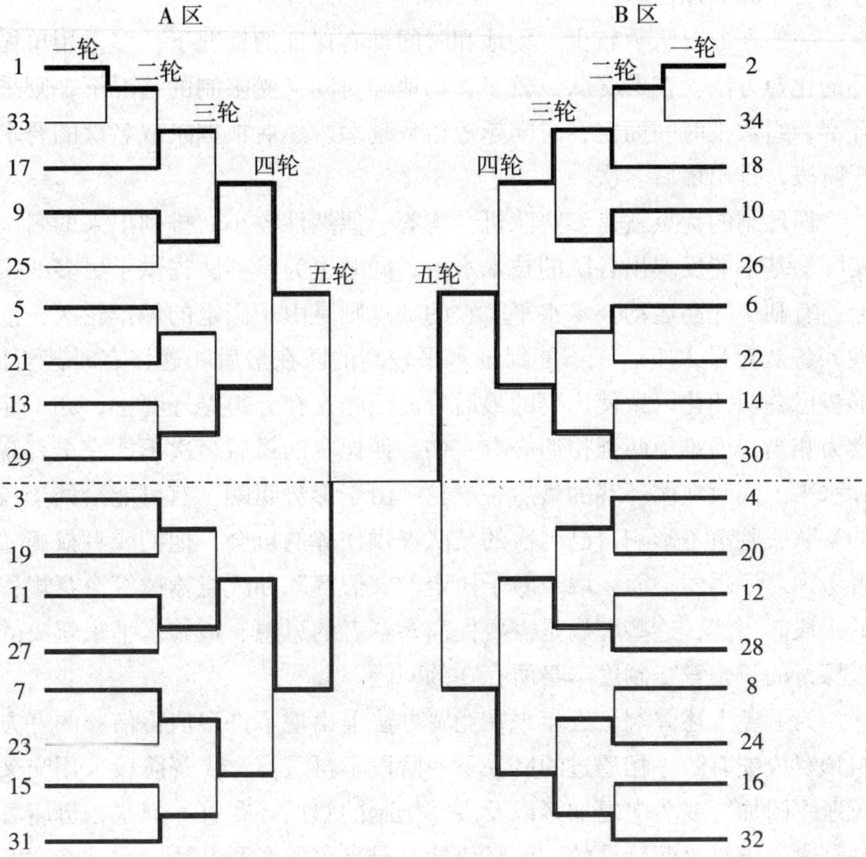

图 5–17　34 人参赛编排范例（粗线条为胜者）

三、循环制

循环制是体育比赛中常用的竞赛组织方法，它包括单循环、双循环、分组循环等方法。通常适用于足球、篮球、排球、棒垒球、手球等以整队为单位参加竞赛的集体球类项目，有时也被乒乓球、网球以及棋类、桥牌等项目的团体比赛所采用。

循环制是使所有参赛队（或同组内的所有队）轮流对抗一次，都有相遇的机会，最后根据各队胜负场次的积分多少来决定名次。这种方法有利于互相学习、互相交流和共同提高。

一般在参赛队数较少、场地和时间都有保证的情况下，多采用单循环或双循环的比赛方法。在参赛队数较多、场地和时间又受限制的情况下，则采用分组循环赛，组数视时间而定，时间越短组数越多。然后根据录取名次的要求，分为若干阶段，排出最后名次。

循环制的优点就是参赛队机会均等、偶然性较小，排列出来的名次比较符合实际，基本能反映出各队的技术水平；同时也为参赛队提供了更多的实战锻炼机会，有利于提高运动技术水平。它的缺点则是由于固定的编排轮次，抽签的偶然性，各队对号入座后，不能保证水平较高的队在最后相遇，有时甚至比赛过半，形势已趋明朗化以致使比赛的最后阶段乏味。在分组循环赛中，亦不能保证各组实力相当，而难免两强相遇必有一伤，使比赛的最后名次不能完全客观地反映实际水平。同时在循环赛的最后一二轮，由于形势明朗，有可能给处于三角关系上的某队或胜负不影响自己名次的某队提供作弊的机会，他们或者权衡“关系”或者考虑对手强弱，而采取“君子协定”“假赛”和故意输球等竞赛规程无法制约的手段。当然，这些弊病是需要提高参赛者的思想、道德水平来解决的，我们这里探讨的只是竞赛制度本身所存在的问题。

为避免上述弊端，近年来在竞赛办法上出现了许多值得借鉴的好方法，如分组预赛成绩有效，相遇过的队在下一阶段不再重赛；决赛阶段采用交叉赛；增加冠亚军附加赛或名次复加赛以及主客场制的双循环赛等。但是，毋庸置疑，循环制利大于弊是显而易见的，而且仍然是最常用的竞赛办法，它必将在实践中得到不断的发展和完善，从而使参赛者能够更加公平、合理地参与竞争，使比赛更加精彩纷呈，更富于体育道德精神。

采取循环制比赛方法，要特别注意“公开、公平、合理、均等”，这是比赛编排的基本原则。要公开编排的原则、方法和依据，以及抽签的计划安排。要充分发扬民主，广泛征求意见。要考虑到时间（上午、下午、晚上）、地点、场地（内、外、远、近）、交通、食宿、参赛队伍情况等诸多因素，做到尽可能公平、合理和大致均等。同时要做好运动队伍的思想政治工作，提倡胜不骄、败不馁、顽强拼搏的精神，制定有关纪律规定以及处罚条例，防止有悖于体育道德的行为出现，从而促进各运动队之间的互帮互学，团结友谊，达到提高运动技术水平之目的。

（一）单循环比赛的编排方法

1. 单循环比赛轮次与场数的计算

计算轮次和场数的目的是为了比赛所需的时间和所需的场地数量，裁判员及辅助人员数量，以便安排竞赛日程以及经费的预算。

（1）比赛轮次的计算

参赛各队各比赛一场（含轮空）为1个轮次的计算方法是：

①参赛队数为偶数时：轮次＝队数－1。

例如，8个队参加单循环比赛，则轮次为：8－1＝7轮。

②参赛队数为奇数时，轮次＝队数。

例如，9个队参加单循环比赛，则轮次为9轮。

（2）比赛场数的计算

计算公式为：

$$\frac{\text{队数}\times(\text{队数}-1)}{2}=\text{场数}$$

例如，10个队参加单循环比赛，则比赛场数为：

$$\frac{10\times(10-1)}{2}=45\text{场}$$

2. 单循环比赛顺序的编排步骤

对单循环比赛进行各轮次顺序编排时，应采取如下步骤：

（1）确定编排序号

即用阿拉伯数字1、2、3、4、5、6……来代表各参加比赛队的顺序号（简称序号）。确定各比赛队序号的依据，有如下因素：

①依据上一年或上一届比赛各参赛队的比赛成绩。1代表第1名，2代表第2名，3代表第3名……依次类推（如有的队没有参加上一年或上一届的比赛，可以按报名的先后，确定序号）。

②主承办单位，对各参赛队的技术水平不是很了解，或参赛队较多需要进行

分组时，由各参赛队进行抽签来确定各自的序号。

（2）编排比赛轮次

将各参赛队的序号，等量地分成左右两列，左列由上往下排，右列由下往上排；然后用横线将相对应的两个数字联起，这就是第1轮比赛相遇的队。

（3）确定轮转方法

从第2轮开始，各比赛队要依次轮转，轮转的方法，基本上有两种：

①固定1号位的“逆时针轮转法”（此方法通常采用较多）：

从第2轮开始，1号位固定不转，其他号位按逆时针方向轮转一个位置，就是第2轮比赛相遇的队。在第2轮转后的号位基础上，同样按逆时针方向轮转一个位置，就是第3轮，依次类推，即可排出每一轮的比赛顺序。如果参加比赛的队数是“奇数”时，可用“0”号来补位到尾数的位置，形成“偶数”，各轮次中凡与“0”号相对的队，则为轮空队。

例1，6个队参赛的单循环编排顺序：

第1轮	第2轮	第3轮	第4轮	第5轮
1—6	1—5	1—4	1—3	1—2
2—5	6—4	5—3	4—2	3—6
3—4	2—3	6—2	5—6	4—5

例2，5个队参赛的单循环编排顺序：

第1轮	第2轮	第3轮	第4轮	第5轮
1—0	1—5	1—4	1—3	1—2
2—5	0—4	5—3	4—2	3—0
3—4	2—3	0—2	5—0	4—5

② 固定1号位的“顺时针轮转法”（此方法通常采用较少）：

例1，6个队参赛的单循环编排顺序：

第1轮	第2轮	第3轮	第4轮	第5轮
1—6	1—2	1—3	1—4	1—5
2—5	3—6	4—2	5—3	6—4
3—4	4—5	5—6	6—2	2—3

例 2，5 个队参赛的单循环编排顺序：

第 1 轮	第 2 轮	第 3 轮	第 4 轮	第 5 轮
1—0	1—2	1—3	1—4	1—5
2—5	3—0	4—2	5—3	0—4
3—4	4—5	5—0	0—2	2—3

以上两种轮转方法，根据竞赛项目的不同，时间、场地的制约，竞赛目的、要求的不同，采用的轮转方法，也将是不同的。除排球项目比赛外，其他应用循环制的集体项目，大多采用逆时针轮转的方法。除固定 1 号位以外，也可以固定尾数，左、右下角数。从而编排出多种比赛顺序。

③“贝格尔编排法”：排球比赛专用方法

目前国际比赛和国内比赛，都采用国际排联（FIVB）确认的“贝格尔编排法”编排单循环比赛顺序。

这种编排方法的特点是：不设固定号位，其比赛队的尾数序号，包括奇数时补位的 0 号位，是左右摆动的，也是采用逆时针方向的轮转方法。

例 1，6 个队参赛的单循环编排顺序：

第 1 轮	第 2 轮	第 3 轮	第 4 轮	第 5 轮
1—6	6—4	2—6	6—5	3—6
2—5	5—3	3—1	1—4	4—2
3—4	1—2	4—5	2—3	5—1

例 2，5 个队参赛的单循环编排顺序：

第 1 轮	第 2 轮	第 3 轮	第 4 轮	第 5 轮
1—0	0—4	2—0	0—5	3—0
2—5	5—3	3—1	1—4	4—2
3—4	1—2	4—5	2—3	5—1

记住以下几句话，就可以掌握“贝格尔编排法”：

队尾数左右摆：如第 2 轮至第 5 轮的 6 或 0。

右下角提上来：如第 2 轮至第 5 轮的 4、2、5、3。

逆时针转轮次：如第 2 轮至第 5 轮的轮次转换。

贝格尔巧编排：这是贝格尔编排的方法和规律。

检验编排得是否正确，只要看 1 号位的队：第 1 轮是对尾数的队，第 2 轮是对 2 号位的队，第 3 轮是对 3 号位的队……依次类推就是正确的。

“贝格尔编排法”的优点是：如果 1 号和 2 号位的队，是上一年或上一届比赛的第 1 名和第 2 名，这两个实力较强的队在第 2 轮就相遇，就可能避免在后几轮的比赛中左右或影响其他队的名次。其不足的是，两个强队过早相遇，使比赛的最后阶段可能不够激烈、精彩。但主、承办单位也可根据观众、电视转播和票房价值等需要，将第 2 轮次整个轮次调整到最后一轮，以避免最后赛事的乏味。

（二）双循环比赛的编排方法

双循环是指参加比赛的队先后进行两次单循环比赛的方法。这种方法使所有参赛队均能相遇两次，最后按各队在两个循环的全部比赛中胜负场数的积分多少排列名次。其编排方法与单循环比赛的编排方法一样，第 2 次单循环赛的编排方法可以重复，也可以重新抽签编排。

双循环比赛的方法较少使用，一般是为了符合比赛的性质或目的，比如为了使该项比赛得到普及与提高，或为了使参赛队伍有较多的实战机会，或为了培养运动员连续作战的作风等等原因，才使用双循环方法。近年曾出现“两场制”的竞赛办法，即一个队在同一天内与同一个队进行两场比赛，胜负按最高比分的一场记录成绩。这种方法不能称之为双循环，但同样能够达到双循环的作用。目前此种竞赛方法已不被采取，改为双循环比赛，每天每队进行两轮比赛，但不是对同一个队，如青年联赛时采用这种办法较多。

（三）分组循环比赛的编排方法

分组循环比赛一般在参加队数较多的情况下，为了不过多地增加比赛场数和延长比赛日期，而又能使各队参加一定场次的比赛才采用这种方法。

分组循环比赛，确切地讲，应该称为分组分阶段单循环赛，即根据参赛队的总数，分成若干个平行小组，在组内先进行单循环比赛，排出各小组的名次；然后根据具体情况，分为两个阶段（预赛阶段和决赛阶段）或三个阶段（预赛阶段、复赛阶段和决赛阶段）进行比赛。决赛阶段（含复赛阶段）的比赛方法可采用单循环赛，亦可采用交叉赛、同名次赛、淘汰赛等比赛办法。所以说，分组循环比赛编排方法的关键是“分组和分阶段”，分组的依据是参赛队数和录取名次，分阶段的确定则是要符合日期和场次的要求。因此，竞赛规程必须明确规定竞赛日期、分组分阶段的办法及录取小组名次和总名次办法，使参加者和组织者都能事先了解比赛的编排方法。

1. 编排方法

以16队参加比赛为例，有以下几种编排方法。

（1）分两个阶段比赛的方法

①要求：实际竞赛日期8~10轮完成；排出全部名次。

第一阶段（预赛）：

将16个队分成两组分别进行单循环比赛，排出各小组名次。（共7轮56场）

第二阶段（决赛），有以下三种办法：

第一，同名次赛：各小组第1名决1~2名；各小组第2名决3~4名；各小组第3名决5~6名，依次类推决出全部名次（预、决赛总共进行8轮64场）。

第二，单循环赛：将各组第1名和第2名编为一组，进行单循环决定1~4名；第3名和第4名编为一组决5~8名，依次类推，决出全部名次（预、决赛总共需10轮80场；如预赛中相遇过的两队，成绩有效带入决赛阶段，则可减8场，只需进行9轮72场）。

第三，如只要求排出前6名，则可将预赛各组前3名，编为一组采用单循环赛出1~6名，预赛成绩有效，其他队不再进行比赛（预、决赛总共需10轮65场）。

②要求：实际竞赛日期为6轮内完成；排出前8名；竞赛场次不超过40场。

第一阶段（预赛）：

将16个队分成4组分别进行单循环比赛排出各小组名次（共3轮24场）。

第二阶段（决赛）：

将预赛各小组第一名编为一组，进行单循环赛决定1~4名；各小组第二名编为一组，进行单循环赛决出5~8名；其余队不再进行比赛（预、决赛总共需6轮36场）。

（2）分三个阶段比赛的方法

要求：实际竞赛日期8轮排出前8名；竞赛场次不超过56场。

第一阶段（预赛）：

将16个队分成4个组，分别进行单循环赛排出各小组名次，共3轮24场。

若规程规定要排出：1~16 名的名次，则 16 个队均需参加复赛和决赛阶段；若只需排出前 8 名，则预赛中排出的第 3 名和第 4 名就不再进行比赛了。

第二阶段（复赛）：

将预赛第 1 组、第 3 组的第 1 名和第 2 组、第 4 组的第 2 名共 4 个队编为 A 组，再将第 2 组、第 4 组的第 1 名和第 1 组、第 3 组的第 2 名共 4 个队编为 B 组；两组分别进行单循环赛排出各小组名次。共 3 轮 24 场。

第三阶段（决赛），有以下两种办法：

①单循环决赛

将复赛阶段 A、B 两组的前两名共 4 个队编为甲组，进行单循环赛决 1~4 名；后两名共 4 个队编为乙组，进行单循环赛决 5~8 名。复赛阶段成绩有效不再重赛，共 2 轮 8 场，预、复、决赛总共需 8 轮 56 场（决定 9~16 名的办法亦同）。

②交叉决赛

将复赛阶段 A、B 两组的第 1 名、第 2 名及第 3 名、第 4 名分别进行交叉赛，决定 1~4 及 5~8 名。共 2 轮 8 场，预、复、决赛总共需 8 轮 56 场。

交叉赛的方法如下：

第 1 轮，A1—B2；B1—A2

第 2 轮，两场的胜者相遇，决定第 1 名、第 2 名；两场的负者再相遇，决定第 3 名、第 4 名。

第 5~8 名的交叉决赛方法亦同。

即 A3—B4；B3—A4……

交叉赛的方法只限于有两个组的预赛或复赛，然后在 4 个队之间进行一个交叉赛，同样可以决出全部名次，而且在比赛的最后一轮可以说是最高水平的竞争，即冠亚军决赛。如果采用单循环决赛的方法，为了使比赛最后达到高潮，也可规定在单循环决赛中排出的名次进行加赛一场决定胜负，前两名的加赛即为冠军的争夺战。

2. 种子队的确定和位置排列

分组循环赛一般应设种子队。确定种子队的依据，是上届或上一年度比赛的名次或成绩，或者根据各队的实际水平，由领队会议上协商确定。种子队的队数一定要等于分组的组数或组数的倍数。譬如分 4 个组进行比赛，若确定 4 个种子队，则每组安排一个种子队；若确定 8 个种子队，则每组安排两个种子队。哪两个种子队在一组，则采用下述方法安排种子队的位置。

首先将8个队按照名次或水平排列出第1号种子、第2号种子直到第8号种子，第1号种子与第8号种子编为一组、第2号种子与第7号种子编为一组，依次类推，将8个种子队合理安排在4个组内，如下图。

第1组	第2组	第3组	第4组
1	2	3	4
|	|	|	|
8	7	6	5

若将8个种子队分到两个组内，可采用蛇形排列方法，如下图。

第1组：	1	4	5	8
第2组：	2	3	6	7

3. 分组循环赛的抽签定位方法

抽签定位方法的一般过程如下：

①确定抽签方法，即一次性抽签或是二次性抽签。

一次性抽签就是一次抽签就能决定所在组别及组内的顺序号。

二次性抽签就是第一次抽签决定组别，第二次抽签决定组的顺序号。

用哪种方法好，需根据比赛的实际情况而定。总之，要使抽签在公开、合理、融洽的气氛中进行。

②制作签号。根据分组的组数和每组的队数制作相应的签号。可用新扑克牌代替，但必须事先将每种花色所代表的内容公布于众。做好的签号最好放在签盘中进行抽签。

③确定主抽人、监抽人、洗签人、唱签记录人和参加抽签的其他人员，并确认各队抽签人的代表资格。若抽签时某队代表未到场，可由组织者代抽或采取“剩余法”，将最后一个签号留给该队。

④主持并监督抽签。种子队先抽签，确定各种子队的组别。若种子队数与分组数相同，则将各种子队分别抽入各组；若种子数是分组数的倍数，则采用“跟种子”的办法，即按前表所列，以分4组设8个种子队为例：前4个种子队代表后面4个种子队抽签，第1号种子抽入某组则将第8号种子带入同组；同样，第2号种子抽入某组也将第7号种子带入同组。依次类推，合理地将种子队抽入各组内。种子队的顺序号如需一次性抽签决定，则要在事先即确定它在组内的顺序号位置。

种子队抽签结束以后，非种子队开始依次抽签确定各队的组别和在组内的顺序号。

最后由主抽人公布抽签结束。

⑤编印竞赛日程表。根据抽签结果，将各队队名对号填入事先编排好的轮次表内，再结合时间、场地、服装颜色等情况，编印竞赛日程表。到此抽签即告结束。

（四）循环制的计分方法和名次的排列

篮球、排球、手球等项目的比赛计分方法一般是胜一场得 2 分，负一场得 1 分，弃权得 0 分（有的项目规定弃权队名次列最后）。

排球比赛采用五局三胜制，每场比赛均能决出胜负。篮球、足球、手球等项目的比赛，往往双方会打成平局，但篮球、手球都采用决胜期的办法来决出胜负。足球则要根据竞赛规程的规定来决定，如采用加时赛或罚点球来决出胜负，但也有规定采用单循环制比赛打成平局时，不再进行加时赛或罚点球，用最后算积分的方法来决定名次。采用这种方法计算成绩时，往往采用胜一场得 3 分，平一场得 1 分，负一场得 0 分的计分方法。最后按积分多少排列名次。但比赛结果往往会出现两队或两个以上队积分相等的情况。积分相等队的名次排列，由于各项目规定不一样，在各单项竞赛规则中都有明确规定，遇此情况请查阅该项目竞赛规则（一般应写进单项竞赛规程），不再逐一赘述。

例 1，排球比赛单循环及分组循环阶段的计分和决定名次办法。

原办法：

①各队胜一场得 2 分，负一场得 1 分。积分多者名次列前。

②如果两队或两队以上积分相等，则采用下列办法决定名次：

$$\frac{\text{A（胜局总和）}}{\text{B（负局总和）}}=\text{C 值；C 值高者名次列前}$$

③如 C 值相等，则采用：

$$\frac{\text{X（胜分总和）}}{\text{Y（负分总和）}}=\text{Z 值；Z 值高者名次列前}$$

④如 Z 值仍相等，则采用抽签的办法决定名次。

自第 10 届全运会开始，对原办法进行了调整。

将原办法的②改为第③，原办法的第③改为②。

即积分相等时先计算 Z 值，Z 值相等再计算 C 值。

这种调整，使每场比赛两个队都要每球每分必争，增加了比赛的激烈、精彩程度。

例 2，排球比赛单循环及分组循环阶段竞赛成绩表。

竞赛成绩表（以 6 队为例）

组别:

	1	2	3	4	5	6	积分	Z 值	C 值	名次
1		: : : : : :	: : : : : :	: : : : : :	: : : : : :	: : : : : :				
2	: : : : : :		: : : : : :	: : : : : :	: : : : : :	: : : : : :				
3	: : : : : :	: : : : : :		: : : : : :	: : : : : :	: : : : : :				
4	: : : : : :	: : : : : :	: : : : : :		: : : : : :	: : : : : :				
5	: : : : : :	: : : : : :	: : : : : :	: : : : : :		: : : : : :				
6	: : : : : :	: : : : : :	: : : : : :	: : : : : :	: : : : : :					

注：此表应在比赛场馆及运动员住地张贴。

（五）竞赛日程的编排及平衡

参赛各队或按上一年、上一届比赛成绩确定序号，或抽签决定各自序号以后，就可以先按序号排出单循环或分组循环的比赛轮次，然后按各队的序号，对号入座，将队名填入比赛轮次中。轮次排定后，即可编排竞赛日程。

篮、排、棒、垒、手球等项目，可以安排每天赛完一轮，第3轮以后可以安排休息一天，若仅为5轮之内的比赛，也可不安排休息。但足球比赛应安排在两三天内赛完一轮，并注意一个队的比赛间隔应在24小时以上。

编排竞赛日程时，要尽量使比赛时间、场馆包括服装颜色等方面的安排，对各队相对合理，机会均等。

例1，竞赛日程表，以男女各6队进行单循环比赛为例：

日期	时间		组别	轮次	场地	比赛队	场次	备注
8月5日 星期一	上午	8:30	女A	1	1号	（ ）—（ ）	1	
		9:30	女A	1	1号	（ ）—（ ）	2	
		10:30	女A	1	1号	（ ）—（ ）	3	
		8:30	男A	1	2号	（ ）—（ ）	4	
		9:30	男A	1	2号	（ ）—（ ）	5	
		10:30	男A	1	2号	（ ）—（ ）	6	
	下午	14:30	女B	1	1号	（ ）—（ ）	7	
		15:30	女B	1	1号	（ ）—（ ）	8	
		16:30	女B	1	1号	（ ）—（ ）	9	
		14:30	男B	1	2号	（ ）—（ ）	10	
		15:30	男B	1	2号	（ ）—（ ）	11	
		16:30	男B	1	2号	（ ）—（ ）	12	

从第2轮开始，将男女A组与男女B组进行上、下午比赛时间进行对调，以基本上保持机会均等。

竞赛日程编排完毕以后，由于受轮次、场地、时间等制约，可能出现对某队不利的情况，应在同一轮次进行调整。对相关情况进行调整时，可采用“平衡法”进行相对合理和机会均等的编排。

例2，编排平衡法：

	下午	晚上	内场	外场	服装颜色，连续穿用	主队	客队	…
A								
B								
C								
D								
E								
F								

四、混合制

某些项目的竞赛，根据实际需要，常常把整个比赛分成几个阶段进行，各阶段的比赛可采用相同的比赛办法，也可采用不同的比赛办法。

在一次竞赛的不同阶段分别采用循环制和淘汰制等不同的比赛办法称混合制。

（一）先循环赛，后淘汰赛

这种比赛办法可以在稍增加比赛场数的情况下，使部分运动员（队）得到较多的比赛机会，同时也使比赛结果更趋合理。这种方法常被各种体育竞赛广泛采用。

（二）先淘汰赛，后循环赛

在参加运动员较多的情况下，采用这种比赛办法，比赛时间较短，并能使水平较高的运动员有较多的比赛机会，最后产生的名次也较准确。

各赛制的比赛方法和编排原则及方法，请参照前各赛制所述。

五、田径竞赛的编排方法

编排工作是田径运动竞赛工作中的重要环节，只有细致、周密地搞好此项工作，才能保证田径竞赛的顺利进行。现将赛前、赛中和赛后的编排工作，简述如下：

（一）比赛前的编排工作

1. 编排前的准备工作

①学习竞赛规程，熟悉田径竞赛规则，了解和掌握下列情况

运动会的性质、规格和规模。

运动会的期限、举行的天数，每天的作息时间，开幕式和闭幕式（包括表演）的时间，以便计算出实际可用于安排竞赛的时间。

参赛单位、组别、项目和每单位每项限报人数、每人限报项数，估算参赛运动员人数。

各单项和团体录取名额，计分方法和奖励办法。

径赛场地直、弯道的分道数和田赛跳跃、投掷场地的数量以及各种器材设备的条件、规格和数量等。

场地组工作人员人数和他们的业务熟练程度。

裁判员的来源、人数、业务水平和工作的熟练程度。

运动员的等级水平。

②准备好有关用品

文具及办公用品：铅笔、圆珠笔、毛笔、各色墨水、广告色（红、黄、蓝）、印油、油墨、钢板、钢笔、蜡纸、复写纸、复写垫板、大头针、曲别针、皮筋、橡皮、铅笔刀、剪子、大小尺、夹子、图钉、浆糊、文具袋、文具筐、大小纸张、算盘或计算器、复印机、电话机等。

印制好编排、记录和比赛用的各种表格、卡片。

③审核报名表、编号和抄写各代表队名单，并做好统计工作

审核报名表，收到报名表后，立即进行审核，如有不符合规程的地方，应及时向竞委会反映，并与有关单位联系解决。审核报名表的主要内容如下：

• 运动员资格是否符合规定。

• 每个项目的报名人数是否超出限额。

• 每个运动员所报的项目数量是否超出规定。

• 报名表上的姓名、出生年月、项目和报名成绩是否填写清楚，字迹是否清晰。

• 报名表上有无报重姓名、报错项目等。

编号和抄写各代表队名单：

• 各单位的编号顺序，一般是按报名的先后排列，或按大会事前规定的单位顺序排列。编号后，要把所有单位男、女运动员的报名表分别装订成册，以便查阅。

• 在报名表的编号栏里编写运动员号码时，须注意在运动员姓名栏里有否报名后又画掉的情况，如有，应将该号码勾掉，以免空编号码。

• 抄写各代表队名单，填入表5–1。

表5–1　代表队名单

队　　名：×××
领　　队：×××
教　　练：×××　……
医　　生：×××

男运动员：
001×××　100米　200米　002×××　跳远　三级跳远
003…
女运动员：
036×　×　200米　400米　037×××　铅球　铁饼
038…

统计各种数据：各种数据的统计，既是编排工作的需要，又是大会及时了解竞赛情况的必须。因此，一个报名表审核完毕，应立即进行以下数据统计：

●统计各队报名的人数，填入表 5–2。

表 5–2　各单位参加人数统计表

单位编号	单位	运动员起止号码	运动员数			工作人员数				总计
			男	女	小计	领队	教练员	医生	小计	

●统计各个项目的报名人数，填入表 5–3，这是编排各项比赛分组和计算各项比赛时间的依据。

表 5–3　各项参加人数统计表

成人男子组

项目 \ 参加人数 \ 单位		北京	上海	…	…					总计
径赛	100 米									
	200 米									
	400 米									
	…									
田赛	跳高									
	跳远									
	…									
全能	七项									
	十项									

• 统计运动员兼项的情况，填入表 5–4 以便编排竞赛日程时，为照顾兼项运动员提供参考。

表 5–4　兼项统计表

组　别：

兼项 项目＼项目	100 米	200 米	400 米	…	跳高	跳远	…	…
100 米	×							
200 米		×						
400 米			×					
…				×				
跳高					×			
跳远						×		
…							×	
…								×
…								

④编排各项参赛名单。为了便于各队确认和比赛分组，应编制出各项参赛运动员名单。格式如下：

项　目：×××

运动员号码	姓　名	单　位	报名成绩	备注
×××	×××	×××	×××	

⑤填写竞赛卡片

径赛成绩记录卡片。根据报名表，把运动员参加的组别、项目、姓名、单位、号码和报名成绩等，填写在“径赛成绩记录卡片”上（表 5–5）。运动员每人参加一项径赛，就要填写一张卡片，“接力赛成绩记录卡片”（表 5–6），每队填写一张即可。上述卡片填好、校对无误后，按项归类，供径赛分组时使用。

表 5–5　径赛成绩记录卡片

男/女　　　　　　米

号码	姓名	单位	报名成绩	全国纪录

赛次	组别	道次	比赛成绩	决定成绩	名次	备注
预						
次						
复						
决						

径赛裁判长：　　　　计时主裁判：　　　计时员：　　　　　　月　日

表 5–6　接力赛成绩记录卡片

男/女　　　　　　米接力

单位			报名成绩			
棒次	第一棒		第二棒	第三棒	第四棒	
号码						
赛次	组别	道次	比赛成绩	决定成绩	名次	备注
预						
次						
复						

径赛裁判长：　　　　计时主裁判：　　　计时员：　　　　　　月　日

田赛成绩记录卡片。按照抽签排定的顺序，将每组同项目的运动员号码、姓名、单位等填入“田赛成绩记录卡片”（表 5–7、表 5–8）。

表 5–7 田赛高度成绩记录表

项目：　　　　　　　　组别：

号码	姓名	单位										…	失败次数	成绩	名次	备注

名次	号码	姓名	单位	成绩	备注	签字
1						
2						田赛裁判长：
3						
4						主裁判：
5						
6						技术官员：
7						
8						记录员：

表 5–8 田赛远度成绩记录表

项目：　　　　　　　　　组别：

号码	姓名	单位	前三次成绩			前三次最好成绩	后三次成绩			比赛最好成绩	名次	备注
			一	二	三		四	五	六			

名　次	号　码	姓　名	单　位	成　绩	备　注	签　字
1						
2						田赛裁判长：
3						
4						主裁判：
5						
6						技术官员：
7						
8						记录员：

全能成绩记录卡片。参加全能比赛的运动员，每人只需填写一张“全能成绩记录卡片”（表5–9、5–10、5–12、5–13）。同时填写“全能比赛检录时间表”（表5–11、表5–14）。

表5–9 七项全能成绩记录卡片（正面）

号码		姓名	单位		报名成绩（总分）		全国纪录	
日期	项目	竞赛成绩		累计分数	总分	名次	运动等级	备注
		成绩	得分					
第一日	100米栏							
	跳高							
	铅球							
	200米							
第二日	跳远							
	标枪							
	800米							

全能裁判长： 全能裁判员： 月 日

表5–10 七项全能各单项竞赛成绩记录卡片（背面）

号码		姓名		单位		报名成绩		全国纪录
项目	竞赛成绩	决定成绩		项目	组次	道次	竞赛成绩	决定成绩
铅球				100米栏				
标枪				200米				
跳远				800米				
跳高	高度							
	试跳次数							

全能裁判长： 全能裁判员： 月 日

表 5-11　女子七项全能比赛检录表

日期	第一天（　月　日）				第二天（　月　日）		
单元	上午		下午		上午		下午
项目	100 米栏	跳高	铅球	200 米	跳远	标枪	800 米
检录时间							
比赛时间							

全能裁判长：

表 5-12　十项全能成绩记录卡片（正面）

号　码	姓　名	单　位	报名成绩	全国纪录

日期	项　目	竞赛成绩		累计分数	总分	名次	备注
		成绩	得分				
第一日	100 米						
	跳远						
	铅球						
	跳高						
	400 米						
第二日	100 米栏						
	铁饼						
	撑竿跳高						
	标枪						
	1500						

全能裁判长：　　　　　　全能裁判员：　　　　　　月　　　日

表 5–13　十项全能各单项竞赛成绩记录卡片（背面）

号　码			姓　名		
项　目	竞赛成绩	决定成绩	项　目	竞赛成绩	决定成绩
跳　远			100 米		
铅　球			400 米		
铁　饼			110 米		
标　枪			1500 米		

跳　高	高　度							
	试跳次数							
撑竿跳高	高　度							
	试跳次数							

表 5–14　男子十项全能比赛检录时间表

日　期	第一天（　月　日）					第二天（　月　日）				
单　元	上　午			下　午		上　午			下　午	
项　目	100 米	跳远	铅球	跳高	400 米	110 米栏	铁饼	撑竿跳高	标枪	1500 米
检录时间										
比赛时间										

全能裁判长：

2. 各项竞赛的分组编排

（1）竞赛分组编排的原则和方法

①径赛项目

●根据各项目报名参加人数，场地跑道的分道数，各赛次录取的名额等情况，制定径赛分组计划表（表5–15）。

表5–15 径赛分组和录取名额计划表

组 别：

项目	参加人数	预赛					复赛					决赛					总时间	备注
		组数	每组人数	每组时间	共计时间	录取人数	组数	每组人数	每组时间	共计时间	录取人数	组数	每组人数	每组时间	共计时间	录取人数		
100米	32	4	8	5	20	16	2	8	5	10	8	1	8	5	5	8	35	
200米	32	4	8	5	20	16	2	8	5	10	8	1	8	5	5	8	35	
400米	…																	
…																		
5000米	26											1	26	25	25	8	25	
10000米	27											1	27	40	40	8	40	
4×100米	…																	
4×400米	…																	
…																		
总时间					…					…					…		…	

注：①“每组时间”可参考“表18” ②“时间”为“分钟”

●根据径赛分组计划表，进行径赛分组的编排。各赛次分组，应注意下列事项：

第一，每组人数应尽量相等，不应相差太大。

第二，同一单位的运动员，尽量不编在同一组内。

第三，基层的比赛，若按成绩录取时，可以把成绩好的运动员集中于一组。

第四，按名次加上按成绩录取的比赛分组，应将成绩优秀的运动员平均分配编排在各组。例如，有 16 名运动员分两组比赛，应按报名成绩由优至劣将运动员卡片排出总顺序，然后将卡片按下列蛇形方法排列：

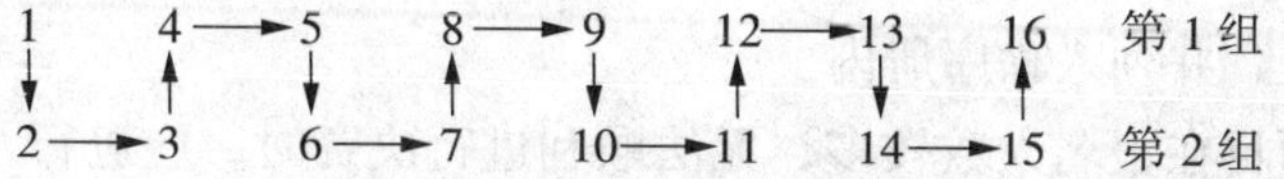

抽签排定两个组的比赛顺序。

第五，场地是 8 条跑道，分组时，某组不足 8 人。道次的排列为：少 1 人，空第 1 道；少 2 人，空第 1 道和第 8 道。原则是从两边空出道次。

第六，经分组比赛后，按规则录取运动员参加下个赛次比赛。

第七，不分道比赛项目的分组：每组运动员 1500 米、3000 米不超过 15 人，5000 米不超过 20 人，10000 米不超过 28 人。

第八，运动员的道次和不分道起跑位置，其顺序的编排，应根据田径比赛规则规定，均在技术代表监督下，由技术官员或编排记录组抽签排定。然后填入径赛检录表内（表 5–16）。在公路上举行的长距离项目，如果人数过多，可按单位抽签决定排列顺序，将运动员按各单位顺序排成一路纵队进行比赛。

表 5–16　径赛检录表

组　别：　　　　　项　目：　　　　　赛　次：　　　　　组　次：

道　次	一	二	三	四	五	六	七	八
号　码								
姓　名								
单　位								
名　次								
备　注								

检录员：　　　　　　　　　　　　　　　　　　月　　日

预赛项目运动员的道次或起跑位置，根据抽签排定，编入秩序册内。

100~800 米的各项径赛、4×400 米及以下接力，预赛之后的各赛次（次、复、决）的道次，各组应分两批抽签排定：排列前 4 名（人或队）抽 3、4、5、6 道，后 4 名（人或队）抽 1、2、7、8 道。如果不足 8 条跑道时，仍按上述规定和办法抽签排定道次。

②田赛项目

• 田赛项目一般不分组，比赛的顺序在技术代表监督下由技术官员或编排组人员抽签排定，并列入秩序册内。

• 田赛项目在报名人数较多，无法顺利进行决赛时，应进行及格赛，由技术代表决定及格标准和进入决赛的人数。达到标准者，方可参加决赛。达标人数不足规定名额时，择优成绩依次补齐规定的人数。

• 在田赛中，因人数过多必须分组进行及格赛，须在大会秩序册中排定。若同一项目在不同场地举行，则场地条件必须基本相同。

③全能项目

• 全能运动中径赛项目的分组及道次，在技术代表监督下由技术官员或编排人员抽签排定，每组最好 5 人或 5 人以上，但不得少于 3 人。如全能裁判长认为有必要时，可重新分组。800 米或 1500 米跑的编排，应按前面各项累积分数从高到低重新编组。

• 全能运动中田赛项目运动员的比赛顺序应于赛前抽签排定。

（2）编排与填写各项径赛的分组表

根据径赛分组编排的原则和方法，按径赛分组表的格式（表 5–17），编排和填写各项分组顺序（或道次），号码、姓名及单位，并在表上端注明组别、项目、赛次、参加人数、分组数、录取的方法和名额。分组表中各项的填写与径赛卡片完全一致，经多次校对后，再按各项竞赛日程归类和编号，为编印秩序册做好准备。

表 5–17　径赛分组表

组别　项目　赛次　人数　组数　录取人数　比赛时间

第 1 组

道次	1	2	3	4	5	6	7	8
号码	○○○	○○○	○○○	○○○	○○○	○○○	○○○	○○○
姓名	×××	×××	×××	×××	×××	×××	×××	×××
单位	…	…	…	…	…	…	…	…

第 2 组

……

全国纪录：

亚洲纪录：

3. 编排竞赛日程

竞赛日程，就是各项目竞赛日期和时间的总安排。其编排是否合理，会直接影响整个比赛的进行。编排好了竞赛日程表，经运动会技术代表审定后，裁判员、工作人员、运动员均应遵照执行。

编排竞赛日程表的工作方法、步骤如下：

（1）估算各项比赛所需时间

编排竞赛日程时，要先估算各项比赛所需要的时间，以便进行具体安排。估算各项比赛所需时间，要根据下列情况进行：

①运动会的性质和规模，运动员的等级水平。

②裁判员的业务水平和工作的熟练程度。

③场地的条件和工作人员业务熟悉程度。

④长距离比赛、接力跑和跨栏跑等比赛前的准备工作所需用的时间。

⑤每单元比赛，起点裁判员转移起点位置的情况。

以上各点，均与比赛时间有直接关系，各项比赛一般所需要时间的估算可参考表 5–18。并依表 5–13 的计算方法，估算运动会竞赛的总用时，以便安排竞赛日期和单元比赛用时。

表 5–18　各项目竞赛时间估算参照表

径　　赛	每组需要时间（分钟）	田　赛	每组需要时间（分钟）
100 米、200 米、400 米	4~5（分钟）	跳　高	8（分钟）× 总人数
800 米	6~8	撑竿跳高	14 × 总人数
1500 米	8~10	跳　远	3 ×（总人数 + 8）
3000 米、3000 米障碍	15~20	三级跳远	3 ×（总人数 + 8）
5000 米	20~25	推铅球	3 ×（总人数 + 8）
10000 米	40~50	掷铁饼	4 ×（总人数 + 8）
各项栏（不包括摆、撤栏）	5	掷标枪	5 ×（总人数 + 8）
各项接力	8~10	掷链球	6 ×（总人数 + 8）
马拉松	200~210		
10000 米竞走	70~75		
10 公里竞走	70~75		
20 公里竞走	120~130		
50 公里竞走	310~320		

计算比赛时间，应减去开幕式、闭幕式和各种表演所占用的时间，如不够用，应及时报告大会组织委员会解决。

（2）编排竞赛日程应注意的事项

①在某一赛次的最后一组，到下一赛次的第1组之间或至某项决赛之前，应尽可能给运动员以适当的休息时间，最低间隔时间如下：

200米及200米以下的项目为45分钟；

200米以上至1000米的项目为90分钟；

1000米以上的项目不在同一天；

全能运动各单项之间至少休息30分钟。

②根据兼项的一般规律，将某些项目分开穿插编排，以减少兼项的冲突。通常兼项如下：

100米和200米；200米和400米；100米、200米和4×100米接力；100米和跳远；400米和400米栏；400米、400米栏和800米；400米、400米栏、800米和4×400米接力；800米和1500米；1500米和3000米；5000米和10000米；110米栏（女100米栏）和400米栏；跳远和三级跳远；铅球和铁饼等。

③某些性质相近的项目，编排时要注意其先后顺序。例如，先100米后200米；先800米后1500米；先3000米后3000米障碍；先5000米后10000米；先铅球后铁饼；先跳远后三级跳远等。

④不同组别的同一种项目的径赛，最好衔接进行编排，以利于起、终点的裁判工作和场地器材的布置工作。每个单元各径赛项目顺序的安排，应尽可能使起点裁判员就近转移，以减少他们转移位置所用的时间。

⑤各种跨栏项目的比赛，一般可排在某个比赛单元（上午或下午）的第一项或最后一项，也可安排在长距离项目的比赛后进行，以便于场地工作人员布置栏架等工作。

⑥在举行竞走和长距离跑时，最好不要同时安排长投项目。

⑦不同组别的同一种田赛项目，应安排在不同的时间进行比赛。同一时间内不要安排两个长投掷项目。

⑧凡是决赛项目和比较精彩的项目，最好安排在不同的单元内，尽可能安排在下午，并留出颁奖时间。

⑨田赛项目比赛的场地布局，应照顾全场观众，切勿一端比赛过分集中，另

一端出现空场现象。

⑩撑竿跳高的比赛时间较长，最好安排在上午比赛开始时就进行，同时要注意阳光照射的方向。

⑪每单元的比赛，尽可能使田赛和径赛同时结束，并有决赛项目。最后结束的比赛项目，尽可能安排接力跑比赛，以活跃大会最后比赛的气氛和观众的情绪。

（3）编排竞赛日程的方法

①根据各项参加人数的统计和分组竞赛计划表，经认真复核无误后，填写如下式样的各项目标签：

男子组	100米	预赛	39人	5组	25（分钟）

女子组	标枪	预赛	21人	1组	145（分钟）

标签为不同颜色的纸条，其上面分别填写不同组别的径赛、田赛和全能运动项目。径赛项目，每赛次填写一个标签。田赛项目，每项次填写一个标签。标签填好后，要仔细检查核对，要按组别和分项的顺序及时整理、排列，为竞赛日程的编排做好准备工作。

②编排竞赛日程的步骤与方法：

编排工作最好在桌面、安静、无风的地方进行，用事先画好的标有比赛单元的大表格（表5-19），根据以下步骤和方法编排：

表5-19　编排竞赛日程表格

	月　日（星期）		月　日（星期）		月　日（星期）		…	
	径赛	田赛	径赛	田赛	径赛	田赛		
上午								
下午								

• 先安排全能项目比赛日程，根据田径规则规定的比赛顺序，安排在必须出现的单元中。

• 把精彩的比赛项目和运动会有特殊要求的某些比赛项目（例如：接力跑项目，有可能破纪录的项目，有特定要求的长距离项目等等），排定在必须出现的单元时间内。

• 在上述基础上，再排定径赛项目，先排赛次多的短距离项目、后排跨栏跑和其他径赛项目。在编排过程中统计、核算，使比赛时间的总和符合或接近本单元所规定的总时间。

• 径赛项目排定后，再进行田赛项目的排定。

• 全部比赛项目编排好后，应进行详细检查，如果发现问题，要全面、细心地进行调整。

竞赛日程初步排定后，切勿将纸条标签随便移动，需及时粘牢，以免搞乱，并将排定的方案抄送技术代表和竞赛委员会审定。

较大规模的田径比赛，为了减少运动员的兼项冲突和有利于训练的安排，可以事先将竞赛日程表排定，并与竞赛规程一起发给参赛单位。

（4）编写各项检录时间表

编排出每单元、每项、每组的检录时间、入场时间、比赛时间表，发给各裁判组（表 5-20）。

表 5-20 各项检录时间表

第　　　单元　　　　　　　　　　　月　　　日

顺序	项　　目	赛次	组　　数		检录时间	入场时间	比赛时间	检录员	备注
1	男子 100 米	预		1~2 组				×××	
				3~4 组					
2	女子 100 米	预	5 组	1~3 组				×××	
				4~5 组					
3	…	…	…						
…	…	…	…						

注：编排“各项检录时间表”时，在同一单元中，先编排径赛和全能项目，后编排田赛项目。

4. 编印总秩序册

田径运动会的秩序册，一般包括下列内容：

①竞赛规程、补充通知；

②体育道德风尚奖评选办法；

③组委会（筹委会）名单；

④组织机构及工作人员名单；

⑤技术代表、技术官员、仲裁委员会名单；

⑥裁判员名单；

⑦代表队名单；

⑧各代表队运动员、工作人员人数统计表；

⑨大会活动日程安排表（包括开、闭幕式程序）；

⑩各项竞赛日程表；

⑪各项竞赛分组表；

⑫各级田径最高纪录表；

⑬竞赛场地平面图；

⑭大会注意事项。

以上内容，可依运动会规模自行选定。如果条件允许，应编排“每日秩序册”，内容包括：当日竞赛日程，当日径赛和全能项目运动员分组名单，当日田赛项目运动员名单。

（二）比赛中的编排工作

1. 临场编排工作

在径赛项目中，凡预赛和分组决赛的分组，均已编入秩序册，而次、复、决赛等赛次的组别、道次需在临场编排。因此，负责临场编排的裁判员，在获取各赛次比赛成绩后（表5–5、表5–6），应立即编排出下一赛次的径赛分组表（表5–17），编排原则和方法同前，排列与录取名次，依据竞赛规程和田径规则的规定办理。

各队应按规定的时间，将接力赛棒次表交到编排组。

2. 竞赛成绩公告

①径赛每项预、次、复赛后，田赛每项及格赛后，将成绩公告表（表 5–21）印发给宣告员、成绩公告员、秩序册汇编员。

表 5–21　成绩公告

组　别　　　　　　　　　　项　目　　　　　　　　赛　次

顺　序	号　码	姓　名	单　位	成　绩	备　注

编排组主裁判：　　　　　　　　　　记录员：　　　　　　　　月　　日

②径赛和田赛的每项决赛后填写“男/女单项记录表”（表 5–26）。印发决赛成绩公告表，发给宣告员、成绩公告员、秩序册汇编员、颁奖组、总分统计员、赛后控制中心。

③全能项目的每个单项比赛结束后，应填写“全能成绩记录表”（表 5–22、表 5–23）并及时公告。

表 5–22　女子七项全能成绩记录表

号码	姓名	单位	项目　成绩　得分　累计分													总分	名次	备注
			100米栏	跳高	累计分	铅球	累计分	200米	累计分	跳远	累计分	标枪	累计分	800米			

全能裁判长：　　　　　　　技术官员：　　　　　　　记录员：　　　　　　月　　日

表 5-23　男子十项全能成绩记录表

号码	姓名	单位	项目　成绩　得分　累计分												总分	名次	备注
			100米	跳远	累计分	铅球	累计分	跳高	累计分	400米	累计分	…	…	…			

全能裁判长：　　　　　　　　技术官员：　　　　　　　　记录员：　　　　　　月　　日

④出现创纪录成绩时，应立即增发“创纪录”成绩公告。

⑤上述各项成绩公告表，要发给有关领导和大会新闻中心。

⑥编印每日成绩册，于次日上午发给各参赛单位。

3. 统计纪录、奖牌、总分

①填写男、女创纪录表（表 5-24）。

表 5-24　创纪录统计表

项　目	原纪录	新　纪　录					备　注
		创造者	单　位	成　绩	赛/轮次	时　间	
100 米							
跳　远							
………							

②填写单位（男、女）奖牌统计表（表 5-25）。

表 5-25　男/女奖牌统计表

单　位	100 米			200 米			…	合　计			备　注
	金牌	银牌	铜牌	金牌	银牌	铜牌		金牌	银牌	铜牌	
…											
…											
…											

表 5-26　男/女单项记录表

项　目	第一名			第二名			第三名			…	备　注
	姓名	单位	成绩	姓名	单位	成绩	姓名	单位	成绩		
100 米											
200 米											
400 米											
800 米											
…											

③填写男、女团体总分表（表 5-27）。

表 5-27　男/女团体总分表

单位	第一单元			第二单元			…	总分	名次	备注
	100 米	…	小计	400 米栏	…	小计	…			

将上述各项表格贴在公告栏上，供各参赛单位随时了解、核对有关情况。

（三）比赛后的编排工作

大会比赛结束后，应立即完成以下各项工作：

①汇编总成绩册，并及时印发给各参赛单位及有关部门。

②为创纪录和达到运动员技术等级标准的运动员，出具成绩证明（表5–28）。

表5–28 田径比赛成绩证明表

<table>
<tr><td>姓名</td><td></td><td>性别</td><td></td><td>出生年月日</td><td></td><td>民族</td><td></td><td>身高</td></tr>
<tr><td>体重</td><td></td><td>项目</td><td></td><td>成绩</td><td></td><td>风速</td><td colspan="2"></td></tr>
<tr><td>籍贯</td><td></td><td>所在单位</td><td colspan="6"></td></tr>
<tr><td colspan="2">竞赛名称</td><td colspan="3"></td><td>运动等级</td><td colspan="3"></td></tr>
<tr><td colspan="2">竞赛时间</td><td colspan="3"></td><td>竞赛地点</td><td colspan="3"></td></tr>
<tr><td colspan="2">创造成绩时场地器材等情况</td><td colspan="7"></td></tr>
<tr><td rowspan="4">执行裁判</td><td colspan="3">签　　字</td><td colspan="2">裁判员职务</td><td colspan="3">裁判员等级</td></tr>
<tr><td colspan="3"></td><td colspan="2"></td><td colspan="3"></td></tr>
<tr><td colspan="3"></td><td colspan="2"></td><td colspan="3"></td></tr>
<tr><td colspan="3"></td><td colspan="2"></td><td colspan="3"></td></tr>
<tr><td rowspan="3">裁判长审核</td><td colspan="3"></td><td colspan="2"></td><td colspan="3"></td></tr>
<tr><td colspan="3"></td><td colspan="2"></td><td colspan="3"></td></tr>
<tr><td colspan="3"></td><td colspan="2"></td><td colspan="3"></td></tr>
<tr><td>竞委会意见</td><td colspan="8"></td></tr>
</table>

③整理文件资料交主办单位存档。

④进行工作总结，清理各种手续。

（四）计算机联网与人工编排组的关系

在我国大型田径比赛中，编排记录公告工作，均已应用计算机联网系统参与工作，加快了各项竞赛信息的传递速度和准确性，满足了新闻媒介和公众对了解竞赛成绩所需的准、快要求。在采用计算机联网系统的同时，通常还设有人工编排组，为搞好协调工作，二者在编排工作的内容与程序方面要做到四个明确：

1. 明确关系

编排记录公告组主裁判要全面负责全组的领导工作。计算机组操作人员应纳入编排组之中。

2. 明确分工

• 人工编排组工作：

①核对成绩和公告成绩，处理后继赛次分组，请技术代表抽签。

②核对各项原纪录和新纪录，统计创纪录、奖牌、总分。

③汇编总秩序册、每日秩序册和总成绩册。

• 计算机系统工作：参与田径比赛的赛前编排，赛中成绩处理和后继赛次的录取及编排、赛后成绩公告等工作。保证计算机系统的编程、运行、操作、管理等方面正常的工作。

3. 明确配合

编排组由一名主裁判负责与计算机系统的协调工作，并于赛前商定各项工作的具体配合的方法。

4. 明确手续

应于赛前商定双方均有专人负责取送各项材料的手续，并签字存档备查。

田径竞赛临场应用的其他表格请参见表 5-29 至表 5-40。

表 5–29 长距离跑总记圈表

组 别： 项 目： 赛 次： 组 次： 参加人数：

号码＼顺序 剩圈	1	2	3	4	5	6	…	…		每圈第1名成绩	脱圈人数
24											
23											
…											
…											
…											
…											
12											
11											
…											
…											
1											
到达											

记圈员： 月 日

注：记圈表有1500米、3000米、5000米、10000米四种，其格式相同，只是剩余圈数分别为：3…，7…，12…和24…的字样。

表 5-30 长距离跑记圈表

组 别： 项 目： 赛 次： 组 次： 小号码： 第 名

每圈成绩 号码 剩圈			
24			
23			
…			
…			
12			
11			
…			
1			
到达			

计时/记圈员： 月 日

注：记圈表有 1500 米、3000 米、5000 米、10000 米四种，其格式相同，只是剩余圈数分别为：3…，7…，12…和 24…的字样。

表 5-31　检查报告表

组别：　　项目：　　赛次：　　组次：

犯规运动员号码、道次		被影响运动员号码	
犯规情况及违反条款			
检查主裁判意见			
径赛裁判长意见			
总　裁　判　长 审　　定			

检查员：　　　　　　　　　　月　　日

注:此表背面可印跑道图

表 5-32　手计时存查统计表

项目	赛次	组次	第一表	第二表	第三表	手计时成绩	电计时成绩	备注

计时主裁判：　　　　计时员：　　　　月　　日

表 5–33　终点名次记录表

组别：　　　　　项目：　　　　　赛次：　　　　　组次：

名次	第 1 名	第 2 名	第 3 名	第 4 名	第 5 名	第 6 名	第 7 名	第 8 名
道次								
号码								
单位								
备注								

终点主裁判：　　　　　　　　　　　　　　　　月　　日

表 5–34　径赛风速记录表

时间	项目	组次	风向	测量时间	风速米数	平均速度	决定意见	备注

风速测量员：　　　　　　　　　　　　　　　　月　　日

表 5–35　田赛风速报告表

组别：　　　　　项目：　　　　　时间：

风向 / 风速 / 次数 / 号码 姓名		一	二	三	四	五	六	备注

风速测量员：　　　　　　　　　　　　　　　　月　　日

表 5-36　运动员参赛确认表

月　　日

单　位				备　注
项　目	号　码	姓　名	成　绩	
4×100 米 或 4×100 米 接力				

注:①此表根据每项限报人数绘制,男女分开制表。

②各参赛队按规定时间,将此表交编排组。

表 5-37　竞走裁判员判罚记录表

比赛项目:　　　　　　　　组别:

裁判员号码:　　　　　　　日期:

运动员号码	警　　告		取消资格
	时间（M）	时间（<）	时间 M、<

裁判员签名:

注:腾空 M　　　　　腿弯曲<

表 5-38 竞走运动员犯规卡

红　　卡 （填写后速交记录员）
项目：
运动员号码：
判罚原因：　　　　　　　　　　　　　腾空：M□　　腿弯曲：<□ 　　　　　　　　　　　　　　　　　　注：根据判罚原因在相应的空格内打“×”。
填卡时已走圈数或时间：
裁判员签名：
裁判员号码：

注：规格长 10 厘米、宽 8 厘米，红底黑字

表 5-39 竞走技术犯规判罚总记录表

项目：　　　　　　　　　　　　　　　　　　　　　　　　日期：

裁判员号码	1	2	3	4	5	6	7	…	取消比赛资格时间
裁判员姓名									
运动员姓名	M〈○	M〈○	M〈○	M〈○	M〈○	M〈○	M〈○	…	

主裁判：　　　　　　　　　　　　　　　　　　　　　　　　记录员：

注：腾空 M　　　　　腿弯曲〈　　　　　红卡 ○

表 5–40　红卡显示牌

号码	1	2	3	号码	1	2	3	号码	1	2	3	…	…	…
1				11				21						
2				12				22						
3				13				23						
4				14				24						
5				15				25						
6				16				26						
7				17				27						
8				18				28						
9				19				29						
10				20				30						

六、体操运动竞赛编排方法

在体操运动竞赛中，由于场地、器材、音响、裁判以及其他因素较复杂，编排是否合理，将直接影响运动员技术水平的发挥。为此，竞赛组织者必须十分重视编排工作。另外，各类竞赛的项目、规模不同，条件不同，编排的方法也有所不同。本节将介绍竞技体操、艺术体操和技巧三项竞赛编排方法（表 5–41 至表 5–56）。

（一）体操运动项目编排程序

体操的任何一项竞赛都是在赛前由主办单位根据竞赛规程、参赛单位、参赛人数及本次竞赛的特点，首先编排出竞赛日程、竞赛项目、时间、场次和出场顺序，然后用抽签的方法来决定具体的编排次序。

抽签是编排工作中必要的程序，也是体育竞赛中常见的方法，可较客观并相对公平地决定运动员参赛的日期、场次、顺序。较大型的竞赛，如国际级的大赛，一般在第一年度赛后宣布下一年度的竞赛编排事项，据此由主办单位组织抽签，并通知各参赛单位。一般国内竞赛，大多数是在赛前由组委会或领队在会议上抽签决定竞赛日程及顺序，并通知各单位。

（二）竞技体操、艺术体操、技巧竞赛编排方法

1. 竞技体操编排方法

（1）比赛场次的计算及安排

以女子为例：如参赛人数为72人

72人÷6人（设想每队人数）=12队（以单位为一队，不足一队者合并）；

12队÷4项=3场（每场四项4轮），72人参赛可安排3场，半天进行两场，另一半天进行一场，总竞赛只需1天。

（2）竞技体操比赛项目

男子项目为六项：自由体操、鞍马、吊环、跳马、双杠和单杠；女子四项：跳马、高低杠、平衡木和自由体操。

（3）竞技体操比赛的种类

竞技体操比赛种类分为资格赛（Ⅰ）、全能决赛（Ⅱ）、单项决赛（Ⅲ）、团体决赛（Ⅳ）四种。

资格赛（Ⅰ）：全部参赛者参加，进行自选动作比赛。以队为单位抽签（参加个人赛的运动员组成混合队）。

产生参加团体决赛的队。比赛方法为6–5–4制。即每项可报6人，选其中5人参赛，计算前4人成绩。每个单项前4人成绩之和相加，为该队团体资格赛成绩。并通过资格赛产生参加个人全能决赛的运动员、产生参加单项决赛的运动员。

全能决赛（Ⅱ）：资格赛全能成绩前24名运动员参加。

单项决赛（Ⅲ）：资格赛各单项成绩前8名运动员参加。

团体决赛（Ⅳ）：资格赛团体成绩前8名的队参加。比赛方法为6–3–3制。即每项可报6人，选其中3人参赛，计算3人成绩。每个单项3人成绩之和相加，为该队团体决赛成绩。

（4）比赛编排方法

目前，奥运会、世界体操锦标赛及全国体操锦标赛等大赛的资格赛常用的编排方法有：

①分场轮换编排方法：即男女分场比赛编排方法，男子采用六队六轮、女子采用四队四轮的编排方法进行轮换。各队根据轮换的顺序（男子：自由体操、鞍马、吊环、跳马、双杠、单杠；女子：跳马、高低杠、平衡木和自由体操），进行比赛。

表 5-41 男子比赛项目轮换顺序（六队六轮） 月 日 时

	自由体操	鞍马	吊环	跳马	双杠	单杠
A 队	1	2	3	4	5	6
B 队	6	1	2	3	4	5
C 队	5	6	1	2	3	4
D 队	4	5	6	1	2	3
E 队	3	4	5	6	1	2
F 队	2	3	4	5	6	1

表 5-42 女子比赛项目轮换顺序（四队四轮） 月 日 时

	跳马	高低杠	平衡木	自由体操
A 队	1	2	3	4
B 队	4	1	2	3
C 队	3	4	1	2
D 队	2	3	4	1

②轮空轮换编排法：

如参加比赛的队多于一场而又不足以两场，可采用轮空轮换编排法。以女子为例，如共 5 个队参赛，则可选用五队五轮轮空轮换编排法。

表 5-43　女子比赛项目轮换顺序（五队五轮）　　月　日　时

	跳马	高低杠	轮空	平衡木	自由体操
A 队	1	2	3	4	5
B 队	5	1	2	3	4
C 队	4	5	1	2	3
D 队	3	4	5	1	2
E 队	2	3	4	5	1

③同场轮换编排法（一般用于国内比赛）：即男女同在一场比赛的编排方法。比赛分上半场、下半场进行。男子三队三项、女子三队两项同场比赛。

表 5-44　男女同场轮换编排（上半场）　　月　日　时

	男子				女子		
	自由体操	鞍马	吊环		跳马	高低杠	轮空
男 A 队	1	2	3	女 W 队	1	2	3
男 B 队	3	1	2	女 Y 队	3	1	2
男 C 队	2	3	1	女 Z 队	2	3	1

表 5-45　男女同场轮换编排（下半场）　　月　日　时

	男子				女子		
	跳马	双杠	单杠		平衡木	自由体操	轮空
男 A 队	1	2	3	女 W 队	1	2	3
男 B 队	3	1	2	女 Y 队	3	1	2
男 C 队	2	3	1	女 Z 队	2	3	1

目前国内外大型比赛大都采用第一种分场轮换编排方法和第二种轮空轮换编排法。其优点是：可以充分利用场地、器材，节省时间，有利于运动员保持良好的竞技状态，有利于裁判员掌握统一的评分标准。另外，统一轮换器械，有助于保持赛场有序的氛围。

第二种轮空轮换编排法需注意的是，轮空不宜过多，否则会影响运动员保持良好的竞技状态。

第三种同场轮换编排法一般用于国内比赛。其优点是：男子和女子同场竞技，可丰富比赛内容，提高观赏效果。裁判可兼项，从而可节省裁判资源，减少竞赛经费支出。

团体决赛编排方法：资格赛团体成绩前 8 名的队，男子进行六项二十四轮的比赛，女子进行四项十六轮的比赛，每轮两个队同场比赛。

表 5–46　男子团体决赛项目轮换顺序　　　　月　　日　　时

轮次	自由体操	鞍马	吊环	跳马	双杠	单杠
1	1 队					5 队
2	4 队					8 队
3	3 队					7 队
4	2 队					6 队
5	8 队	4 队				
6	7 队	3 队				
7	6 队	2 队				
8	5 队	1 队				
9		7 队	3 队			
10		6 队	2 队			
11		5 队	1 队			
12		8 队	4 队			
13			6 队	2 队		
14			5 队	1 队		
15			8 队	4 队		
16			7 队	3 队		
17				5 队	1 队	
18				8 队	4 队	
19				7 队	3 队	
20				6 队	2 队	
21					8 队	4 队
22					7 队	3 队
23					6 队	2 队
24					5 队	1 队

表 5–47　女子团体决赛项目轮换顺序　　　　月　日　时

轮次	跳马	高低杠	平衡木	自由体操
1	3 队			7 队
2	2 队			6 队
3	1 队			5 队
4	4 队			8 队
5	6 队	2 队		
6	5 队	1 队		
7	8 队	4 队		
8	7 队	3 队		
9		5 队	1 队	
10		8 队	4 队	
11		7 队	3 队	
12		6 队	2 队	
13			8 队	4 队
14			7 队	3 队
15			6 队	2 队
16			5 队	1 队

说明：表格中的数字为各队在资格赛中团体成绩排名。“1 队”即资格赛团体成绩第 1 名的队。

全能决赛编排方法：将资格赛全能成绩前 24 名运动员按名次分为四个组，1~6 名为第一组，7~12 名为第二组，13~18 名为第三组，19~24 名为第四组，男子进行六项六轮比赛，女子进行四项四轮比赛。

表5-48 男子全能决赛项目轮换顺序　　　　月　日　时

轮次	自由体操	鞍马	吊环	跳马	双杠	单杠
1	5、4、3、2、1、6、	11、10、9、8、7、12	17、16、15、14、13、18	23、22、21、20、19、24		
2		4、3、2、1、6、5	10、9、8、7、12、11	16、15、14、13、18、17	22、21、20、19、24、23	
3			3、2、1、6、5、4	9、8、7、12、11、10	15、14、13、18、17、16	21、20、19、24、23、22
4	22、19、24、23、22、21			2、1、6、5、4、3	8、7、12、11、10、9	14、13、18、17、16、15
5	13、18、17、16、15、14	19、24、23、22、21、20			1、6、5、4、3、2	7、12、11、10、9、8
6	12、11、10、9、8、7	18、17、16、15、14、13	24、23、22、21、20、19			6、5、4、3、2、1

表5-49 女子全能决赛项目轮换顺序　　　　月　日　时

轮次	跳马	高低杠	平衡木	自由体操
1	3、2、1、6、5、4	15、14、13、18、17、16	21、20、19、24、23、22	9、8、7、12、11、10
2	8、7、12、11、10、9	2、1、6、5、4、3	14、13、18、17、16、15	20、19、24、23、22、21
3	19、24、23、22、21、20	7、12、11、10、9、8	1、6、5、4、3、2	13、18、17、16、15、14
4	18、17、16、15、14、13	24、23、22、21、20、19	12、11、10、9、8、7	6、5、4、3、2、1

说明：表格中的数字为运动员在资格赛中的全能成绩排名。

以男子自由体操第一轮比赛为例，“5、4、3、2、1、6”的先后排列，即为运动员出场的顺序。每一个轮次场上均有四个组的运动员参赛。

单项决赛编排方法：将资格赛各单项成绩前8名的运动员按预先抽签的顺序，对号入座，进行比赛。目前国内外均采用男女合场的编排方法，将男女十个单项分成两场进行，每场男子三项、女子两项。

表 5-50 单项决赛第一场出场顺序　　　　月　日　时

项目 / 名次 / 出场顺序	男子			女子	
	自由体操	鞍马	吊环	跳马	高低杠
一	5	8	4	7	4
二	7	3	6	6	8
三	6	5	7	3	2
四	3	1	3	8	6
五	1	2	5	1	3
六	4	6	8	5	5
七	2	7	2	2	1
八	8	4	1	4	7

表 5-51 单项决赛第二场出场顺序　　　　月　日　时

项目 / 名次 / 出场顺序	男子			女子	
	跳马	双杠	单杠	平衡木	自由体操
一	6	7	4	5	3
二	5	2	3	3	7
三	8	6	1	3	2
四	4	3	7	1	4
五	3	1	2	8	6
六	7	4	8	2	1
七	1	8	5	7	8
八	2	5	6	4	5

每场单项决赛均为三轮，第一场第一轮为男子自由体操；第二轮为男子鞍马、女子跳马；第三轮为男子吊环、女子高低杠。第二场第一轮为男子跳马；第二轮为男子双杠、女子平衡木；第三轮为男子单杠、女子自由体操。男女运动员在同一轮次比赛时，交叉出场，这样有利于电视转播和增强观赏效果。

2. 艺术体操编排方法

艺术体操比赛分集体项目和个人项目比赛。

（1）集体项目比赛

包括全能比赛和单套决赛。

①全能比赛：凡报名的队均可参加，每队在场上由5名运动员分别完成同种器械和不同种器械两套动作，每套做一次，以两套成绩相加计算全能成绩。

②单套决赛从全能赛中产生，由每套的1~8名参加，每套动作做一次。

编排方法：主要是全能比赛，第一套按抽签顺序进行；第二套则先后倒换顺序，以达到相对的机会均等。

表5–52 集体项目全能比赛编排表　　月　日　时

	比赛顺序
第一套	1、2、3、4、5、6、7、8、9、10
第二套	6、7、8、9、10、1、2、3、4、5

每套比赛不论编排为同场和分场比赛，均根据上表顺序排列。

（2）个人项目比赛

包括三种：

第一种比赛为团体赛：第一种比赛是第二种和第三种比赛的资格赛。每队可由3~4名运动员组成，完成1~4项（由规程决定绳、圈、球、棒、带中的4项），每个团体必须由不同的运动员每项器械完成3套动作，总计为12套动作。计成绩高的前10套为团体总分。

第二种比赛为个人全能：参加第一种比赛的运动员，需参加3项或4项器械的比赛，可获得第二种比赛的资格。取第一种比赛3项器械最好成绩相加前18名运动员参加决赛。

第三种比赛为单项决赛：在第一种比赛中获得4项器械前8名的运动员可参加个人单项决赛。每队每项最多2名选手参加。

（3）编排方法

第一种比赛和第二种比赛的编排方法相同

①比赛场次的计算：如参赛总人数为 40 人。

40×4＝160 项次

160×2.5″＝400 秒

400÷60″＝6 小时 40 分　　分两场进行较好

②编排顺序：出场序

两项同时交替进行（一块场地）。

表 5–53　一块场地两项交替进行　　　月　日　时

	第一场		第二场	
	绳	圈	球	带
编号轮换	1~10 11~20 21~30 31~40	11~20 1~10 31~40 21~30	21~30 31~40 1~10 11~20	31~40 21~30 11~20 1~10

艺术体操比赛通常是裁判分为两组，在一块场地上同时进行两项比赛，例如，1 号运动员比绳，11 号运动员比圈，两项交替进行。

如果同场，既有集体比赛，又有个人比赛时，则要根据各项比赛所需的时间计算，进行分场（前半场、后半场）安排，一般是先安排集体项目，再安排个人项目。

3. 技巧编排方法

（1）技巧比赛的项目

技巧比赛的项目有男双人、女双人、混合双人、女三人以及男四人共五个项目，参加各项比赛的运动员需准备三套动作（第一套平衡动作、第二套动力性动作、第三套联合动作）参赛。目前我国还增加了集体操和啦啦操的比赛。

（2）技巧比赛的种类

技巧比赛的种类分为资格赛、全能决赛、单套赛、团体赛四种。目前我国还增加了一个集体项目（13人以内）的比赛。

资格赛：全部参赛者参加。

产生各队的团体成绩名次；

产生运动员各项单套（一、二套）成绩名次；

根据各单项一、二套成绩之和决定资格赛第三套出场顺序，为逆顺序；

再根据各项第三套前6名成绩产生运动员全能决赛参赛顺序，为逆顺序。

全能决赛：运动员进行各项第三套联合动作的比赛，决定名次。

单套赛：与资格赛相融，由资格赛一次决出。

团体赛：与资格赛一、二、三套比赛相融，按资格赛五个项目中四个项目最好的三套动作总分决定名次。

集体项目比赛：参赛队须准备集体操和啦啦操各一套，两套成绩之和决定名次。单独安排场次比赛。

（3）技巧竞赛编排

比赛的时间、场次、出场顺序由抽签决定；全能决赛的出场顺序是资格赛第三套动作名次的逆顺序。集体项目第二套啦啦操的出场顺序为第一套集体操比赛名次的逆顺序（表5–54）。

表5–54　资格赛　　　第　场　　　月　日

轮次	时间	项目	套路	出场顺序
一	19:00	男四	Ⅰ	A队、B队、C队、D队、E队
二	19:25	女双	Ⅱ	B队、C队、A队
		男双	Ⅰ	B队、F队、E队
三	19:45	女双	Ⅱ	D队、E队
		男双	Ⅰ	G队、D队
四	20:00	女三	Ⅱ	C队、B队、D队
		混双	Ⅰ	D队、G队、F队
五	20:20	女三	Ⅱ	E队、G队、A队
		混双	Ⅰ	E队、C队、B队

表 5-55　资格赛　　第　场　　月　日

轮次	时间	项目	套路	出场顺序
一	14:00	男四	Ⅱ	A 队、B 队、C 队、D 队、E 队
二	14:25	女双	Ⅰ	B 队、C 队、A 队
		男双	Ⅱ	B 队、F 队、E 队
三	14:45	女双	Ⅰ	D 队、E 队
		男双	Ⅱ	G 队、D 队
四	15:00	女三	Ⅰ	C 队、B 队、D 队
		混双	Ⅱ	D 队、G 队、F 队
五	15:20	女三	Ⅰ	E 队、G 队、A 队
		混双	Ⅱ	E 队、C 队、B 队

全能决赛表格中的数字为运动员在资格赛中全能成绩排名。以全能决赛第 1 轮比赛男四为例，“5、4、3、2、1、”的先后排列，即为运动员出场的顺序。

表 5-56　全能决赛　　第　场　　月　日

轮次	时间	项目	套路	出场顺序
一	14:00	男四	Ⅲ	5、4、3、2、1
二	14:25	女双	Ⅲ	5、4
		男双	Ⅲ	5、4
三	14:45	女双	Ⅲ	3、2、1
		男双	Ⅲ	3、2、1
四	15:00	女三	Ⅲ	6、5、4
		混双	Ⅲ	6、5、4
五	15:20	女三	Ⅲ	3、2、1
		混双	Ⅲ	3、2、1

七、划船运动竞赛编排方法

赛艇是一项历史悠久的体育项目，也是奥运会最传统的比赛项目之一。它起源于英国，1715 年为庆祝英王加冕，首次举行赛艇比赛，1775 年英国制定了第一部赛艇竞赛规则，此后经不断的修改、完善。1890 年在意大利都灵召开了第 1 届世界代表大会，确定了第一部国际比赛规则，并于 1892 年成立了赛艇的国际体育组织——国际赛艇联合会，当时有 39 个成员，发展到今天它已拥有 120 个国家和地区的会员，并且在奥运会、亚运会中均设有赛艇比赛项目，赛艇项目本身每年举办世界锦标赛、世界杯等大型赛事。

由于赛艇运动是一项室外的水上运动，受地域和气象的影响较大，因此，为保证竞赛的公正性，该项目的编排方式有其特有的方法，现介绍如下（表 5-57 至表 5-65）。

（一）赛　制

赛制分为淘汰赛和计时赛

①淘汰赛：设六条航道，进行预赛、复赛、半决赛、决赛。参加比赛的艇用抽签的形式分成若干组，每组若干名进入下一轮，最后通过决赛排出名次。

②计时赛：将参加比赛的艇用抽签的方法排出顺序，依次间隔出发，按每艇所用时间排出名次，用时少者名次列前。

（二）抽签方法

①抽签的时间应安排在比赛的前一天，由竞赛委员会召集，编排裁判长主持，全体参赛队的领队和教练员代表参加抽签工作。

②工作程序为：

由各参赛队确认参赛的项目和名单，包括根据规程规定更换的运动员名单；

由编排裁判长主持，用人工或计算机按项目比赛顺序分别抽出组别和道次；

每项抽签结束后，由编排裁判员公布抽签结果，并由相关参赛队确认。

（三）通用的缩写符号

H＝预赛

R＝复赛

SA/SB/SC/....＝为半决赛分别进入决赛的相应的组别

FA/FB/FC/....＝为决赛的组别

FA＝决赛 1~6 名

FB＝决赛 7~12 名依次类推

TT＝计时赛

X＝退出比赛

（四）运动员兼项

在赛艇比赛中，运动员可以兼项，所以在安排比赛顺序时应将这一因素考虑在内。原则是运动员在同一天内一个项目只划一场。

（五）编排方法

编排方法有 1、2 两套方案。每一轮比赛使用哪一套方案由总裁判长决定。

（六）调整道次

由于赛艇比赛是在室外进行，恶劣的天气对比赛的公正性会造成影响。所以裁判委员会有权对比赛艇的道次进行调整，原则是：将上一轮成绩最好的艇，排在最有利的航道上。

（七）淘汰赛的编排方法

所有参加比赛的艇都要排出最终名次。

航道排序的原则：根据上一轮的成绩依次为 3、4、2、5、1、6 道。

①7~8 条艇报名参加比赛。

比赛构成：两组预赛、一组复赛，不设半决赛。

预赛：每组预赛的第 1 名进入决赛 A；其余的进入复赛。

复赛：前四名进入决赛 A；如果有八条艇报名参加比赛，其余的进入决赛 B。

②9~12 条艇报名参加比赛。

比赛构成：两组预赛、两组复赛，不设半决赛。

预赛：每组预赛的第 1 名进入决赛 A；其余的进入复赛。

复赛：每组复赛的前两名进入决赛 A；其余的进入决赛 B。

表 5–57 9~12 条艇分组淘汰表

<table>
<tr><th rowspan="2">预赛（H）</th><th colspan="2">复赛（R）的选择方案</th><th rowspan="2">决赛 B（FB）</th><th rowspan="2">决赛 A（FA）</th></tr>
<tr><th>复赛 1（R1）</th><th>复赛 2（R2）</th></tr>
<tr><td>1
2
A 3
4
5
6</td><td>预赛 A 组之二
预赛 B 组之三
A 预赛 A 组之四
预赛 B 组之五
预赛 A 组之六</td><td>预赛 A 组之二
预赛 B 组之三
A 预赛 B 组之四
预赛 A 组之五
预赛 A 组之六</td><td rowspan="2">复赛 A 组之三
复赛 A 组之四
复赛 A 组之五
复赛 B 组之三
复赛 B 组之四
复赛 B 组之五</td><td rowspan="2">预赛 A 组之一
预赛 B 组之一
复赛 A 组之一
复赛 A 组之二
复赛 B 组之一
复赛 B组之二</td></tr>
<tr><td>1
2
B 3
4
5
6</td><td>预赛 B 组之二
预赛 A 组之三
B 预赛 B 组之四
预赛 A 组之五
预赛 B 组之六</td><td>预赛 B 组之二
预赛 A 组之三
B 预赛 A 组之四
预赛 B 组之五
预赛 B 组之六</td></tr>
</table>

③13~15 条艇报名参加比赛

比赛构成：三组预赛，一组复赛和两组半决赛 A/B。

预赛：每组预赛前三名进入半决赛 A/B，其余进入复赛。

复赛：复赛前三名记入半决赛，如果 14 或 15 条艇参赛，其余则进入决赛 C 组。

半决赛：半决赛前三名进入决赛 A 组，其余进入决赛 B 组。两种半决赛的编排如下：

表 5-58　13~15 条艇分组淘汰表

<table>
<tr><td rowspan="2">预赛（H）</td><td>复赛</td><td colspan="2">半决赛（S）的选择方案</td><td rowspan="2">决赛（F）</td></tr>
<tr><td>（R）</td><td>半决赛 1（S1）</td><td>半决赛 2（S2）</td></tr>
<tr><td>1
2
A　3
4
5</td><td rowspan="3">预赛 A 组之四
预赛 A 组之五
预赛 B 组之四
预赛 B 组之五
预赛 C 组之四
预赛 C 组之五</td><td>预赛 A 组之一
预赛 C 组之一
A 预赛 B 组之二
预赛 A 组之三
预赛 C 组之三
复赛之二</td><td>预赛 A 组之一
预赛 B 组之一
A 预赛 C 组之二
预赛 B 组之三
预赛 A 组之三
复赛之三</td><td>决赛 A
半决赛 A 组之一
半决赛 A 组之二
半决赛 A 组之三
半决赛 B 组之一
半决赛 B 组之二
半决赛 B 组之三</td></tr>
<tr><td>1
2
B　3
4
5</td><td rowspan="2">预赛 B 组之一
预赛 A 组之二
B 预赛 C 组之二
预赛 B 组之三
复赛之一
复赛之三</td><td rowspan="2">预赛 C 组之一
预赛 A 组之二
B 预赛 B 组之二
预赛 C 组之三
复赛之一
复赛之二</td><td>决赛 B
半决赛 A 组之四
半决赛 A 组之五
半决赛 A 组之六
半决赛 B 组之四
半决赛 B 组之五
半决赛 B 组之六</td></tr>
<tr><td>1
2
C　3
4
5</td><td>决赛 C
复赛之四
复赛之五
复赛之六</td></tr>
</table>

④16~18 条艇报名参加比赛

比赛构成：三组预赛，两组复赛和两组半决赛 A/B。

预赛：每组预赛的前两名进入半决赛 A/B，其他进入复赛。

复赛：每组前三名进入半决赛 A/B，其他进入决赛 C。复赛有两种编排方法。

半决赛：半决赛 A/B 的前两名进入决赛 A 组，其他进入决赛 B 组。半决赛有两种编排方法。

表 5–59　16~18 条艇分组淘汰表

<table>
<tr><td rowspan="2">预赛
（H）</td><td colspan="2">复赛（R）的选择方案</td><td colspan="2">半决赛（R）的选择方案</td><td rowspan="2">决赛
（F）</td></tr>
<tr><td>复赛 1（R）</td><td>复赛 2（R）</td><td>半决赛 1
（S1）</td><td>半决赛 2
（S2）</td></tr>
<tr><td>1
2
A 3
4
5
6</td><td>预赛 A 组之二
预赛 B 组之三
A 预赛 C 组之四
预赛 A 组之五
预赛 B 组之六</td><td>预赛 B 组之二
预赛 A 组之三
A 预赛 C 组之四
预赛 B 组之五
预赛 A 组之六</td><td>预赛 A 组之一
预赛 C 组之一
A 复赛 B 组之一
复赛 A 组之二
复赛 C 组之二
复赛 B 组之三</td><td>预赛 A 组之一
预赛 B 组之一
A 复赛 C 组之一
复赛 A 组之二
复赛 B 组之二
复赛 C 组之三</td><td>决赛 A
半决赛 A 组之一
半决赛 A 组之二
半决赛 A 组之三
半决赛 B 组之一
半决赛 B 组之二
半决赛 B 组之三</td></tr>
<tr><td>1
2
A 3
4
5
6</td><td>预赛 B 组之二
预赛 C 组之三
B 预赛 A 组之四
预赛 B 组之五
预赛 C 组之六</td><td>预赛 A 组之二
预赛 C 组之三
B 预赛 B 组之四
预赛 A 组之五
预赛 C 组之六</td><td rowspan="2">预赛 B 组之一
复赛 A 组之一
B 复赛 C 组之一
复赛 B 组之二
复赛 A 组之三
复赛 C 组之三</td><td rowspan="2">预赛 C 组之一
复赛 A 组之一
B 复赛 B 组之一
复赛 C 组之二
复赛 A 组之三
复赛 B 组之三</td><td>决赛 B
半决赛 A 组之四
半决赛 A 组之五
半决赛 A 组之六
半决赛 B 组之四
半决赛 B 组之五
半决赛 B 组之六</td></tr>
<tr><td>1
2
A 3
4
5
6</td><td>预赛 C 组之二
预赛 A 组之三
C 预赛 B 组之四
预赛 C 组之五
预赛 A 组之六</td><td>预赛 C 组之二
预赛 B 组之三
C 预赛 A 组之四
预赛 C 组之五
预赛 B 组之六</td><td>决赛 C
复赛 A 组之四
复赛 A 组之五
复赛 B 组之四
复赛 B 组之五
复赛 C 组之四
复赛 C 组之五</td></tr>
</table>

⑤19~20 条艇报名参加比赛

比赛构成：四组预赛，两组复赛，两组半决赛 A/B，C/D。

预赛：每组预赛前两名进入半决赛 A/B，其余进入 C/D。复赛有两种编排方法。

半决赛：半决赛 A/B 的前三名进入决赛 A 组，其余进入决赛 B 组，半决赛 C/D 的最后一名进入决赛 D 组，其余进入决赛 C 组。半决赛有两种编排方法。

表 5-60　19~20 条艇分组淘汰表

预赛（H）	复赛（R）的选择方案：复赛 1（R）	复赛（R）的选择方案：复赛 2（R）	半决赛（R）的选择方案：半决赛 1（S1）	半决赛（R）的选择方案：半决赛 2（S2）	决赛（F）
1 2 A 3 4 5	预赛 A 组之三 预赛 C 组之四 A 预赛 A 组之五 预赛 B 组之三 预赛 D 组之四 预赛 C 组之五	预赛 A 组之三 预赛 B 组之四 A 预赛 D 组之五 预赛 C 组之三 预赛 D 组之四 预赛 A 组之五	预赛 A 组之一 预赛 B 组之一 A 预赛 C 组之二 预赛 D 组之二 复赛 A 组之一 复赛 B 组之二	预赛 A 组之一 预赛 C 组之一 A 预赛 B 组之二 预赛 D 组之二 复赛 A 组之一 复赛 B 组之二	决赛 A 半决赛 A 组之一 半决赛 A 组之二 半决赛 A 组之三 半决赛 B 组之一 半决赛 B 组之二 半决赛 B 组之三
1 2 B 3 4 5	预赛 C 组之三 预赛 A 组之四 B 预赛 B 组之五 预赛 D 组之三 预赛 B 组之四 预赛 D 组之五	预赛 B 组之三 预赛 A 组之四 B 预赛 C 组之五 预赛 D 组之三 预赛 C 组之四 预赛 B 组之五	预赛 C 组之一 预赛 D 组之一 B 预赛 A 组之二 预赛 B 组之二 复赛 B 组之一 复赛 A 组之二	预赛 B 组之一 预赛 D 组之一 B 预赛 A 组之二 预赛 C 组之二 复赛 B 组之一 复赛 A 组之二	决赛 B 半决赛 A 组之四 半决赛 A 组之五 半决赛 A 组之六 半决赛 B 组之四 半决赛 B 组之五 半决赛 B 组之六
1 2 C 3 4 5			复赛 A 组之三 复赛 B 组之四 C 复赛 A 组之五 复赛 B 组之六	复赛 A 组之三 复赛 B 组之四 C 复赛 B 组之五 复赛 A 组之六	决赛 C 半决赛 C 组之一 半决赛 C 组之二 半决赛 C 组之三 半决赛 D 组之一 半决赛 D 组之二 半决赛 D 组之三
1 2 D 3 4 5			复赛 B 组之三 D 复赛 A 组之四 复赛 B 组之五 复赛 A 组之六	复赛 B 组之三 D 复赛 A 组之四 复赛 A 组之五 复赛 B 组之六	决赛 D 半决赛 C 组之四 半决赛 D 组之四

注：19 条艇报名时的特例。

⑥21~24 条艇报名参加比赛

比赛构成：四组预赛，四组复赛，两组半决赛 A/B，C/D。

预赛：每组第 1 名进入半决赛 A/B，其余进入复赛。

复赛：每组复赛前两名记入半决赛 A/B，其余进入半决赛 C/D，复赛有两种编排方法。

半决赛：半决赛 A/B 的前三名进入决赛 A 组，其余进入决赛 B 组。半决赛 C/D 的前三名进入决赛 C 组，其余进入决赛 D 组。有两种半决赛的编排方法。

表 5-61　21~24 条艇分组淘汰表

预赛（H）	复赛（R）的选择方案		半决赛（S）的选择方案		决赛（F）
	复赛 1（R）	复赛 2（R）	半决赛 1（S1）	半决赛 2（S2）	
1 2 A 3 4 5 6	预赛 A 组之二 预赛 B 组之三 A 预赛 C 组之四 预赛 D 组之五 预赛 A 组之六	预赛 D 组之二 预赛 C 组之三 A 预赛 B 组之四 预赛 A 组之五 预赛 D 组之六	预赛 A 组之一 预赛 C 组之一 A 复赛 B 组之一 复赛 D 组之一 复赛 A 组之二 复赛 C 组之二	预赛 A 组之一 预赛 B 组之一 A 复赛 C 组之一 复赛 D 组之一 复赛 A 组之二 复赛 B 组之二	决赛 A 半决赛 A 组之一 半决赛 A 组之二 半决赛 A 组之三 半决赛 B 组之一 半决赛 B 组之二 半决赛 B 组之三
1 2 B 3 4 5 6	预赛 B 组之二 预赛 C 组之三 B 预赛 D 组之四 预赛 A 组之五 预赛 B 组之六	预赛 C 组之二 预赛 B 组之三 B 预赛 A 组之四 预赛 D 组之五 预赛 C 组之六	预赛 B 组之一 预赛 D 组之一 B 复赛 A 组之一 复赛 C 组之一 复赛 B 组之二 复赛 D 组之二	预赛 C 组之一 预赛 D 组之一 B 复赛 A 组之一 复赛 B 组之一 复赛 C 组之二 复赛 D 组之二	决赛 B 半决赛 A 组之四 半决赛 A 组之五 半决赛 A 组之六 半决赛 B 组之四 半决赛 B 组之五 半决赛 B 组之六
1 2 C 3 4 5 6	预赛 C 组之二 预赛 D 组之三 C 预赛 A 组之四 预赛 B 组之五 预赛 C 组之六	预赛 B 组之二 预赛 A 组之三 C 预赛 D 组之四 预赛 C 组之五 预赛 B 组之六	复赛 A 组之三 复赛 C 组之三 C 复赛 B 组之四 复赛 D 组之四 复赛 A 组之五 复赛 C 组之五	预赛 A 组之三 预赛 D 组之三 C 预赛 C 组之四 预赛 B 组之四 预赛 A 组之五 预赛 D 组之五	决赛 C 半决赛 C 组之一 半决赛 C 组之二 半决赛 C 组之三 半决赛 D 组之一 半决赛 D 组之二 半决赛 D 组之三
1 2 D 3 4 5 6	预赛 D 组之二 预赛 A 组之三 D 预赛 B 组之四 预赛 C 组之五 预赛 D 组之六	预赛 A 组之二 预赛 D 组之三 D 预赛 C 组之四 预赛 B 组之五 预赛 A 组之六	复赛 B 组之三 复赛 D 组之三 D 复赛 A 组之四 复赛 C 组之四 复赛 B 组之五 复赛 D 组之五	复赛 C 组之三 复赛 B 组之三 D 复赛 A 组之四 复赛 D 组之四 复赛 C 组之五 复赛 B 组之五	决赛 D 半决赛 C 组之四 半决赛 C 组之五 半决赛 C 组之六 半决赛 D 组之四 半决赛 D 组之五 半决赛 D 组之六

⑦25~30 条艇报名参加比赛

比赛构成：六组预赛，三组复赛，三组半决赛 A/B/C 和两组半决赛 D/E。

预赛：每组预赛前两名进入半决赛 A/B/C，其余进入复赛。

复赛：每组复赛前两名进入半决赛 A/B/C，其余进入 D/E，复赛有两种编排方法。

半决赛：半决赛 A/B/C 的前两名进入决赛 A 组，第 3 名，第 4 名进入决赛 B 组，第 5 名、第 6 名进入决赛 C 组。如果 25 条艇参赛还有两组半决赛 C/D 进行。最后一名进入决赛 E 组，其他进入决赛 D 组。对于 26~30 条艇参赛，要有两组半决赛 C/D 进行。半决赛 D/E 的前三名进入决赛 D 组，其余进入决赛 E 组，半决赛有两种编排方法。

表 5–62　25~30 条艇分组淘汰表

预赛（H）	复赛（R）的选择方案		半决赛（S）的选择方案		决赛（F）
	复赛 1（R）	复赛 2（R）	半决赛 1（S1）	半决赛 2（S2）	
1 2 A 3 4 5	预赛 B 组之四 A 预赛 C 组之五 预赛 D 组之三 预赛 E 组之四 预赛 F 组之五	预赛 E 组之四 A 预赛 D 组之五 预赛 A 组之三 预赛 B 组之四 预赛 C 组之五	预赛 B 组之一 A 预赛 C 组之二 预赛 D 组之二 复赛 A 组之一 复赛 B 组之二	预赛 C 组之一 A 预赛 D 组之二 预赛 E 组之二 复赛 B 组之一 复赛 C 组之二	决赛 A 半决赛 A 组之二 半决赛 B 组之一 半决赛 B 组之二 半决赛 C 组之一 半决赛 C 组之二
1 2 B 3 4 5	预赛 B 组之三 预赛 C 组之四 B 预赛 D 组之五 预赛 E 组之三 预赛 F 组之四 预赛 A 组之五	预赛 E 组之三 预赛 D 组之四 B 预赛 F 组之五 预赛 C 组之三 预赛 A 组之四 预赛 B 组之五	预赛 C 组之一 预赛 D 组之一 B 预赛 E 组之二 预赛 F 组之二 复赛 B 组之一 复赛 C 组之二	预赛 D 组之一 预赛 E 组之一 B 预赛 F 组之二 预赛 A 组之二 复赛 C 组之一 复赛 A 组之二	决赛 B 半决赛 A 组之三 半决赛 A 组之四 半决赛 B 组之三 半决赛 B 组之四 半决赛 C 组之三 半决赛 C 组之四
1 2 C 3 4 5	预赛 C 组之三 预赛 D 组之四 C 预赛 E 组之五 预赛 F 组之三 预赛 A 组之四 预赛 B 组之五	预赛 D 组之三 预赛 F 组之四 C 预赛 E 组之五 预赛 B 组之三 预赛 C 组之四 预赛 A 组之五	预赛 E 组之一 预赛 F 组之一 C 预赛 A 组之二 预赛 B 组之二 复赛 C 组之一 复赛 A 组之二	预赛 F 组之一 预赛 A 组之一 C 预赛 B 组之二 预赛 C 组之二 复赛 A 组之一 复赛 B 组之二	决赛 C 半决赛 A 组之五 半决赛 A 组之六 半决赛 B 组之五 半决赛 B 组之六 半决赛 C 组之五 半决赛 C 组之六

（续表）

预赛（H）	复赛（R）的选择方案		半决赛（S）的选择方案		决赛（F）
	复赛1（R）	复赛2（R）	半决赛1（S1）	半决赛2（S2）	
1 2 D 3 4 5			复赛A组之三 复赛B组之三 D 复赛C组之四 复赛A组之五 复赛B组之六 复赛C组之六	复赛B组之三 复赛A组之四 D 复赛C组之四 复赛B组之五 复赛A组之五 复赛C组之六	半决赛D* 半决赛D组之一 半决赛D组之二 半决赛D组之三 半决赛E组之一 半决赛E组之二 半决赛E组之三
1 2 E 3 4 5			复赛C组之三 复赛B组之四 E 复赛A组之四 复赛C组之五 复赛B组之五 复赛A组之六	复赛C组之三 复赛A组之三 E 复赛B组之四 复赛C组之五 复赛A组之六 复赛B组之六	半决赛E* 半决赛D组之四 半决赛D组之五 半决赛D组之六 半决赛E组之四 半决赛E组之五 半决赛E组之六
1 2 F 3 4 5					

注：25条艇报名的特例。

⑧31~36条艇报名参加比赛

比赛构成：六组预赛，六组复赛，三组半决赛A/B/C和半决赛D/E或者D/E/F。

预赛：每组预赛第1名进入半决赛A/B/C，其余进入六组复赛。

复赛：每组复赛前两名进入半决赛A/B/C，其余进入半决赛D/E或者D/E/F，复赛有两种编排方法。

半决赛：半决赛A/B/C前两名进入决赛A组，第3名、第4名进入决赛B组，第5名、第6名进入决赛C组。对于31或者32条艇参赛，三组半决赛D/E/F进行。半决赛D/E/F每组前两名进入决赛D组，每组最后一名进入决赛F组，其他进入决赛E组。对于33条或更多条艇参赛三组半决赛D/E/F将进行。每组半决赛D/E/F的前两名进入决赛D组，第三名、第四名进入决赛E组，其余进入决赛F组。半决赛有两种编排方法。

表 5-63　31~36 条艇分组淘汰表

预赛（H）	复赛（R）的选择方案		半决赛（S）的选择方案		决赛（F）
	复赛 1（R）	复赛 2（R）	半决赛 1（S1）	半决赛 2（S2）	
1 2 A 3 4 5 6	预赛 A 组之二 预赛 B 组之三 A 预赛 C 组之四 预赛 D 组之五 预赛 E 组之六	预赛 F 组之二 预赛 E 组之三 A 预赛 D 组之四 预赛 C 组之五 预赛 B 组之六	预赛 A 组之一 预赛 B 组之一 A 复赛 C 组之一 复赛 D 组之一 复赛 E 组之二 复赛 F 组之二	预赛 B 组之一 预赛 C 组之一 A 复赛 D 组之一 复赛 E 组之一 复赛 F 组之二 复赛 A 组之二	决赛 A 半决赛 A 组之一 半决赛 A 组之二 半决赛 B 组之一 半决赛 B 组之二 半决赛 C 组之一 半决赛 C 组之二
1 2 B 3 4 5 6	预赛 B 组之二 预赛 C 组之三 B 预赛 D 组之四 预赛 E 组之五 预赛 F 组之六	预赛 E 组之二 预赛 D 组之三 B 预赛 C 组之四 预赛 B 组之五 预赛 A 组之六	预赛 C 组之一 预赛 D 组之一 B 复赛 E 组之一 复赛 F 组之一 复赛 A 组之二 复赛 B 组之二	预赛 D 组之一 预赛 E 组之一 B 复赛 F 组之一 复赛 A 组之一 复赛 B 组之二 复赛 C 组之二	决赛 B 半决赛 A 组之三 半决赛 A 组之四 半决赛 B 组之三 半决赛 B 组之四 半决赛 C 组之三 半决赛 C 组之四
1 2 C 3 4 5 6	预赛 C 组之二 预赛 D 组之三 C 预赛 E 组之四 预赛 F 组之五 预赛 A 组之六	预赛 D 组之二 预赛 C 组之三 C 预赛 B 组之四 预赛 A 组之五 预赛 F 组之六	预赛 E 组之一 预赛 F 组之一 C 复赛 A 组之一 复赛 B 组之一 复赛 C 组之二 复赛 D 组之二	预赛 F 组之一 预赛 A 组之一 C 复赛 B 组之一 复赛 C 组之一 复赛 D 组之二 复赛 E 组之二	决赛 C 半决赛 A 组之五 半决赛 A 组之六 半决赛 B 组之五 半决赛 B 组之六 半决赛 C 组之五 半决赛 C 组之六
1 2 D 3 4 5 6	预赛 D 组之二 预赛 E 组之三 D 预赛 F 组之四 预赛 A 组之五 预赛 B 组之六	预赛 C 组之二 预赛 B 组之三 D 预赛 A 组之四 预赛 F 组之五 预赛 E 组之六	复赛 A 组之三 复赛 C 组之三 复赛 E 组之四 复赛 B 组之四 复赛 D 组之五 复赛 F 组之五	复赛 A 组之三 复赛 D 组之三 复赛 B 组之四 复赛 E 组之四 复赛 C 组之五 复赛 F 组之五	决赛 D* 半决赛 D 组之一 半决赛 D 组之二 半决赛 E 组之一 半决赛 E 组之二 半决赛 F 组之一 半决赛 F 组之二
1 2 E 3 4 5 6	预赛 E 组之二 预赛 F 组之三 E 预赛 A 组之四 预赛 B 组之五 预赛 C 组之六	预赛 B 组之二 预赛 A 组之三 E 预赛 F 组之四 预赛 E 组之五 预赛 D 组之六	复赛 E 组之三 复赛 B 组之三 复赛 D 组之四 复赛 F 组之四 复赛 A 组之五 复赛 C 组之五	复赛 C 组之三 复赛 F 组之三 复赛 A 组之四 复赛 D 组之四 复赛 B 组之五 复赛 E 组之五	决赛 E* 半决赛 D 组之三 半决赛 D 组之四 半决赛 E 组之三 半决赛 E 组之四 半决赛 F 组之三 半决赛 F 组之四
1 2 F 3 4 5 6	预赛 F 组之二 预赛 A 组之三 F 预赛 B 组之四 预赛 C 组之五 预赛 D 组之六	预赛 A 组之二 预赛 F 组之三 F 预赛 E 组之四 预赛 D 组之五 预赛 C 组之六	复赛 D 组之三 复赛 F 组之三 复赛 A 组之四 复赛 C 组之四 复赛 E 组之五 复赛 B 组之五	复赛 B 组之三 复赛 E 组之三 复赛 C 组之四 复赛 F 组之四 复赛 A 组之五 复赛 D 组之五	决赛 F* 半决赛 D 组之五 半决赛 D 组之六 半决赛 E 组之五 半决赛 E 组之六 半决赛 F 组之五 半决赛 F 组之六

⑨37~54 条艇报名参加比赛

比赛构成：九组预赛、九组复赛、三组半决赛 A/B/C，三组半决赛 D/E/F 和半决赛 G/H 或 G/H/I。

预赛：每组预赛的第 1 名进入半决赛 A/B/C 组；其余的进入复赛。

复赛：每组复赛的第 1 名进入半决赛 A/B/C 组；每组复赛的第 2 名和第 3 名进入半决赛 D/E/F 组；其余的进入决赛 G（如有 38~42 条艇报名参加比赛）或进入半决赛 G/H 组（如有 43~48 条艇报名参加比赛）或进入半决赛 G/H/I 组（如有 49~54 条艇报名参加比赛）。

半决赛：半决赛 A/B/C 组的前两名进入决赛 A，半决赛 A/B/C 组的第 3 名和第 4 名进入决赛 B，其余的进入决赛 C。

半决赛 D/E/F 组的前两名进入决赛 D，半决赛 D/E/F 组的第 3 名和第 4 名进入决赛 E，其余的进入决赛 F。

如果有 43 条艇报名参加比赛，半决赛 G/H 组的最后一名将进入决赛 H，其余的进入决赛 G。

如果有 44~48 条艇报名参加比赛，半决赛 G/H 组的前三名进入决赛 G，其余的进入决赛 H。

如有 49 或 50 条艇报名参加比赛，半决赛 G/H/I 组的前两名将进入决赛 G，半决赛 G/H/I 组的最后一名将进入决赛 I，其他进入决赛 H。

如有 51~54 条艇报名参加比赛，半决赛 G/H/I 组的前两名将进入决赛 G，半决赛 G/H/I 组的第 3 名和第 4 名将进入决赛 H，其余的进入决赛 I。

如果半决赛 G/H/I 组和决赛 G/H 组或 G/H/I 组进行比赛，抽签在半决赛 G/H 组（43~48 条艇报名参赛）或 G/H/I 组（49~54 条艇报名参赛）参加比赛，这样：

（a）把在复赛第 4 名的舟艇尽可能均匀地分配到半决赛比赛中；

（b）把舟艇尽可能均匀地分配到半决赛比赛中。

表 5-64　37~54 条艇分组淘汰表

预赛（H）	复赛（R）的选择方案		半决赛（S）的选择方案		决赛（F）
	复赛 1（R）	复赛 2（R）	半决赛 1（S1）	半决赛 2（S2）	
1 2 A 3 4 5 6	预赛A组之二 预赛B组之三 A 预赛C组之四 预赛D组之五 预赛E组之六	预赛I组之二 预赛H组之三 A 预赛G组之四 预赛F组之五 预赛E组之六	预赛A组之一 预赛B组之一 A 预赛C组之一 复赛G组之一 复赛E组之一 复赛D组之一	预赛B组之一 预赛C组之一 A 预赛D组之一 复赛G组之一 复赛F组之一 复赛E组之一	决赛A 半决赛A组之一 半决赛A组之二 半决赛B组之一 半决赛B组之二 半决赛C组之一 半决赛C组之二
1 2 B 3 4 5 6	预赛B组之二 预赛C组之三 B 预赛D组之四 预赛E组之五 预赛F组之六	预赛H组之二 预赛G组之三 B 预赛F组之四 预赛E组之五 预赛D组之六	预赛D组之一 预赛E组之一 B 预赛F组之一 复赛I组之一 复赛H组之一 复赛B组之一	预赛E组之一 预赛F组之一 B 预赛G组之一 复赛A组之一 复赛I组之一 复赛H组之一	决赛B 半决赛A组之三 半决赛A组之四 半决赛B组之三 半决赛B组之四 半决赛C组之三 半决赛C组之四
1 2 C 3 4 5 6	预赛C组之二 预赛D组之三 C 预赛E组之四 预赛F组之五 预赛G组之六	预赛G组之二 预赛F组之三 C 预赛E组之四 预赛D组之五 预赛C组之六	预赛G组之一 预赛H组之一 C 预赛I组之一 复赛C组之一 复赛F组之一 复赛A组之一	预赛H组之一 预赛I组之一 C 预赛A组之一 复赛D组之一 复赛C组之一 复赛B组之一	决赛C 半决赛A组之五 半决赛A组之六 半决赛B组之五 半决赛B组之六 半决赛C组之五 半决赛C组之六
1 2 D 3 4 5 6	预赛D组之二 预赛E组之三 D 预赛F组之四 预赛G组之五 预赛H组之六	预赛F组之二 预赛E组之三 D 预赛D组之四 预赛C组之五 预赛B组之六	复赛A组之二 复赛B组之二 D 复赛C组之二 复赛G组之三 复赛E组之三 复赛D组之三	复赛B组之二 复赛C组之二 D 复赛D组之二 复赛G组之三 复赛F组之三 复赛E组之三	决赛D 半决赛D组之一 半决赛D组之二 半决赛E组之一 半决赛E组之二 半决赛F组之一 半决赛F组之二
1 2 E 3 4 5 6	预赛E组之二 预赛F组之三 E 预赛G组之四 预赛H组之五 预赛I组之六	预赛E组之二 预赛D组之三 E 预赛C组之四 预赛B组之五 预赛A组之六	复赛D组之二 复赛E组之二 E 复赛F组之二 复赛I组之三 复赛H组之三 复赛B组之三	复赛E组之二 复赛F组之二 E 复赛G组之二 复赛A组之三 复赛I组之三 复赛H组之三	决赛E 半决赛D组之三 半决赛D组之四 半决赛E组之三 半决赛E组之四 半决赛F组之三 半决赛F组之四

（续表）

预赛（H）	复赛（R）的选择方案		半决赛（S）的选择方案		决赛（F）
	复赛1（R）	复赛2（R）	半决赛1（S1）	半决赛2（S2）	
1 2 F 3 4 5 6	预赛F组之二 预赛G组之三 F预赛H组之四 预赛I组之五 预赛A组之六	预赛D组之二 预赛C组之三 F预赛B组之四 预赛A组之五 预赛I组之六	复赛G组之二 复赛H组之二 F复赛I组之二 复赛C组之三 复赛F组之三 复赛A组之三	复赛H组之二 复赛I组之二 F复赛A组之二 复赛D组之三 复赛C组之三 复赛B组之三	决赛F 半决赛D组之五 半决赛D组之六 半决赛E组之五 半决赛E组之六 半决赛F组之五 半决赛F组之六
1 2 G 3 4 5 6	预赛G组之二 预赛H组之三 G预赛I组之四 预赛A组之五 预赛B组之六	预赛C组之二 预赛B组之三 G预赛A组之四 预赛I组之五 预赛H组之六			
1 2 H 3 4 5 6	预赛H组之二 预赛I组之三 H预赛A组之四 预赛B组之五 预赛C组之六	预赛B组之二 预赛A组之三 H预赛I组之四 预赛H组之五 预赛G组之六	在43~54条艇报名参加比赛情况下的半决赛和决赛，见下面的注解。		
1 2 I 3 4 5 6	预赛I组之二 预赛A组之三 I预赛B组之四 预赛C组之五 预赛D组之六	预赛A组之二 预赛I组之三 I预赛H组之四 预赛G组之五 预赛F组之六			

⑩55条以上艇报名参加比赛

比赛构成：一组计时选拔赛、九组复赛、三组半决赛A/B/C，三组半决赛D/E/F和三组半决赛G/H/I。

计时选拔赛：所有的舟艇在第一轮中进行计时选拔赛，头号种子艇第一个出发，第二号种子艇第二个出发，依次类推。在种子艇出发之后，非种子艇按照任意抽签所确定的顺序出发。

计时选拔赛制比赛将在2000米以上或更近的距离，尽可能切合实际地接近2000米的距离。只使用同一条水道进行比赛。

计时选拔赛的前六十三名进入下一轮比赛，其余的被淘汰。计时选拔赛中的前九名进入半决赛A/B/C；其余的按照计时选拔赛成绩分配位置进入复赛。

第一轮计时选拔赛之后，参加比赛方式与九组复赛和三组半决赛的例9相同。

复赛：每组复赛的第1名进入半决赛A/B/C；每组复赛的第2名和第3名进入半决赛D/E/F；每组复赛的最后一名被淘汰而其余的进入半决赛G/H/I。

半决赛：半决赛A/B/C组的前两名进入决赛A，半决赛A/B/C组的第3名和第4名进入决赛B，其余的进入决赛C。

半决赛D/E/F组的前两名进入决赛D，半决赛D/E/F组的第3名和第4名进入决赛E，其余的进入决赛F。

半决赛G/H/I组前两名进入决赛G，半决赛G/H/I组的第3名和第4名进入决赛H，其余的进入决赛I。

表5–65 55条以上艇分组淘汰表

计时选拔赛（TT）	复赛（R）	半决赛1（S1）	半决赛2（S2）	决赛（F）
	计时选拔赛之10 计时选拔赛之27 A计时选拔赛之28 计时选拔赛之45 计时选拔赛之46	计时选拔赛之1 计时选拔赛之6 A计时选拔赛之7 复赛G组之一 复赛E组之一 复赛D组之一	计时选拔赛之3 计时选拔赛之4 A计时选拔赛之9 复赛G组之一 复赛F组之一 复赛E组之一	决赛A 半决赛A组之一 半决赛A组之二 半决赛B组之一 半决赛B组之二 半决赛C组之一 半决赛C组之二
	计时选拔赛之13 计时选拔赛之24 B计时选拔赛之31 计时选拔赛之42 计时选拔赛之49	计时选拔赛之3 计时选拔赛之4 B计时选拔赛之9 复赛I组之一 复赛H组之一 复赛B组之一	计时选拔赛之2 计时选拔赛之5 B计时选拔赛之8 复赛A组之一 复赛I组之一 复赛H组之一	决赛B 半决赛A组之三 半决赛A组之四 半决赛B组之三 半决赛B组之四 半决赛C组之三 半决赛C组之四

（续表）

计时选拔赛（TT）	复赛（R）	半决赛1（S1）	半决赛2（S2）	决赛（F）
	计时选拔赛之14 计时选拔赛之23 C 计时选拔赛之32 计时选拔赛之41 计时选拔赛之50	计时选拔赛之2 计时选拔赛之5 C 计时选拔赛之8 复赛C组之一 复赛F组之一 复赛A组之一	计时选拔赛之1 计时选拔赛之6 A 计时选拔赛之7 复赛D组之一 复赛C组之一 复赛B组之一	决赛C 半决赛A组之五 半决赛A组之六 半决赛B组之五 半决赛B组之六 半决赛C组之五 半决赛C组之六
	计时选拔赛之17 计时选拔赛之20 D 计时选拔赛之35 计时选拔赛之38 计时选拔赛之53	复赛A组之二 复赛B组之二 D 复赛C组之二 复赛G组之三 复赛E组之三 复赛D组之三	复赛B组之二 复赛C组之二 D 复赛D组之二 复赛G组之三 复赛F组之三 复赛E组之三	决赛D 半决赛D组之一 半决赛D组之二 半决赛E组之一 半决赛E组之二 半决赛F组之一 半决赛F组之二
	计时选拔赛之18 计时选拔赛之19 E 计时选拔赛之36 计时选拔赛之37 计时选拔赛之54	复赛D组之二 复赛E组之二 E 复赛F组之二 复赛I组之三 复赛H组之三 复赛B组之三	复赛E组之二 复赛F组之二 E 复赛G组之二 复赛A组之三 复赛I组之三 复赛H组之三	决赛E 半决赛D组之三 半决赛D组之四 半决赛E组之三 半决赛E组之四 半决赛F组之三 半决赛F组之四
	计时选拔赛之52 计时选拔赛之39 计时选拔赛之34 计时选拔赛之21 计时选拔赛之16 F	复赛G组之二 复赛H组之二 F 复赛I组之二 复赛C组之三 复赛F组之三 复赛A组之三	复赛H组之二 复赛I组之二 F 复赛A组之二 复赛D组之三 复赛C组之三 复赛B组之三	决赛F 半决赛D组之五 半决赛D组之六 半决赛E组之五 半决赛E组之六 半决赛F组之五 半决赛F组之六
	计时选拔赛之51 计时选拔赛之40 计时选拔赛之33 计时选拔赛之22 计时选拔赛之15 G	复赛G组之四 复赛H组之四 G 复赛I组之四 复赛F组之五 复赛A组之五 复赛C组之五	复赛D组之四 复赛E组之四 G 复赛I组之四 复赛A组之五 复赛B组之五 复赛C组之五	决赛G 半决赛G组之一 半决赛G组之二 半决赛H组之一 半决赛H组之二 半决赛I组之一 半决赛I组之二

（续表）

计时选拔赛（TT）	复赛（R）	半决赛 1（S1）	半决赛 2（S2）	决赛（F）
	计时选拔赛之 48 计时选拔赛之 43 计时选拔赛之 30 计时选拔赛之 25 计时选拔赛之 12 H	复赛 A 组之四 复赛 B 组之四 H 复赛 C 组之四 复赛 E 组之五 复赛 I 组之五 复赛 D 组之五	复赛 B 组之四 复赛 G 组之四 H 复赛 H 组之四 复赛 D 组之五 复赛 E 组之五 复赛 F 组之五	决赛 H 半决赛 G 组之三 半决赛 G 组之四 半决赛 H 组之三 半决赛 H 组之四 半决赛 I 组之三 半决赛 I 组之四
	计时选拔赛之 47 计时选拔赛之 44 I 计时选拔赛之 29 计时选拔赛之 26 计时选拔赛之 11	复赛 D 组之四 复赛 E 组之四 I 复赛 F 组之四 复赛 B 组之五 复赛 H 组之五 复赛 G 组之五	复赛 A 组之四 复赛 C 组之四 I 复赛 F 组之四 复赛 G 组之五 复赛 H 组之五 复赛 I 组之五	决赛 I 半决赛 G 组之五 半决赛 G 组之六 半决赛 H 组之五 半决赛 H 组之六 半决赛 I 组之五 半决赛 I 组之六

八、棋类运动等级赛的编排方法

（一）等级赛

是按照国家体育总局颁布的各项运动等级标准而为运动员升级专门举行的比赛。一般运动项目设有国际运动健将，运动健将，一、二、三级运动员。国际象棋和中国象棋在专业系列则设特级大师、大师、一级运动员、二级运动员、三级运动员五个等级与之相对应。在业余系列则设棋协大师、后补大师一到六级棋士。另外国际象棋的前三个称号又和国际棋联设置的国际特级大师、国际大师和棋联大师相对应。这两项象棋又分别制定了各种升级的办法。如获得一级棋士以上称号必须在全国性比赛中取得。国际象棋因为要和国际棋联所规定的升级标准接轨，规定的办法更为细致。例如，在比赛用时上，每天的比赛局数和必须下满11局棋等都作了严格的规定。

（二）段位赛

是围棋运动专用的比赛制度。按照中国围棋段位制的有关规定，根据运动员胜负场次决定段位的升降。国家段位体系最高为九段，最低为初段。男子九段、八段可申报其他体育项目的国际运动健将（女子为五段至七段）。男子五段至七段（女子三段至四段）可申报其他体育项目的运动健将。四段以下（女子初段至二段）为一级运动员。另外尚有业余段位，七段为最高段位。业余的六段、七段也可申报一级运动员。全国每年只举行一次段位赛，运动员通过胜负的场次决定升段与否。在其他比赛中，除非运动员对国家有特殊贡献，经中国围棋协会特别审议，才可以升段。地方段位赛每年举办次数由各省市自定。

（三）棋类比赛的其他编排方法

棋类比赛有一个很简单的比赛办法，叫单循环。表面上它和国内的各项比赛所使用的单循环没什么区别，但实际上为了先后手的平衡，国际棋联对此作了相应的修改，使其更适合于棋类运动。

一般单循环为

1.	1----8	2----7	3----6	4----5
2.	1----7	8----6	2----5	3----4
3.	1----6	7----5	8----4	2----3
4.	1----5	6----4	7----3	8----2
5.	1----4	5----3	6----2	7----8
6.	1----3	4----2	5----8	6----7
7.	1----2	3----8	4----7	5----6

以上排到一号就全部是先手，明显不合理。

现在棋类的单循环改为下列排列

1.	1----（8）	2----7	3----6	4----5
2.	（8）----5	6----4	7----3	1----2
3.	2----（8）	3----1	4----7	5----6
4.	（8）----6	7----5	1----4	2----3
5.	3----（8）	4----2	5----1	6----7
6.	（8）----7	1----6	2----5	3----4
7.	4----（8）	5----3	6----2	7----1

这样所有小号多一个先手，所有大号都少一个先手这样先后手基本平衡，就使比赛更公平合理。现在三项棋都已采用这个比赛办法。

国际棋联为了解决人数多，而比赛时间少的矛盾，提倡一种“瑞士制”，这种办法也叫积分编排制。它的比赛办法是：

• 两个棋手在本次比赛中只能相遇一次。

• 任何棋手的先后手差均不得大于 2 或小于 2。

• 尽可能将两个同分的棋手配对。

• 任何棋手在配对中都不能在连续两轮中接着上调或接着下调。

• 在本次比赛中，轮次数目应在赛前公布。

• 尽量做到棋手的先后手情况与上轮相反。

现在三项棋都引用了这个办法举办各种比赛。

围棋比赛中，还有一种擂台赛，是其他比赛不采用的。它的比赛办法是：

• 比赛各方的参与者人数相等。参与者的段位由各队自定。

• 每次比赛双方各出两名队员。任何一方连胜两场比赛，就暂停，然后移地改换时间再下，胜者则为下一轮的擂主。

• 如双方交叉互胜，则最后一名胜出者为下一轮比赛的擂主，比赛也暂停。然后移地，另定时间再下。

• 下轮继续比赛时，前轮胜者为擂主，由对方派两名队员攻擂。如攻擂成功，则成为新的擂主。则要由原擂主方再派一名队员攻擂。如继续失败，则由攻擂方改任下一轮的擂主，如此相互交叉换人攻擂，移地改时，停停打打，打打停停的延续比赛，直至某一方最后一名队员失败为止。

两项象棋还有一种等级分赛。可以按照比赛的胜率取得相应的等级称号。现将等级分胜率表公布如下（表 5–66、表 5–67）。

表 5-66　象棋胜率表

比赛等级		平均等级分	应有胜率（%）			
女	男		女子大师	女子特级大师	男子大师	男子特级大师
		1951~1975				
		1976~2000				
		2001~2025				
		2026~2050				
1		2051~2075	76			
2		2076~2100	73			
3		2101~2125	70			
4		2126~2150	67			
5		2151~2175	64			
6		2176~2200	60			
7		2201~2225	57	76		
8		2226~2250	53	73		
9	1	2251~2275	50	70	76	
10	2	2276~2300	47	67	73	
11	3	2301~2325	43	64	70	
12	4	2326~2350	40	60	67	
13	5	2351~2375	36	57	64	
14	6	2376~2400	33	53	60	
15	7	2401~2425	30	50	57	76
16	8	2426~2450		47	53	73
17	9	2451~2475		43	50	70
18	10	2476~2500		40	47	67
19	11	2501~2525		36	43	64
20	12	2526~2550		33	40	60
	13	2551~2575		30	36	57
	14	2576~2600			33	53
	15	2601~2625			30	50
	16	2626~2650				47
	17	2651~2675				
	18	2676~2700				
	19	2701~2725				
	20	2726~2750				
		2751~2775				

表 5–67　国际象棋胜率表

比赛等级		平均等级分	应有胜率（%）			
女	男		女子大师	女子特级大师	男子大师	男子特级大师
1		1951~1975				
2		1976~2000				
3		2001~2025				
4		2026~2050				
5		2051~2075	76			
6		2076~2100	73			
7		2101~2125	70			
8		2126~2150	67			
9		2151~2175	64			
10		2176~2200	60			
11		2201~2225	57	76		
12		2226~2250	53	73		
13		2251~2275	50	70		
14		2276~2300	47	67		
15		2301~2325	43	64		
16		2326~2350	40	60		
17	1	2351~2375	36	57	76	
18	2	2376~2400	33	53	73	
19	3	2401~2425	30	50	70	
20	4	2426~2450		47	67	
	5	2451~2475		43	64	
	6	2476~2500		40	60	
	7	2501~2525		36	57	76
	8	2526~2550		33	53	73
	9	2551~2575		30	50	70
	10	2576~2600			47	67
	11	2601~2625			43	64
	12	2626~2650			40	60
	13	2651~2675			36	57
	14	2676~2700			33	53
	15	2701~2725			30	50
	16	2726~2750				47

主要参考文献

[1] 李斌. 国际礼议与交际礼节[M]. 北京：世界知识出版社，1985.

[2] 王庆善，宛祝平. 实用体育运动竞赛与裁判[M].吉林：长春出版社，1989.

[3] 樊智军. 体育竞赛的组织与管理[M]. 北京：北京市体育运动委员会，1990.

[4] 刘建和. 运动竞赛学[M]. 成都：四川教育出版社，1990.

[5] 肖华富. 运动竞赛方法学[M]. 成都：成都科技大学出版社，1990.

[6] 陈晓希. 奥林匹克宪章[M]. 北京：奥林匹克出版社，1992.

[7] 朱章苓，信兰诚，等. 运动竞赛学[M]. 北京：北京体育大学出版社，1994.

[8] 孙汉超. 运动训练管理学[M]. 北京：人民体育出版社，1995.

[9] 国家体委文史工作委员会，全国体总文史资料编审委员会. 中国体育改革五十年[M]. 1998.

[10] 全国体育院校教材委员会. 体育管理学[M]. 北京：人民体育出版社，1999.

[11] 王蒲. 运动竞赛方法学[M]. 北京：人民体育出版社，2001.

[12] 骆秉全. 简编体育市场营销学[M]. 北京：中华工商联合出版社，2001.

[13] 耿力中. 体育市场——策略与管理[M]. 北京：人民体育出版社，2001.

[14] 蔡俊五，赵长杰. 体育赞助“双赢之策”[M]. 北京：人民体育出版社，2001.

[15] 陈云开，俞继英. 中国竞赛表演产业的经营模式[J]. 上海：上海体育学院学报. 2002，26(2)：12-16.

[16] 陈云开. 中国竞赛表演业的管理体制及经营方式的特点[J]. 2002，25(6)：731-733.

[17] JohnnyAllen, William0'Toole, LanMcdonnell, RobertHarris. FESTIVAL AND SPECIAL EVENT MANAGEMENT [M]. 澳大利亚国家图书馆, 2002 (6).

[18] 张发强. 体育经济漫谈 [M]. 西安: 世界图书出版西安公司, 2002.

[19] 陈剑. 2008 年奥运会对北京率先基本实现现代化的影响 [J]. 北京: 北京社会科学, 2003, 2: 46–54.

[20] 程嘉炎. 球类运动竞赛法 [M]. 北京: 人民体育出版社, 2003.

[21] 刘淇. 北京奥运经济研究 [M]. 北京: 北京出版社, 2003.

[22] 国务院法制办科教文卫法制司, 国家体育总局政策法规司, 国家体育总局科教司, 国家食品药品监督管理局政策法规司, 国家食品药品监督管理局安全监管司. 反兴奋剂条例 [M]. 北京: 新华出版社, 2004.

[23] 沈建华, 肖锋. 大型体育赛事对城市形象的塑造 [J]. 辽宁: 沈阳体育学院学报, 2004, 23 (6): 745–746.

[24] 刘兵. 新编体育管理学教程 [M]. 上海: 复旦大学出版社, 2004.

[25] 张东霞, 刘江. 如何面对记者 [M]. 北京: 五洲传播出版社, 2004.

[26] 田雨普. 奥运会的收支体系及经济效益分析 [J]. 体育学刊, 2005, 12 (6): 11–14.

[27] 王子朴, 杨铁黎. 体育赛事类型的分类及特征 [J]. 上海: 上海体育学院学报, 2005, 29 (6): 24–28.

[28] 肖林鹏, 叶庆辉. 体育赛事项目管理 [M]. 北京: 北京体育大学出版社, 2005.

[29] 国家体育总局政策法规司. 2008 年北京奥运会的理论与实践 [M].

图书在版编目（CIP）数据

ISBN 978-7-5009-3160-7

中国版本图书馆CIP数据核字（2007）第

ISBN 978-7-5009-3160-7

图书在版编目（CIP）数据

体育赛事的组织与管理 / 樊智军主编. -- 北京 :人民体育出版社, 2007（2024.4重印）
ISBN 978-7-5009-3160-7

Ⅰ. ①体… Ⅱ. ①樊… Ⅲ. ①运动竞赛－组织管理 Ⅳ. ①G808.22

中国版本图书馆CIP数据核字(2007)第038333号

*
人民体育出版社出版发行
三河兴达印务有限公司印刷
新　华　书　店　经　销
*
787×960　16开本　20.25印张　349千字
2007年5月第1版　　2024年4月第12次印刷
印数：31,101—33,100册
*
ISBN 978-7-5009-3160-7
定价：55.00元

社址：北京市东城区体育馆路8号（天坛公园东门）
电话：67151482（发行部）　　邮编：100061
传真：67151483　　邮购：67118491
网址：www.psphpress.com
（购买本社图书，如遇有缺损页可与邮购部联系）